国家哲学社会科学基金项目（项目批准号：13BGL062）

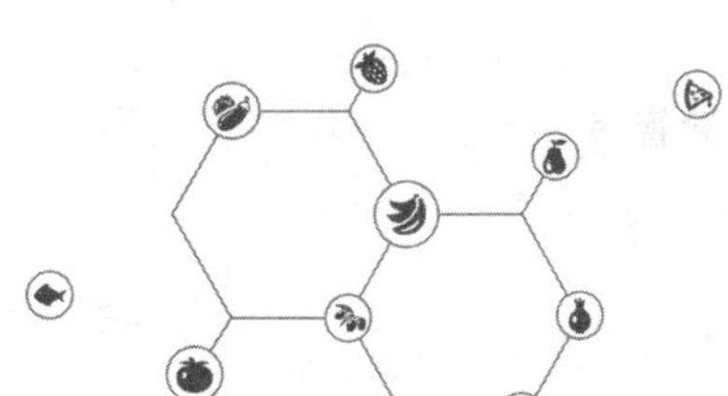

食品供应链风险
形成微观机理与防控机制研究

Micro-mechanism of Formation, Prevention and Control for Food Supply Chain Risk

刘永胜　等◎著

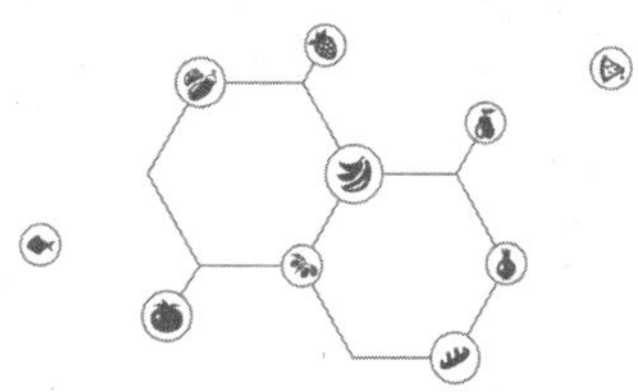

中国经济出版社
CHINA ECONOMIC PUBLISHING HOUSE
·北 京·

图书在版编目（CIP）数据

食品供应链风险形成微观机理与防控机制研究/刘永胜等著.
—北京：中国经济出版社，2018.9（2024.1 重印）
ISBN 978 -7 -5136 -5312 -1

Ⅰ.①食… Ⅱ.①刘… Ⅲ.①食品安全—供应链管理—风险管理—研究—中国
Ⅳ.①TS201.6

中国版本图书馆 CIP 数据核字（2018）第 187009 号

组稿编辑 崔姜薇
责任编辑 贾轶杰
责任印制 马小宾
封面设计 任燕飞工作室

出版发行 中国经济出版社
印 刷 者 大连图腾彩色印刷有限公司
经 销 者 各地新华书店
开 本 710mm×1000mm 1/16
印 张 17.75
字 数 289 千字
版 次 2018 年 9 月第 1 版
印 次 2024 年 1 月第 2 次
定 价 78.00 元
广告经营许可证 京西工商广字第 8179 号

中国经济出版社 **网址** www.economyph.com **社址** 北京市东城区安定门外大街 58 号 **邮编** 100011
本版图书如存在印装质量问题，请与本社销售中心联系调换（联系电话：010 -57512564）

前 言

PREFACE

近年来，频发的食品安全事件使食品安全成为当今社会关注的焦点话题，更使食品供应链风险防控迫在眉睫。食品安全事件成因分析表明，食品供应链上利益相关者在知情的情况下，出于私利或营利目的，人为造成的食品安全问题占68%以上。这说明目前我国食品安全问题的主要成因是食品生产经营者的“明知故犯”。由于食品生产经营者是食品供应链上的主要利益相关者，也是食品供应链风险问题的主要责任主体，因而防控食品供应链风险就需要从食品生产经营者行为分析入手，查找形成食品供应链风险的各种影响因素及其相互关系，进而采取针对性措施。因而，从行为视角研究食品供应链风险形成微观机理与防控机制也就具有重要的理论意义和现实意义了。

本书是国家哲学社会科学基金项目（项目编号：13BGL062）“基于行为视角的食品供应链风险形成微观机理与防控机制研究”的研究成果。本书以环境—行为—后果为逻辑主线，将行为科学理论、行为经济学理论、政府规制理论、风险管理理论等融合应用于食品供应链风险形成微观机理与防控机制研究；以计划行为理论为基础，分别构建了基于高管和普通员工行为视角的理论研究框架，利用调查问卷数据和结构方程模型进行实证分析，实现了理论与实践相结合的、基于行为视角的食品供应链风险形成微观机理的系统研究，而在此基础上构建的防控机制为从根本上缓解食品供应链风险提供了制度保障，同时典型案例分析进一步说明了这种防控机制的合理性。研究成果能够为相关领域的学术研究、防控食品供应链风险实践提供素材和借鉴，为政府有关部门制定食品供应链风险防控相关政策提供指导和依据。

本书具体研究内容如下：

第一，通过文献梳理阐述了本研究对相关研究的继承和拓展，对食品供应链风险相关概念进行了辨析，界定了食品供应链风险行为的内涵——企业及其员工在一定的社会经济技术条件下，为追求自身收益最大化而违规经营或操作，从而导致食品供应链安全风险的所有行为，包括企业风险行为和员工风险行为。对食品供应链管理、信息不对称、行为科学、行为经济学、政府规制和风险管理等展开理论分析，并融合理性行动理论、计划行为理论、行为经济学理论、社会学风险构建理论、行为科学理论和企业文化理论分析了食品供应链风险形成微观机理，并构建了本研究的理论框架。

第二，为了客观评价当前我国食品供应链风险管理现状，从食品种类、企业规模以及可能原因三个方面，对2009—2013年发生的食品安全事件进行了统计分析，发现食品安全事件的高发区在食品供应链加工环节，而发生食品安全事件最多的食品是肉及肉制品。然后利用435份有效调查问卷的数据，对我国食品供应链风险管理现状进行了较为全面的分析，结果显示：80%以上企业食品供应链风险管理水平处于初级或发展完善阶段，近半数企业的食品供应链风险管理水平仅为“一般”或“更差”，提高食品供应链风险管理水平已经成为当务之急；在众多复杂的食品供应链风险影响因素中，最本质、最核心的是组织和个体的风险行为。最后利用435份有效调查问卷的数据，对我国企业食品供应链风险管理水平的影响因素进行了实证分析，研究发现：企业内部管理制度、企业规模等基本特征和员工素质是影响食品供应链风险管理水平的三大因素。提出企业应该加强内部质量安全风险管理制度建设，重视员工培训和对食品供应链风险进行系统性识别和评估；政府应该加强对众多小微民营食品企业的扶持，帮助其发展壮大，使其有能力、有动力主动实施有效的食品供应链风险管理。

第三，分别从高管和普通员工行为视角实证分析了食品供应链风险形成微观机理。前者研究发现：当前影响食品供应链企业风险行为和风险后果的主要因素是高管和普通员工的风险认知水平，供应链制度环境特征借由个人风险认知而作用于风险行为和风险后果。后者研究发现：示范性规范既直接影响普通员工的风险行为意向，也通过风险行为态度的中介作用间接影响风险行为意向。个体规范通过风险行为态度的中介作用间接影响风险行为意向。过去风险行为显著正向影响风险行为意向。感知风险行为控制在个体规范、示范性规范对风险行为态度和风险行为意向，以及过去风险行为对风险行为意向的影响过程中发挥负向调节作用。

第四，为了借鉴他山之石，从行为角度梳理和总结了欧美等发达国家防控食品供应链风险的法律法规、组织体系、策略和手段及其对我国的启示。分析了我国当前食品供应链风险防控体系在宏观和微观层面存在的问题。提出了基于行为视角构建食品供应链风险防控机制的重要性和特点，并构建了集主体行为规范机制、风险意识提升机制、食品安全文化建设机制、风险交流与苗头排查机制、行为激励与约束机制、风险行为追责机制、风险行为举报奖励机制于一体的基于行为视角的食品供应链风险防控机制。

第五，为了进一步说明基于行为视角的食品供应链风险防控机制的科学性，以北京顺鑫农业股份有限公司鹏程食品分公司（简称“鹏程公司”）为典型案例，通过实地考察、文献查阅、调查问卷以及员工访谈等形式，从规范化管理、严格的质量控制、流通网络建设、先进技术手段的应用、全员性的责任落实，以及企业文化的塑造等六个方面阐述了其食品供应链风险防控的做法，并从行为视角分六个方面总结了鹏程公司在食品供应链风险防控方面的成功经验。

第六，从大力营造防控食品供应链风险行为的环境氛围和构筑防控食品供应链风险行为的激励与约束机制两个层面，提出了食品供应链风险防控的政策建议。

本书主要研究结论如下：

第一，食品供应链安全风险是食品供应链风险最关键的风险因素，对食品供应链风险问题的研究都是围绕食品供应链安全风险展开的。

第二，从行为视角来看，食品供应链风险是供应链企业及其员工风险行为的直接结果，是有限理性决策和风险行为意向的作用结果。

第三，食品供应链加工制造环节是食品安全事件的高发区，而引发食品安全事件的三大因素是危害物、其他元素超标，食品添加剂超标及非法使用，以及人为造假。这些都与食品供应链企业及其员工的风险行为密切相关。

第四，高管（团队）是企业食品供应链风险管理工作的关键。无论是从水平还是从效果来讲，我国食品供应链风险管理工作都还有很大的提升空间。

第五，食品供应链企业风险行为是供应链风险环境和高管风险认知共同作用的产物，而高管风险认知深受供应链风险环境的影响，同时又是普通员工风险认知的重要参照系。因此，应重视高管个人认知因素对食品供应链风险的影响，加强高管队伍建设；同时依靠制度压力和个人声誉机制，抑制高管的盈利冲动，使其形成较强的内在规范，并产生高度的社会责任感和使命感，通过其领导力创建和维护好食品安全文化。政府监管部门、行业协会等则要通过不断优化供应链风险管理环境，促使企业高管减少或规避风险行为。

第六，普通员工风险行为也是导致食品供应链风险的重要因素，改变或端正普通员工风险行为态度是改变或塑造其风险行为的关键。政府应肩负起提升全民食品安全素养的责任；企业要重视员工代际传递中老员工对新员工的言传身教，发挥资深老员工的示范性榜样作用；企业高管（团队）则需要构筑食品安全的共同愿景，使员工、高管和企业成为真正的利益共同体。此外，还要加强风险管理等硬制度和食品安全文化软制度建设。

第七，当前，我国宏观层面的食品安全治理体系和微观层面的食品安全风险管理体系偏重于政策、技术和流程，而忽视人文和行为。未来趋势是构建以食品科学、行为科学和企业文化为理论依据的行为导向的食品安全管理体系，既关注食品安全流程，也关注流程中的每个人，以人为本，以创造良好持久的食品安全文化为最终目标。

第八，基于行为视角的食品供应链风险防控机制具有突出以人为本、强调行为科学、正视行为转变、注重安全文化等特点，且集主体行为规范机制、风险意识提升机制、食品安全文化建设机制、风险交流与苗头排查机制、行为激励与约束机制、风险行为追责机制、风险行为举报奖励机制于一体。北京顺鑫农业股份有限公司鹏程食品分公司的基于行为层面的食品供应链风险防控的成功经验，例证了基于行为视角的食品供应链风险防控机制的合理性。

本书的突出特色为：一是从行为视角切入，采用理论分析与实证研究相结合的方法探究了食品供应链风险形成的微观机理与防控机制，为食品供应链风险管理问题的研究提供了新的视角。二是融合了行为科学理论、行为经济学理论、政府规制理论和风险管理理论等，跨学科研究了食品供

应链风险形成微观机理。三是利用一手调查问卷数据，构建结构方程模型，明晰了食品供应链企业和员工风险行为影响因素及其相互关系，并检验了这些关系模型。四是以行为激励和约束为核心构建了食品供应链风险防控机制，使食品供应链风险防控更具针对性。

本书的主要建树表现为：一是基于调查问卷，对我国食品供应链风险管理现状进行了详细的统计分析，为政府和行业监管，以及企业管理决策提供了依据，为学术界进一步开展相关研究提供了素材和参考；二是从高管和普通员工行为视角，运用理论分析与实证研究方法，探究了食品供应链风险形成的特定规律，是对现有相关研究成果的补充和丰富；三是构建了基于行为视角的食品供应链风险防控机制，通过典型案例进一步说明了防控机制的合理性。四是为企业提高食品供应链风险管理水平提供了新的路径，为国家制定防控政策提供了新的思路。

本书的学术价值表现为：以行为视角为切入点，抓住了食品供应链风险形成与风险防控的核心要素，为食品供应链风险管理研究开辟了新的途径，对食品供应链风险形成微观机理与防控机制有了一个全新的认识，使食品供应链风险防控机制建立在理论可靠、实践可行的基础之上，并为进一步理论研究提供了新的素材。而本书的应用价值为：研究成果有助于食品供应链企业及其员工正确认识我国食品供应链风险管理现状，科学识别和对待风险行为影响因素，有助于企业更好地防控食品供应链风险，可以为食品企业、相关行政部门加强食品供应链风险预警、追溯、监测等提供可供借鉴的思路。

本研究项目负责人为北京物资学院刘永胜教授。项目组其他成员包括：北京物资学院陈娟副教授、肖为群副教授、金海水教授、王可山教授、魏国辰教授、赵琨副教授、王丹副教授、张清楠研究生。本书是项目组全体成员共同努力的结果，是全体成员集体智慧的结晶。

本书的撰写分工如下：刘永胜撰写前言、第1章，刘永胜、陈娟撰写第2、5章，陈娟、张清楠撰写第3章，陈娟、肖为群撰写第4章，刘永胜、肖为群撰写第6章，刘永胜、金海水撰写第7、8章。王可山、魏国辰、赵琨、王丹进行了调查问卷的设计、调查、收集、整理与分析等。

本书的出版得益于北京物资学院郝玉柱教授的热心帮助，得到了中国经济出版社的大力支持，在此表示衷心的感谢。

在本书的撰写过程中，我们参阅了大量国内外文献资料，对于这些我们都尽可能在书后的参考文献中予以列出，但“百密难免一疏”，仍可能有个别文献资料甚至引用的文献没有列在参考文献中，对此情况我们表示由衷的歉意，并希望获得作者的谅解。

虽然我们在项目研究和本书撰写过程中付出了很多的努力，但由于能力和水平有限，书中尚有许多值得商榷、完善之处，恳请各位读者给予批评指正！

项目组

2018 年 5 月 20 日

目　录

CONTENTS

图表目录

1 导　论

1.1 研究背景与研究意义

1.1.1 研究背景

“民以食为天，食以安为先。”随着我国社会经济的快速发展和人民生活水平的日益提高，人们的消费观念、生活方式、饮食习惯和营养健康需求等都正在发生深刻变化，对食品消费的关注已经从“量”转向“质”，从对价格的在意转向对安全卫生的注重。食品安全已经成为当今社会关注的焦点话题。政府高度重视食品安全管理，以保护消费者利益和促进食品产业可持续发展为食品安全管理目标，积极营造食品安全保障环境，不断采取各种有力措施，强化食品安全监管，并且已经取得了成效。然而，由于部分食品相关人员的素质和道德问题，体制、机制不健全问题，以及社会发展阶段等深层次问题，[①] 我国食品安全风险事件仍在频频发生，屡禁不止。以 2014 年为例，3 月青岛市食品药品监管局对青岛一季度流通环节食品抽检总体情况进行了通报，馒头和火烧含铝超标、烤鳕鱼等熟食菌落超标，家乐福、大润发、利客来、利群、华润万家、维客等一大批商超入选抽查黑榜；[②] 7 月 20 日媒体又对上海福喜食品有限公司存在大量采用过期变质肉类原料的行为进行了曝光；10 月，台湾方面查处了顶新旗下的正义公司以饲料用油混充食用猪油的问题；12 月 27 日中央电视台新闻频道曝出了江西高安市病死猪肉销往广东、湖南、重庆、河南、安徽、江苏、

① 郭文奇．关于我国食品安全问题的深层思考［J］．中国食品学报，2013，13（1）：1－4.

② 谢超儿．联商年度盘点：2014 年最受关注食品安全事件［EB/OL］．（2015－01－15）［2015－02－27］．http：//www.linkshop.com.cn/web/archives/2015/315104.shtml.

山东7省市的重大食品安全事件，并且20多年来都未被发现。这些食品安全事件表明，各种显现或潜在的食品安全风险仍然很大。进一步的调查分析表明，由于食品供应链上利益相关者出于私利或营利目的，在知情的情况下，人为造成的食品安全问题占68.2%。① 这充分说明，目前我国食品安全问题的主要成因是食品生产经营者的“明知故犯”。②

食品生产经营者作为食品供应链的主体，参与了食品的生产、加工、储运、检测和配送等多个食品供应链环节，每一个环节都有发生食品安全问题的可能性。因而，食品生产经营者也是食品供应链风险③问题的责任主体，要防范食品供应链风险就需要从食品生产经营者入手，查找形成风险的各种影响因素及其相互关系，进而采取针对性措施。

综上所述，随着人们对食品安全性的要求越来越高，食品供应链风险已经成为当前社会关注的焦点问题。为了更好地防控食品供应链风险，我国政府、企业和研究部门都在积极探讨新的策略。尽管已有一些文献从食品供应链主体行为的角度研究了食品安全问题，但这些研究并没有涉及主体内部员工行为、主体行为与其内部员工行为的关系等对食品供应链风险的影响，以及相应的防控食品供应链风险的机制等，缺乏从行为视角对食品供应链风险问题更加深入、系统地分析。在已有食品供应链风险管理策略基础上，从行为视角对食品供应链风险问题进行拓展性研究，已经成为食品供应链风险管理研究领域的迫切需求。基于此，本书立足于行为视角，从食品供应链企业行为及其员工行为两个层面探索食品供应链风险形成的微观机理，进而构建基于行为视角的食品供应链风险防控机制。

1.1.2 研究意义

本书以行为视角为切入点，抓住食品供应链风险形成与风险防控的核心要素，为食品供应链风险管理研究开辟新的途径，为食品供应链风险形成的微观机理提供一个全新的认识，使食品供应链风险防控机制建立在理

① 文晓巍，刘妙玲. 食品安全的诱因、窘境与监管：2002—2011年［J］. 改革，2012（9）：37-42.

② 文晓巍，赵刚. 预警缺失处罚不力是食品安全监管的“软肋”［N］. 南方日报，2012-07-15（007）.

③ 由于食品供应链安全风险是食品供应链风险最核心的内容，也是食品供应链关键风险因素，在不特殊指明的情况下，食品供应链风险就是指食品供应链安全风险（在本书的相关概念部分有专门阐述），因而这里所指食品供应链风险即为食品供应链安全风险。

论可靠、实践可行的基础之上。本书的研究意义主要体现在以下两个方面：

首先，在理论方面，本书根据行为科学中的“前置因素—行为过程—效应”（ABC 模型），运用信息不对称理论、行为科学理论、行为经济学理论等探索“行为影响因素—风险行为—食品供应链风险”之间的关系，剖析食品供应链风险形成的微观机理，进而提出针对性的食品供应链风险防控机制，有助于厘清食品供应链风险形成的利益选择与主体行为的关系，与现有研究起到相互补充、相互完善的作用，进一步丰富和完善现有食品供应链风险管理理论和食品安全风险管理理论，为进一步提高食品供应链风险防范效果提供理论依据。

其次，在实践方面，本书的成果有助于食品供应链企业及其员工正确识别和对待风险行为影响因素，有助于为食品企业开展食品供应链风险防范提供指导，有助于为有关食品企业、行政部门加强食品供应链风险预警、追溯、监测等提供可供借鉴的思路。

1.2 国内外研究现状综述

进入 21 世纪以来，全球市场充满着风险和不确定，供应链风险管理已经成为供应链管理一个新的热点研究方向。[①] 围绕供应链风险的界定、分类、评估和防控等关键问题，学者们基于不同理论、从不同角度、采用多种方法进行了广泛而深入的研究，取得了丰硕的研究成果。尽管如此，供应链风险管理仍然是一个年轻的研究领域，远未形成系统的理论研究框架和明显的研究分支。特别是针对具有显著产品或行业特征的食品供应链风险管理的研究，还很缺乏。

食品供应链风险管理是供应链风险管理在食品行业中的具体应用，已逐渐发展成为供应链管理和风险管理领域的重要研究分支。这一方面是由于食品的特殊性、食品行业在国民经济中的基础性作用；另一方面是由于近些年来国内外曝光的食品安全事件引发了民众的广泛关注，使得研究食品供应链风险管理，保障食品安全和质量成为学界、政府和民众共同关心

① 吴军，李健，汪寿阳．供应链风险管理中的几个重要问题［J］．管理科学学报，2006，9（6）：1－12.

的话题。根据研究内容，可以将食品供应链风险管理研究分为四个方面：一是食品供应链风险的定义和分类；二是食品供应链风险的来源和影响因素；三是食品供应链风险的评估；四是食品供应链风险的防控。下面分别对这四个方面的国内外文献进行梳理、分析和评价。

1.2.1 食品供应链风险的定义和分类

供应链是一个复杂系统，而“从农田到餐桌”更是形象地描绘了食品供应链的复杂性。因此，对供应链风险进行界定是一项富有挑战性的研究工作，明确提出供应链风险定义的国内外文献并不多见。早期文献是从定义“供应风险”概念开始的，如 Zsidisin（2003）① 认为供应风险是“供应的不及时而导致货物和服务质量的降低”。后来，一些文献尝试对“供应链风险”概念进行界定，如 Wagner 和 Bode（2006）② 指出供应链风险是由于供应链中断导致的对公司业绩期望值的负向偏离。而对“食品供应链风险”概念的理解，多数文献采取了“食品 + 供应链风险”，或者“食品供应链 + 风险”这样的组合方式。

Becker（2000）③ 指出食品供应链中的食品质量风险涉及产品质量、过程质量和消费者感知的质量。Peck（2006）④ 将食品供应链风险分为：产品污染与召回、遭受恐怖袭击、消费者抗议、生产厂址毁损、生产能力不足、员工流失、失去供应商、合约风险和双货源风险。Van Rijswijk 和 Frewer（2008）⑤ 认为食品供应链安全风险主要指向食品的技术层面，食品供应链质量风险主要指向食品的性质，包括消费者对食品质量的感受。Dani 和 Deep（2010）⑥ 根据风险事件发生后是否需要政府监管部门干预，

---

① Zsidisin G A. Managerial Perceptions of Supply Risk［J］. *Journal of Supply Chain Management*, 2003, 39（1）: 14 - 25.

② Wagner S、Bode C. An empirical investigation into supply chain vulnerability［J］. *Journal of Purchasing and Supply Management*, 2006, 12（6）: 301 - 312.

③ Becker T. Consumer perception of fresh meat quality: a framework for analysis［J］. *British Food Journal*, 2000, 102（3）: 158 - 76.

④ Peck H. Reconciling supply chain vulnerability, risk and supply chain management［J］. *International Journal of Logistics Research and Applications*, 2006, 9（2）: 127 - 142.

⑤ Van Rijswijk W and Frewer L J. Consumer perceptions of food quality and safety and their relation to traceability［J］. *British Food Journal*, 2008, 110（10）: 1034 - 1046.

⑥ Dani S and Deep A. Fragile food supply chains: reacting to risks［J］. *International Journal of Logistics Research and Applications*, 2010, 13（5）: 395 - 410.

将食品供应链风险分为一类风险和二类风险。前者关乎食品安全和食品供应保障问题，按照监管部门承担责任的大小和范围作进一步细分；后者包括所有其他影响食品供应链，但不对食品安全造成直接影响的风险因素，主要涉及供应链上的各个企业，风险的解决无须政府参与。

还有文献将已有的供应链风险分类研究成果应用到食品企业的案例分析中，如 Diabat 等（2011）① 应用解析结构模型将案例食品公司的供应链风险归纳为五种类型，分别是产品/服务管理风险、宏观风险、需求管理风险、供应管理风险和信息管理风险。其中，产品/服务管理风险为第一层次风险，具有弱驱动力和弱从属度，为自发性风险因素。其他四类风险处于第二层次，具有强驱动力和高从属度，为连接性风险因素。

国内对供应链风险的研究始于 20 世纪末 21 世纪初，而对食品供应链风险的研究则更晚一些。杨波（2008）② 总结出我国食品供应链的常见风险包括质量风险、市场风险（细分为扩张风险、创新风险、营销风险等）、物流风险（细分为第三方物流风险和冷链风险）。刘畅等（2011）③ 通过构建食品质量安全的“供应链 - 关键因素”判别与定位矩阵，对供应链各环节发生的食品安全问题按其本质进行分类，对 2001—2010 年国内发生的 1460 个食品质量安全事件进行了分析。

可见，国内外少有文献对食品供应链风险给出逻辑严谨的清晰定义，在分类问题上也是见仁见智，分类的角度和标准很多，如根据风险的内容和性质、风险的来源或归属、风险的可能性大小和影响程度、风险的方向等。食品供应链的结构特征在不同国家和地区因为经济发展程度、法规完善程度、执法水平差异、政治体制和文化传统差异而存在很大差别，因而也将表现出不同的风险特征，未来研究食品供应链风险的分类应该将这些因素考虑在内。

1.2.2 食品供应链风险来源和影响因素

很多文献是从风险的来源入手研究风险分类问题的，如根据风险是来

---

① Diabat A, Govindan K, Panicker V V. Supply chain risk management and its mitigation in food industry [J]. *International Journal of Production Research*, 2011, 50 (11): 3039 -3050.

② 杨波. 浅论我国食品行业供应链风险识别与控制 [J]. 中国市场, 2008 (41): 120 - 121.

③ 刘畅, 张浩, 安玉发. 中国食品质量安全薄弱环节、本质原因及关键控制点研究——基于 1460 个食品质量安全事件的实证分析 [J]. 农业经济问题, 2011 (1): 24 -31.

源于食品供应链的内部还是外部，将食品供应链风险划分为内部风险和外部风险；根据风险来源于食品供应链环节的不同，将食品供应链风险划分为供应风险、需求风险等。当然，也有从其他角度研究食品供应链风险的来源和影响因素的。

Robson 和 Rawnsley（2001）① 通过对 20 名来自食品监管部门的官员和食品加工与制造企业的市场和质量部经理进行深度访谈，发现食品供应链中如果零售商处于霸权地位，将可能导致食品生产商和管制者不会理性考虑道德问题，从而带来道德风险和管制风险。

Hennessy 等（2003）②、Unnevehr 和 Jensen（2005）③ 研究认为激励误导是食品供应链风险的一个重要来源。食品供应链市场的不透明，以及制度执行不力导致违法获取的利润大于守法。企业的机会主义行为导致负外部性和市场失灵，使得违法企业比守法企业的业绩看上去更好。

国内学者许福才和蒙少东（2010）④ 认为“市场失灵”和“政府失灵”加剧了食品供应链的风险，并以此为基础，对食品供应链的食品质量安全风险、物流风险、信息风险和制度风险进行了分析。

Whipple 等（2009）⑤ 通过对食品生产企业的调查，评价了具有跨国供应链的公司与只经营国内供应链的公司在安全实施和业绩表现上的差异。结果显示跨国供应链公司的管理层通常认为他们更加重视供应链安全，更有可能为其他供应链合作方（供应商、客户和服务提供商）的安全措施提供保障。但是，总体上，除更有能力识别安全事故隐患和从安全事故中恢复之外，跨国供应链公司的管理层并不认为他们的公司在业绩表现上显著优于国内竞争对手。

---

① Robson I. Rawnsley V. Co – operation or coercion? Supplier networks and relationships in the UK food industry [J]. *Supply Chain Management*: An International Journal, 2001, 6 (1): 39 – 47.

② Hennessy D A, Roosen J and Jensen H H. Systemic failure in the provision of safe food [J]. *Food Policy*, 2003, 28 (1): 77 – 96.

③ Unnevehr L J. Jensen H H. Industry costs to make food safe: now and under a risk based system [A]. Hoffmann S and Taylor M. Toward Safer Food: Perspectives on Risk and Priority Setting [C]. Washington, DC: Resources for the Future, 2005: 105 – 128.

④ 许福才，蒙少东．浅析食品供应链风险管理 [J]．黑龙江农业科学，2010 (1): 82 – 85.

⑤ Whipple J M, Voss M D, Closs D J. Supply chain security practices in the food industry: Do firms operating globally and domestically differ? [J]. *International Journal of Physical Distribution & Logistics Management*, 2009, 39 (7): 574 – 594.

Hirschauer 和 Bavorova（2012）① 运用经济学中的行为分析理论与方法，提出了一个食品供应链行为风险的制度分析框架，并在此基础上研究了食品生产者故意违反食品安全规则的行为动机，认为目标多重和有限理性个体的机会主义行为是主要诱因。他们还提出了风险收益剩余、道德收益剩余等概念，并解释了非物质动机（道德动机，包括企业个体的风险态度）在什么情况下将会对食品企业守法产生足够大的正效用，从而抑制食品企业出于经济利益的诱惑而发生违法行为。

郗恩崇和陈鹏（2011）②、吕园园（2009）③、张卫斌和顾振宇（2007）④ 分别对食品供应链的供应、制造、流通及回收各环节中可能产生风险的原因进行了分析。江勇等（2009）⑤ 基于委托代理模型分析了奶制品供应链上的道德风险问题，并分析了奶制品行业出现安全问题的原因，提出我国奶制品行业应重构生产、加工、销售利益联结机制，形成合理的原料奶定价方式及健康高效的食品供应链。

张诚和张广胜（2012）⑥ 认为比较重要的农产品供应链风险影响因素主要有 6 大类，分别是：供应、需求、信息、合作、物流、环境风险，并对这 6 类影响因素的具体来源进行了分析，最终选出 17 个风险影响因素，进一步运用解析结构模型（Interpretive Structural Modeling，ISM）分析这些因素的关系结构，从中找出了农产品供应链风险因素中的表层影响因素、中间层影响因素和深层影响因素，并构造了影响因素递阶结构模型。吴群（2012）⑦ 探讨了食品供应链中生产企业的质量风险因素构成。陈原等

① Hirschauer N, Bavorova M. An analytical framework for a behavioral analysis of non - compliance in food supply chains [J]. *British Food Journal*, 2012, 114 (9): 1212 - 1227.

② 郗恩崇，陈鹏．食品供应链的风险诱因分析［J］．交通企业管理，2011（7）：74 - 75.

③ 吕园园．基于供应链的超市食品安全风险成因分析研究［J］．经营管理者，2009（14）：117 - 118.

④ 张卫斌，顾振宇．基于食品供应链管理的食品安全问题发生机理分析［J］．食品工业科技，2007（1）：215 - 220.

⑤ 江勇，刘秀丽，沈厚才．基于委托代理模型分析奶制品供应链上的道德风险问题［J］．物流技术，2009（9）：105 - 107.

⑥ 张诚，张广胜．农产品供应链风险影响因素的 ISM 分析［J］．江西社会科学，2012（3）：53 - 57.

⑦ 吴群．食品供应链中生产企业质量风险因素及防范措施［J］．物流技术，2012（7）：328 - 330.

(2011)[①] 分析了环境因素对食品供应链生产企业安全行为选择的影响机制，针对生鲜蔬果供应链中覆盖流通领域的部分提出了生产者食品安全行为选择策略的仿真模型，通过仿真发现，食品监管的手法还宜细化，提升技术因素可以降低食品安全成本，有效改善中国的食品安全水平。李红(2012)[②] 对中国食品质量安全网权威数据库搜集的2008—2011年的食品质量检测数据进行了统计分析，发现我国食品安全问题发生最多的供应链环节依次是食品加工环节、种植养殖环节和加工准备环节，关键控制点是农资施用不当、加工环节的环境、人员行为不卫生以及添加有害投入品等。雷晞琳等（2012)[③] 详细分析了食品供应链前端、中端和后端的风险来源。

除了从食品生产者的立场研究食品供应链风险来源问题，也有不少文献从消费者的角度进行研究。Moore（2009)[④] 从消费者行为的角度，运用激励模型、行为确定模型和阶段理论三种行为分析模型，研究了消费者食品安全知识薄弱和意识淡薄带来的食品风险问题，同时还讨论了健康信念模型和计划行为理论在食品安全教育研究中的作用。

王慧敏等（2012)[⑤] 根据北京市消费者的调查数据，运用计划行为理论，对北京市城镇消费者消费“绿色食品”认证猪肉的影响因素进行了实证分析，发现消费者购买“绿色食品”认证猪肉的意愿不强，消费者对质量安全信息的关注程度、风险感知、对认证食品的认知、受教育程度、收入水平等对其购买“绿色食品”认证猪肉有显著影响。

林朝朋等（2008)[⑥]、王志刚和王斯文（2012)[⑦] 通过调查问卷分析了

---

① 陈原，陈康裕，李杨．环境因素对供应链中生产者食品安全行为的影响机制仿真分析［J］．中国安全生产科学技术，2011（9）：107－114.

② 李红．中国食品供应链风险及关键控制点分析［J］．江苏农业科学，2012，40（5）：262－264.

③ 雷晞琳，莫鸣，戴健飞．食品供应链中食品安全风险的来源与防范［J］．企业活力，2012（11）：28－32.

④ Moore C M. Integrating Food Safety Risk Assessment and Consumer－Focused Risk Communication［D］．Raleigh：North Carolina State University，2009.

⑤ 王慧敏，乔娟，宁攸凉．消费者对安全食品购买意愿的影响因素分析——基于北京市城镇消费者“绿色食品”认证猪肉消费行为的实证分析［J］．中国畜牧杂志，2012（6）：48－52.

⑥ 林朝朋，谢如鹤，许晓春，等．消费者对猪肉供应链安全风险的关注程度和信息获取渠道分析——基于韶关市消费者的调查分析［J］．广东农业科学，2008（3）：100－102.

⑦ 王志刚，王斯文．消费者对食品安全风险来源的关注度分析——基于全国城乡居民的问卷调查［J］．中国食物与营养，2012，18（5）：37－40.

消费者对食品安全风险影响因素的关注程度，发现不同特征的消费群体关注的食品质量安全影响因素存在显著差异，对供应链各环节的安全风险关注程度也存在较大差别，消费者获取供应链安全风险信息的来源虽多，但主要渠道不是消费者最信任的渠道。

尹世久等（2012）① 以青岛市262个消费者样本为例，分析了消费者对政府监管效果、生产商行为特征与声誉、认证方行为特征与声誉的态度与评价，并以此为基础研究了这些因素对消费者信任的影响。研究表明，消费者对政府、生产商与认证机构等主体行为的满意度评价总体较低；政府监管评价对消费者信任影响较为显著；生产商行为特征与声誉对消费者信任的影响反而高于认证机构。

在食品供应链风险来源和影响因素方面，国内外文献总结出的因素包括供应链结构特征（如生产商、零售商和政府监管部门等供应链主体的相对地位）、供应链是否跨越国界，以及环境因素方面的政府监管和市场失灵等。在研究视角上，既有从生产商供给角度也有从消费者需求的角度去研究。在研究方法上，规范性研究多从理论出发演绎推理影响因素，实证研究多采用调查问卷方式，通过因子分析、主成分分析等方法归纳出影响因素。

1.2.3 食品供应链风险评估

食品供应链风险评估的研究主要涉及评估内容、程序和方法等问题。Soby 等（1993）② 提出了一个风险管理循环模型，模型中的内圆代表“与利益相关者的沟通”，六个外圆分别是问题/情境、风险、选择、决策、行动和评估，并形成不间断的循环。欧盟一般食品法［Regulation（EC）No. 178/2002］③ 指出风险评估由危害识别、危害特征描述、暴露估计和风险特征描述四个部分构成。FAO/WHO（2006）④、Toyofuku（2006）⑤ 认为

---

① 尹世久，陈默，徐迎军．消费者安全认证食品多源信任融合模型研究——以有机食品为例［J］．江南大学学报（人文社会科学版），2012，11（2）：114-120.

② Soby B A，Ball D J，Ives D P. Safety Investment and the Value of Life and Injury［J］. *Risk Analysis*，1993，13（3）：167.

③ The European Parliament and of the Council. Regulation（EC）No178/2002，Arts. 3（11）.

④ FAO/WHO guidance to governments on the application of HACCP in small and/or less-developed food businesses［J］. *Fao Food and Nutrition Paper*，2006（86）：1-74.

⑤ Toyofuku H. Joint FAO/WHO/IOC activities to provide scientific advice on marine biotoxins（research report）［J］. *Marine Pollution Bulletin*，2006，52（12）：1735-1745.

风险分析由风险评估、风险管理和风险沟通三个部分构成。其中，风险沟通是指与风险相关的信息交换和交流，风险评估涉及科学估算，而风险管理是实际的决策制定过程，涉及政策制定、系统设计和价值评判。Tait 等(2006)① 在提出的食品安全风险分析框架中，将疾病来源/暴露的危害、传播途径、动因（即通过改变疾病源或传播途径影响疾病结果的社会、经济、物理的因素）和后果四个方面的内容纳入食品供应链风险评估的内容。

Sumner 等（2004）② 将风险评估分为定性风险评估方法、半定量风险评估方法和定量风险评估方法。Stringer 和 Hall（2007）③ 提出了一种将食品安全故障分配到具体供应链环节或节点的一般分析模型，结合食品供应链的特点和具体环节进行了食品安全问题的分析，具有很强的操作性。该模型将食品供应链按纵向分成阶段、操作步骤和单元操作三个层次。最后总结出 21 项具体的食品安全问题。

Manning（2013）④ 归纳了食品安全验证的定性和定量方法。指出正确估计食品安全危害，确定消费者可接受的食品安全风险水平及可采取的控制措施，是构建有效的食品安全管理系统的基础。对产品和生产流程进行验证和必要的再验证是持续提供安全食品和建立实时监控的关键，应通过建立有效的验证流程和预达标计划（Pre - requisite Programme，PRP）减少安全验证风险，保证对消费者的食品安全。

Manning 和 Soon（2013）⑤ 总结了食品安全风险的评估方法，认为风险评估是食品安全危害分析与关键控制点（Hazard Analysis and Critical Control Point，HACCP）体系中的一个重要组成部分，风险评估的目的是明

---

① Tait P，Cullen R. Some External Costs of Dairy Farming in Canterbury［A］. The 50th Australian Agricultural and Resource Economics Society annual conference［C］. Sydney Australia，February 8 - 10，2006.

② Sumner J，Ross T，Ababouch L. Application of risk assessment in the fish industry［A］. Fao Fisheries Technical Paper［C］. Rome：FAO，2004：T442.

③ Stringer M F，Hall M N. The Breakdowns in Food Safety Group：A generic model of the integrated food supply chain to aid the investigation of food safety breakdowns［J］. *Food Control*，2007，18：755 - 765.

④ Manning L. Development of a food safety verification risk model［J］. *British Food Journal*，2013，115（4）：575 - 589.

⑤ Manning L，Soon J M. Mechanisms for assessing food safety risk［J］. *British Food Journal*，2013，115（3）：460 - 484.

确生产和销售企业，以及消费者可接受的食品污染水平和风险水平。风险评估的原理可以是科学评判和价值评判标准的结合，同时采用定性或半定量方法。定量风险评估仍然需要软件工具的支持，定量风险评估机制应使组织或政策层面的决策完全透明。

Manzini 和 Accorsi（2013）① 提出了一个食品供应链风险评估的一般概念框架，旨在控制从农田到餐桌的完整供应链上食品及其流通过程的质量、安全、可持续性和物流效率，并通过案例研究展示了概念框架的具体应用。

除了提出食品供应链风险评估的分析框架、研究风险评估的科学程序，以及总结风险评估的方法之外，一些学者也强调风险并不总是能够被科学地估算，风险感知（或感知的风险）也很重要。Handler（1979）② 研究指出，风险的估计是一个科学问题，而接受一定程度的风险则是一个政治问题。Slovic（2000）③ 指出，消费者对风险的感受和接受具有社会和文化根源，这些因素的相互作用将最终决定他们的食品购买或消费决策。Nestle（2003）④ 认为，对风险的评估既可以基于科学计算，也可以基于价值评判；接受一定风险的决策涉及主观感受和个人价值观，也包括科学成分；定量的基于科学测算的风险评估权衡风险与收益及成本，而定性的基于价值判断的风险评估权衡风险与恐惧和愤怒；基于科学测算的风险评估与基于价值判断的风险评估二者并不互相排斥，采用什么样的方法往往成为一个组织是否有效实施特定风险战略的动因。此外，Nestle 还进一步对基于科学测算的风险评估方法和基于价值判断的风险评估方法进行了详细的区分。在研究食品供应链风险评估问题方面，侧重考虑消费者对食品企业风险管理实践活动的感受、与消费者的风险沟通、消费者感性价值评判

① Manzini R, Accorsi R. The new conceptual framework for food supply chain assessment [J]. *Journal of Food Engineering*, 2013 (115): 251-263.

② Handler P. Some Comments on Risk Assessment [R]. National Research Council, Current Issues and Studies, Annual Report. Washington, D. C.: National Academy of Sciences, 1979.

③ Slovic P. The perception of risk [J]. *Risk Society & Policy*, 2000, 69 (3): 112-112.

④ Nestle M. Safe Food: Bacteria, Biotechnology and Bioterrorism [M]. Berkeley: University of California Press, 2003. 16.

以及食品安全文化等因素的其他学者还包括 *Manning* 等（2006a[①], 2006b[②]），Van Kleef 等（2007）[③]，Krystallis 等（2007）[④]，Houghton 等（2008）[⑤]，Cope 等（2010）[⑥]，Griffith 等（2010）[⑦]。

国内从食品供应链的角度研究风险评估的文献不多。刘玫和吴浪（2011）[⑧] 运用系统动力学理论，分析了食品供应链上的七种主要风险之间的因果关系，并对风险因素对食品供应链系统的影响力强弱进行了排序，发现各风险因素影响力静态评估结果与动态评估结果明显不同。原因在于，风险因素之间的相互作用改变了对风险因素独立静态评估时的影响力权重，而直接作用于某一因素上的风险个数越多，则该风险因素的影响力权重变化越大。

杨小敏（2012）[⑨] 认为对于食品安全风险，改革现行评估模式应当以综合食品安全风险的双重属性之优势作为逻辑起点，并遵循分析性、协商性和整合性原则。提出了一种新的评估模式，其特点是：在组织形式方面，实现从专家委员会到评估协调委员会的转变；在结构方面，实现从四个结构到六个结构的转变；在评估范围方面，实现从物质性维度到多元维度的转变；在评估方法方面，实现从定量方法到定量方法与定性方法相结合的转变。

在食品供应链风险评估方面，通过提出分析框架比较不同分析方法的居多，但研究食品供应链风险评估具体方法和技术的文献却比较少。

---

① Manning L, Baines R N, Chadd S A. Food safety management in broiler meat production [J]. *British Food Journal*, 2006a, 108 (8): 605 – 621.

② Manning L, Baines R N, Chadd S A. Ethical modelling of the food supply chain [J]. *British Food Journal*, 2006b, 108 (5): 358 – 370.

③ Van Kleef E, Houghton J R, Krystallis A, et al. Consumer evaluations of food risk management quality in Europe [J]. *Risk Analysis*, 2007, 27 (6): 1565 – 1580.

④ Krystallis A, Frewer L, Rowe G, et al. A perceptual divide? Consumer and expert attitudes to food risk management in Europe [J]. *Health Risk & Society*, 2007 (9): 407 – 424.

⑤ Houghton J R, Rowe G, Frewer L J, et al. The quality of food risk management in Europe: Perspectives andpriorities [J]. *Food Policy*, 2008, 33 (1): 13 – 26.

⑥ Cope S, Frewer L J, Renn O, et al. Potential methods and approaches to assess social impacts associated with food safety issues [J]. *Food Control*, 2010, 21 (12): 1629 – 1637.

⑦ Griffith C J, Livesey K M, Clayton D A. Food safety culture: the evolution of an emerging risk factor? [J]. *British Food Journal*, 2010, 112 (4): 426 – 438.

⑧ 刘玫，吴浪. 从系统动力学视角谈食品供应链风险管理 [J]. 商业时代，2011 (18): 30 – 31.

⑨ 杨小敏. 我国食品安全风险评估模式之改革 [J]. 浙江学刊，2012 (2): 141 – 149.

1.2.4 食品供应链风险防控

国内外学者从多个角度研究了食品供应链风险防控问题。比较而言，国外学者更多是从供应链结构优化、供应链企业关系构建的角度去研究如何防控风险，而国内学者更多是从政府监管和制度完善的角度去寻求解决途径。

Matopoulos 等（2007）① 以农产品（食品）行业为背景，剖析了供应链合作的概念，通过探索性案例研究，发现合作在食品供应链风险防控中非常重要，但往往受到很多限制，包括食品固有特征、行业结构特征等。通过案例分析，发现信任、势力、依赖性和风险/收益分担这四个方面在选择合作伙伴、决定合作的宽度和深度，以及供应链关系的构建和维持中发挥着重要作用。

类似的，Laeequddin 等（2009）② 也研究了构建信任和合作关系对降低供应链风险的作用。他们采用问卷调查方法，通过对食品公司的案例分析，从公司特征、经济状况、动态能力、技术和制度五个方面评价了食品供应链中的企业关系风险，发现公司特征和制度风险对启动信赖关系具有重要影响；而经济状况、动态能力和技术风险在维系信任关系方面发挥着重要作用。

Noomhorm 和 Ahmad（2008）③ 分析了亚洲国家如何采用 RFID 可追溯系统等现代技术应对全球农（食）品产业链布局的变化，以及 ISO 22000 系列在食品供应链风险防控中的作用。其他研究食品安全质量认证体系或制度［如 HACCP 体系、良好生产规范（Good Manufacturing Practice，GMP）、良好卫生规范（Good Health Practice，GHP）、ISO 9000 质量保证体系、全面质量管理（Total Quality Management，TQM）等］，以及食品可追溯体系对防控食品供应链风险的作用的代表性文献还有 Aruoma

① Matopoulos A，Vlachopoulou M，Manthou V，et al. A Conceptual Framework For Supply Chain Collaboration：Empirical Evidence From The Agri－Food Industry［J］. *Supply Chain Management An International Journal*，2007，12（3）：177－186.

② Laeequddin M，Sardana G D，Sahay B S，et al. Supply chain partners' trust building process through risk evaluation：the perspectives of UAE packaged food industry［J］. *Supply Chain Management：An International Journal*，2009，14（4）：280－290.

③ Noomhorm A and Ahmad I. Food Supply Chain Management and Food Safety：South and East－Asia Scenario［J］. *Agricultural Information Research*，2008，17（4）：2008. 131－136.

(2006)①、Coff 等 (2008)②、Engelseth (2009)③、韩杨等 (2009)④。

Diaba 等 (2011)⑤ 提出通过投资基础设施建设、加强风险沟通，缓解需求管理风险和信息管理风险；通过引入专业机构协助完成需求预测，缓解需求波动和需求下降带来的风险；通过与供应商建立长期伙伴关系，降低供应风险。

Dani 和 Deep (2010)⑥ 从风险响应的角度研究了风险防控问题。他们通过分析食品安全事故发生后相关供应链企业的风险反应和应对行为，发现领导力、沟通、多层级的伙伴合作、资源分配、事件升级速度和反应速度六大要素是影响风险响应管理有效性的重要因素。

还有的文献借助博弈模型分析了食品供应链的风险防控问题。Nganje 等 (2008)⑦ 研究了牛奶供应链中的相关利益方应对农业恐怖主义的战略选择和政策激励问题。他们量化评估了食品供应链中企业的安全投资对其他参与方的风险行为和动机的影响，并估算了检测、隔离和实时追踪等安全措施的最优投资水平。研究结果显示，在缺乏协调的情况下，存在多个有碍实现社会最优干预的均衡状态。对安全投资成本给予补贴并不是一个好的政策激励，买方和卖方的风险在不同的风险防控选择下的变动很微小。但是，买方和卖方风险的变化可能带来道德风险问题。智能实时追踪技术是比较有效的防控手段。Song (2011)⑧ 利用构建的序贯博弈模型，

---

① Aruoma O I. The impact of food regulation on the food supply chain [J]. *Toxicology*, 2006 (221): 119 – 127.

② Coff C, Korthals M, Barling D. Ethical traceability and informed food choice [A]. Coff C, Barling D, Korthals M, et al. Ethical Traceability and Communicating Food: The International Library of Environmental, Agricultural and Food Ethics [C]. Berlin: Springer, 2008: 1 – 22.

③ Engelseth P. Food product traceability and supply network integration [J]. *Journal of Business & Industrial Marketing*, 2009, 24 (5/6): 421 – 430.

④ 韩杨，乔娟．食品安全追溯体系形成机理及研究进展［J］．农业质量标准，2009 (4): 46 – 49.

⑤ Diabat A, Govindan K, Panicker V V. Supply chain risk management and its mitigation in food industry [J]. *International Journal of Production Research*, 2011, 50 (11): 3039 – 3050.

⑥ Dani S and Deep A. Fragile food supply chains: reacting to risks [J]. *International Journal of Logistics Research and Applications*, 2010, 13 (5): 395 – 410.

⑦ Nganje W, Bier V, Han H, et al. Models of Interdependent Security along the Milk Supply Chain [J]. *American Journal of Agricultural Economics*, 2008, 90 (5): 1265 – 1271.

⑧ Song C. Food Supply Chain Risk Management: A Sequential Game between Retailers and Regulating Government in the face of Strategic Consumers [D]. New York: The Graduate School of the University at Bualo, State University of New York, 2011.

分析了面对战略消费者时，食品零售商与政府之间的相互作用，通过识别零售商使用化学添加剂和政府实施惩罚的子博弈精炼纳什均衡战略，发现了四种可能的均衡状态。

国内文献方面，邓淑芬等（2005）[①] 从食品安全信息不对称的特点出发，建立信号博弈模型模拟食品生产商和消费者之间的关系，分析该信号博弈的三个均衡及其均衡满足的条件，最终得出了信息不对称情况下安全食品生产商的损失函数以及政府控制食品安全的策略。吕亚荣（2006）[②] 认为中国政府推进食品安全管制的动力主要是国际社会环境压力、国际贸易需要、消费者需求以及政府自身履行职责的需要等，中国政府在推进食品安全管制中面临着产业结构二元化、收入分配不平等、经济条件差以及技术条件弱等方面的制约因素。

聂强大（2008）[③] 基于战略视角提出应采用双赢策略及增加共享信息来应对我国食品行业供应链风险控制。王菡等（2008）[④] 基于信息对称假设，引入期望损失方法，建立了食品供应链风险度量模型。同时，构建期望损失方法的双层规划模型确定了供应链风险应对决策。左两军和王雄志（2008）[⑤] 认为在食品供应链风险管理中，处罚手段与力度是企业自愿实施质量管理系统的一个关键条件，而监管手段与产品检测水平是强制性实施质量管理系统的前提条件。政府干预对任何一种实施方式都很必要，但对于发展中国家，强制实施高水平的质量管理系统并不是一个好的选择。

周清杰（2009）[⑥] 认为我国食品安全多头监管制度存在很多问题，包括法制建设滞后、监管职责不固定、监管部门定位不清、分段监管不完整、食用农产品初级生产阶段监管失控等；强化问责制，理顺监管体制，

---

① 邓淑芬，吴广谋，赵林度，等．食品供应链安全问题的信号博弈模型［J］．物流技术，2005（10）：135－137.

② 吕亚荣．食品安全管制中的政府责任及策略［J］．改革，2006（6）：103－108.

③ 聂强大．基于战略视角的中国食品行业供应链风险控制［J］．市场周刊（理论研究），2008（11）：12－13.

④ 王菡，韩瑞珠，赵林度．基于ES模型的供应链系统风险度量［J］．统计与决策，2008（8）：10－12.

⑤ 左两军，王雄志．不同管制条件下食品供应链成员企业的质量管理行为分析［J］．华南农业大学学报（社会科学版），2008（2）：70－77.

⑥ 周清杰．论我国当前食品安全监管体制的制度困局［J］．北京工商大学学报（社会科学版），2008（6）：28－32.

强化食品链源头和终端的监管是完善监管体制的有效措施。吴素春等(2009)[①] 对核心企业在食品安全事故中的重大影响及存在的问题进行了分析，在此基础上，构建了核心企业食品安全风险防范的框架。杨山峰和李瑞雪（2009）[②] 提出了解决我国食品安全问题的管理机制、追溯机制、预警反应机制和利益分配机制等保障机制。

王华书等（2010）[③] 提出我国食品供应链质量安全管理应采取学科整合与责任整合的基本路径，并从政府如何加强食品质量安全立法和执法，行业协会如何加强行业自律和监督，以及食品企业如何加强质量安全管理等方面提出了防控食品供应链风险的对策。

慕静（2011）[④] 分析了食品供应链中食品安全责任缺失风险的四种传导机制，基于监管创新链，提出了食品供应链安全风险控制策略及科学化监管路径。陈锡进（2011）[⑤] 认为构建“食品质量安全风险管理”“食品质量安全应急管理”“食品质量安全危机管理”三位一体的治理体系是中国政府对食品质量安全管理的根本之策。曾雄旺和杜红梅（2011）[⑥] 通过对绿色食品原料生产者与加工商加入绿色食品供应链的边界、协调定价行为进行分析，探讨超额收益实现的条件及其影响因子，认为协调定价能实现双方收益的帕累托改进，从而实现二者间稳定、高效的合作，降低风险。任燕等（2011）[⑦] 通过对食品安全内涵、生产主体行为、流通主体行为、消费主体行为和监管主体行为五个方面的分析，认为食品安全问题应更多地从社会道德和政治法律的角度出发来思考解决之道。同时，食品安全不应仅仅只考虑生产主体和消费主体的行为，还应更多地发挥流通主体

① 吴素春，张琴丽，胡坤．食品供应链中核心企业食品安全风险防范分析［J］．科技创业月刊，2009（10）：79－80.

② 杨山峰，李瑞雪．基于食品供应链的食品安全保障机制研究［J］．食品工业科技，2009（8）：291－293.

③ 王华书，林光华，韩纪琴．加强食品质量安全供应链管理的构想与对策［J］．食品现代化研究，2010（3）：267－271.

④ 慕静．供应链视角下食品安全责任缺失风险的传导机制及规避策略［J］．粮食科技与经济，2011（5）：5－17.

⑤ 陈锡进．中国政府食品质量安全管理的分析框架及其治理体系［J］．南京师大学报（社会科学版），2011（1）：29－36.

⑥ 曾雄旺，杜红梅．绿色食品原料生产者与加工商行为选择分析［J］．产业与科技论坛，2011（5）：30－32.

⑦ 任燕，安玉发，孙梦洁，等．食品安全内涵及关联主体行为研究综述［J］．经济问题探索，2011（7）：96－102.

的作用和调动更广泛的监管群体。

浦徐进等（2012）① 在“行动者/结构”的分析框架下，探讨了如何将强互惠理论拓展到合作社农产品质量供给治理中，以及通过强互惠行为重塑合作社结构、提高合作社农产品供给质量和效率的可能性。

总体上，在食品供应链风险防控研究方面，国内外学者分别从培育核心企业食品安全文化和道德素养、加强供应链企业间合作、正视企业与政府之间动态博弈、发挥制度约束的作用、完善监管机制、提高食品供应链信息化水平、实现食品供应链信息共享、构建食品安全可追溯体系等不同层面进行了探索，涉及经济、管理、政治、技术、文化、道德等多个方面。规范性研究居多，实证性研究偏少。真正从食品供应链的角度提出操作性强的风险防控措施的研究并不多。

1.2.5 简要评价和研究展望

综合以上四个方面的文献梳理发现，国内外研究食品供应链风险管理问题的文献虽然不在少数，但总体上比较零散，系统性不强，缺乏比较好的理论模型和有说服力的研究框架。从研究脉络上看，研究对象呈现出从关注食品供应链单个主体的风险到关注食品供应链中多个主体风险及其相互关系的变化趋势；研究内容呈现出从研究风险的产生，到研究风险的影响因素，到研究风险在供应链中的传递和扩散的变化趋势；研究方法呈现出从框架性的规范性研究，到设计性的实证研究的变化趋势；研究视角呈现出从强调加强单个供应链主体风险管理到强调供应链整体合作，从强调制度监管到关注技术保障等多个方面的变化趋势。国外的研究更注重提出理论模型和分析框架、采用实证方法，国内的研究则侧重政策研究、采用规范性方法。

对食品供应链风险管理问题的研究，未来可以在以下几个方面进一步深入：一是结合不同地域、不同种类食品供应链的结构特征，开展有针对性的食品供应链风险识别和评估研究；二是在食品供应链风险来源和影响因素的研究中，引入政治体制、财政分配、金融制度、行业竞争态势、企业治理结构、个体认知与行为等宏观、中观和微观因素，广泛采用案例研究、问卷调查、统计分析等实证研究方法；三是从新的研究视角，比如行为经济学视

① 浦徐进，蒋力，吴林海．强互惠行为视角下的合作社农产品质量供给治理［J］．中国农业大学学报（社会科学版），2012（1）：132－140.

角、社会网络视角、生态演化视角等对食品供应链风险的形成机理及规避机制进行深层次的研究。

基于以上分析，本书基于行为视角研究食品供应链风险形成微观机理和防控机制。

1.3 研究目标、研究对象与研究内容

1.3.1 研究目标

本书的主要目标是从行为视角研究食品供应链风险形成的微观机理与防控机制，通过分析食品供应链风险行为（包括食品供应链企业风险行为和员工风险行为）表现、影响因素、各因素之间关系，以及食品供应链风险行为与食品供应链风险的关系等，对食品供应链风险形成微观机理进行深入研究；在此基础上，构建以激励和约束食品供应链企业及其员工行为为核心的食品供应链风险防控机制，并提出食品供应链风险防控的政策建议，为提高企业食品供应链风险管理水平，提升政府等有关部门监管效果，以及提升食品安全水平提供理论与方法支持。

1.3.2 研究对象

本书以食品供应链企业及其员工为研究对象。由于食品供应链从初级农食产品供应到终端消费者的链条较长，同时考虑到我国当前阶段食品供应链仍主要以食品加工制造企业为主导，因而将研究对象定位于食品加工制造企业及其员工。再者，本研究是从行为视角探讨食品供应链风险形成的微观机理，而从社会学的角度，企业的行为与企业组织中员工的行为存在相互影响和相互形塑的关系。因此，本书第一层次的研究对象是食品加工制造企业，第二层次的研究对象是这些企业中的员工，具体又分为高管和普通员工两个群体。在描述和分析我国食品供应链风险管理现状时，以食品加工制造企业为研究对象；在进一步从行为视角探索食品供应链风险形成的微观机理时，则以这些企业中的高管和普通员工为研究对象，分别对高管风险行为和普通员工风险行为的形成机理进行实证研究。

1.3.3 研究内容

为了实现上述研究目标，本书设计了八个部分的研究内容：

第1部分导论。主要阐述研究背景与研究意义，梳理和总结国内外食品供应链风险管理研究的相关成果，描述研究目标、研究内容、研究对象、研究方法、技术路线与研究特色。

第2部分基于行为视角的食品供应链风险形成微观机理分析。首先，对食品供应链风险几个关键的概念进行辨析，涉及食品供应链风险、食品供应链安全风险、食品供应链质量风险、食品供应链质量安全风险等；其次，界定食品供应链风险行为的概念，梳理食品供应链风险行为表现；再次，对本书所需要的基础理论进行梳理，包括食品供应链管理理论、信息不对称理论、行为科学理论、行为经济学理论、风险管理理论等；最后，运用与组织行为和个体行为有关的理论和模型分析食品供应链风险形成的微观机理，并在此基础上构建本书的理论框架。

第3部分我国食品供应链风险管理现状分析。以2009—2013年网络媒体报道的食品安全事件为数据来源，分析我国食品供应链各环节食品安全状况。通过访谈、问卷调查我国部分地区食品加工制造企业中高层管理人员及操作人员，获取这些企业供应链风险管理情况资料，进行描述性分析。

第4部分基于高管行为视角的食品供应链风险形成的实证研究。首先，根据高阶理论，用食品供应链企业高管风险行为代表企业风险行为；其次，以计划行为理论模型为基础，构建包括食品供应链制度环境、高管风险认知、普通员工风险认知和高管风险行为意向等变量的结构方程模型（Structural Equation Modeling，SEM）；最后，基于对样本食品供应链企业高管的问卷调查数据，对于上述变量之间的关系进行实证分析，揭示供应链制度环境、高管风险认知和风险行为引致食品供应链风险的作用路径，基于企业高管行为视角解释食品供应链风险形成的微观机理，并据此提出风险防控的建议。

第5部分基于普通员工行为视角的食品供应链风险形成的实证研究。首先，以计划行为理论为基础构建SEM，在模型中考虑行为态度的中介作用和感知风险行为的调节作用；其次，基于对样本食品供应链企业一般管理者和普通员工的调查问卷数据，运用AMOS软件对SEM进行实证检验和分析；最后，根据实证分析结果，从普通员工的风险行为视角对食品供应链风险的形成和演变机制进行解释，并提出加强食品供应链风险防控的若干建议。

第6部分基于行为视角的食品供应链风险防控机制研究。从行为视角深入分析欧、美、日等发达国家防控食品供应链风险的法律法规、监管体系、方式、手段等，以及对我国防控食品供应链风险的启示。从企业层面和国家层面，总结我国食品供应链风险防控存在的问题。阐述构建基于行为视角食品供应链风险防控机制的重要性、特点，分析基于行为视角的食品供应链风险动态演进路径，在此基础上，构建基于行为视角的食品供应链风险防控机制。

第7部分基于行为视角的食品供应链风险防控案例研究。通过对北京顺鑫农业股份有限公司鹏程分公司的食品供应链风险管理状况进行深入调查研究，剖析其食品供应链风险防控的做法，基于行为视角总结其食品供应链风险防控的成功经验，进而例证本研究结果的合理性。

第8部分本研究的结论与政策建议。全面总结上述研究结果，以激励与约束食品供应链企业及其员工风险行为为核心，提出防控食品供应链风险的政策借鉴与建议。

1.4 研究方法与技术路线

1.4.1 研究方法

（1）文献研究与理论研究。在文献分析的基础上，运用信息不对称理论、行为科学理论、行为经济学理论等，构建本研究的理论框架；同时，结合专家咨询、访谈等探索食品供应链企业及其员工风险行为表现，以及风险行为表现与食品供应链风险之间的关系等。

（2）调查研究。通过对部分地区食品加工制造企业进行实地访谈和问卷调查，了解我国食品供应链风险管理现状，验证食品供应链企业及其员工风险行为与影响因素假设，以及食品供应链企业及其员工风险行为影响因素与食品供应链风险关系模型，构建基于行为视角的食品供应链风险防控机制。

（3）案例研究。通过跟踪研究代表性食品加工制造企业，描述基于行为视角的食品供应链风险防控机制的运作过程，例证所构建的食品供应链风险防控机制的合理性，展现本研究成果的理论与实际意义。

（4）模型分析。运用主成分分析、SEM，确定食品供应链企业及其员工风险行为的主要影响因素及其相互关系等模型。

1.4.2 技术路线

研究思路遵循如图 1－1 所示的技术路线。

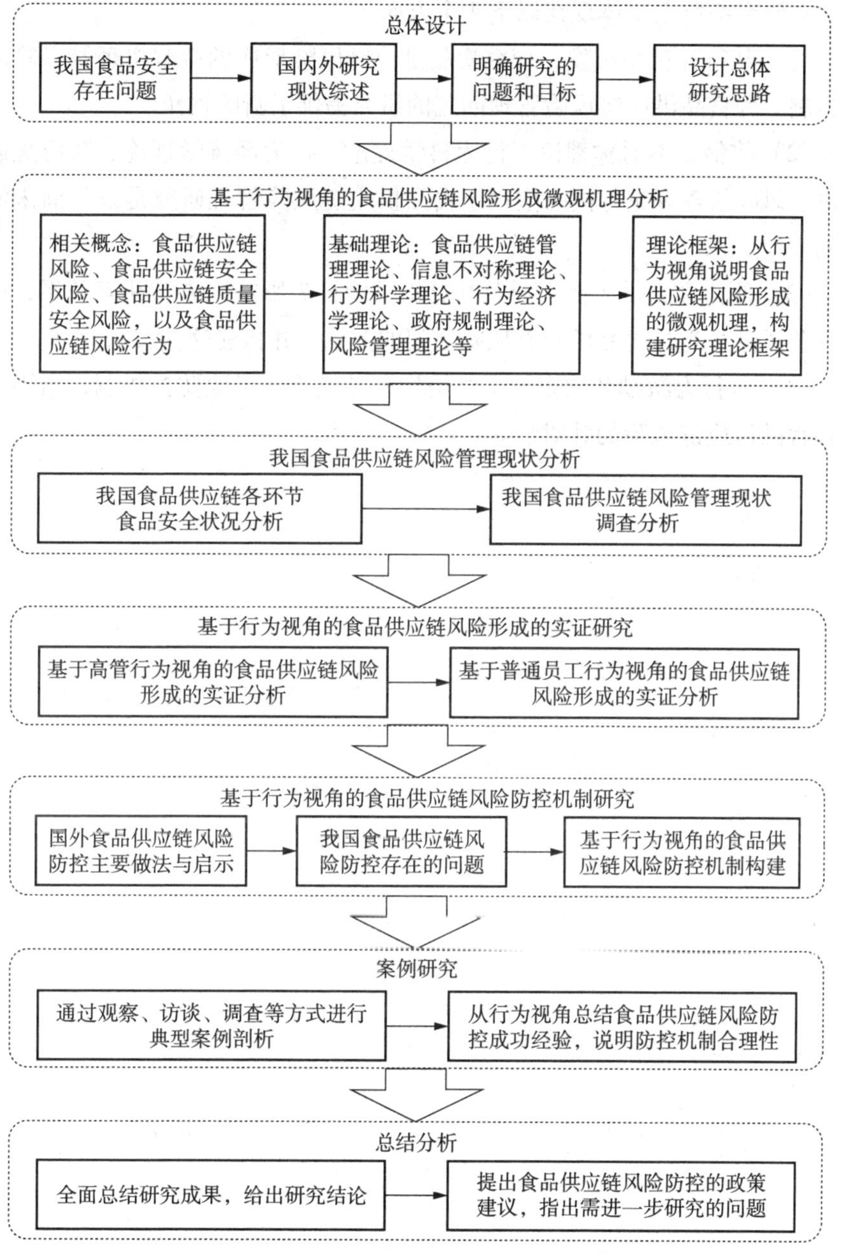

图 1－1　本研究的技术路线

1.5 研究特色

本研究特色主要体现在以下 4 个方面：

（1）从行为视角出发，探究食品供应链风险形成的微观机理及风险防控机制，为食品供应链风险管理问题的研究提供了新的视角。

（2）将信息不对称理论、行为科学理论、行为经济学理论、政府规制理论、风险管理理论等同时应用于食品供应链风险管理研究是以往尚未实现的。

（3）厘清食品供应链企业及其员工风险行为影响因素与相互关系，以及这些风险行为与食品供应链风险之间的关系，并构建这些关系模型。

（4）以行为激励和约束为主线构建食品供应链风险防控机制，增强了防控食品供应链风险的针对性。

2

基于行为视角的食品供应链风险形成微观机理分析

2.1 相关概念

2.1.1 食品供应链

“供应链”一词来自于英文“Supply Chain”，最早是由 Houlihan (1985)① 于1985年提出的，也有的将供应链称为“供需链”。最初，供应链被视为生产企业内部的一个过程，只注意了原材料、零部件的采购、生产加工、销售等活动；后来，供应链的理念得到了发展，开始注意本企业与其他企业的联系，关注供应链的外部环境，偏向于将供应链定义为一个通过链中不同企业的制造、组装、分销、零售等活动将原材料转换成产品，再到最终用户的过程。20 世纪 90 年代以后，对供应链概念的界定更多地采用了价值链的方法，认为与产品有关的所有能够产生价值的活动都是供应链的一部分。然而，截至目前尚未形成统一的供应链定义。2001 年我国首次发布实施、2006 年又进一步修订的国家标准《物流术语》将供应链定义为：“生产及流通过程中，为了将产品或服务交付给最终用户，由上游与下游企业共同建立的网链状组织。”

Den Ouden 等 (1996)② 在一般供应链理论的基础上首次提出了食品

① Houlihan J B. International Supply Chain Management [J]. *International Journal of Physical Distribution and Materials Management*, 1985, 15 (1): 22 - 38.

② Den Ouden M, Dijkhuizen A A, Huirne R B M, et al. Vertical Co - operation In Agricultural Production - marketing Chains - with Special Reference To Product Differentiation In Pork [J]. *Agribusiness*, 1996, 12 (3): 277 - 290.

供应链（Food Supply Chain）的概念，并给出了食品供应链的定义：食品供应链是食品生产销售等组织，为了降低食品和农产品物流成本、提高食品和农产品质量安全和组织物流服务水平而进行的垂直一体化运作模式。之后，一些专家、学者对食品供应链概念给出了不同的定义，但至今尚未形成统一的定义，甚至有的将食品供应链称为“农业供应链”“农产品供应链”“农产食品供应链”“食用农产品供应链”等。一般来说，食品供应链是由农业、食品加工业、批发零食业和物流业等相关组织构成的食品生产和供应的网络系统。其中，农业相关组织为种子、饲料、农药等生产资料供应商，食品加工业相关组织为种植、养殖业生产环节农户或食品加工企业，批发零食业相关组织为食品批发、分销、零售环节的销售商，物流业相关组织为食品包装、储藏、配送、运输环节的物流企业。①

基于研究目标，结合一些专家对供应链、食品供应链的定义，本书认为食品供应链是指以食品加工制造企业为核心的，将上游原材料供应商和下游分销商、零售商直到最终客户连成一体的网链结构。

需要说明的是，由于有些农产品并不能食用，如花卉、棉花、橡胶等，不适用于关注产品安全风险的食品供应链范畴，因而本书中研究的食品供应链不包括非食用农产品供应链环节和农用生产物资供应过程。

2.1.2 食品供应链风险

“食品供应链风险”这一名词已经在相关文献中反复出现多次，然而通过对这些文献的梳理并没有发现明确的食品供应链风险的定义。而对食品供应链风险概念的理解，多采用“食品 + 供应链风险”或者“食品供应链 + 风险”这样的组合方式，认为食品供应链风险的概念是在一般供应链风险概念的基础上结合食品供应链的特点而形成的。② 由于研究目的和研究角度不同，目前学术界尚未形成一个比较权威的、统一的食品供应链风险的定义。例如，从供应链核心企业的角度研究，会更多从供应链环节和系统内外部因素等方面界定食品供应链风险；从消费者的角度研究，会侧重于将食品供应链风险落脚到食品供应链中的食品质量安全风险；从供应

---

① 安玉发，任燕，刘畅，等．供应链主体食品安全控制行为与政府监管研究［M］．北京：中国农业出版社，2014：6.

② 刘永胜．食品供应链风险相关概念辨析［J］．经济问题，2014（8）：12 – 15.

链企业联盟的角度研究，会更多借助于博弈论思想和工具分析食品供应链合作风险、关系风险、信息风险；从政府的角度研究，会侧重于食品供应链的外部治理主体风险与外部治理环境风险，等等。

要理解食品供应链风险的内涵和外延，需要把握以下两点：一是解释食品供应链风险的内涵需要准确把握风险的内涵和食品供应链的特征。对于风险的界定，现在基本都认可了不确定性加损失可能性这样的数理化的解释。而食品供应链与其他供应链的特征本质区别，来源于食品同时作为信用品和经验品的商品性质，来源于食品供应链“从农田到餐桌”的复杂性，来源于食品行业与人民安居乐业、社会和谐稳定休戚相关的关系。因此，过程安全和结果安全是食品供应链要实现的终极目标。但是，社会快速发展和经济全球化导致食品供应链在广度和深度上的复杂性在不断增加，导致食品供应链实现上述预期目标的不确定性在逐渐增大。同时，由于食品信息的难追溯性，一旦发生预期目标的偏离，造成食品安全事故，往往形成食品供应链“一人失道，鸡犬不宁”“一损俱损”的惨烈后果，这就是食品供应链风险的内涵，即由于食品供应链中的不确定性因素而使整个食品供应链未能实现质量或安全的预期目标，从而使食品供应链上大多数企业遭受损失的可能性。二是理解食品供应链风险的外延本质上需要对食品供应链不确定性因素或来源做进一步的解释，即解决好食品供应链风险因素识别或分类的问题。在这个问题上，学者们的差异或分歧更大，主要原因可能还是与前文提到的研究目的和角度有关。目前有两种可能的错误倾向：一种是过于细致，深入到供应链各个节点企业的内部经营活动，几乎包罗万象，完全混淆了供应链风险和单一企业内部风险；另一种是过于宽泛，导致后续的风险评估难以操作，对风险防控研究也失去了指导意义。为了比较准确地把握食品供应链风险的外延，需要对食品供应链所处的内外部环境和条件有深入的了解。食品供应链所处的内外部环境和条件存在区域差异、品种差异，而且不同风险因素的相对重要性可能随时间动态变化。未来需要更多针对具体区域、具体品种的食品供应链风险进行研究，为提炼出食品供应链一般性或共有性风险因素提供基础。

可以看出，食品供应链风险概念由一般供应链风险概念演化而来，同样强调供应链风险来源于供应链的不确定性。同时，食品供应链风险概念关注的是整个食品供应链可能遭受的损失，而且损失可能是多方面的。因此，食品供应链风险关注的是各种内外生因素可能给整个食品供应链带来的损失。它是指食品供应链成员在种植（养殖）、生产、加工、包装、贮藏、运输、销售、消费等环节中，由于各种事先无法预测的不确定因素带来的影响，使食品供应链实际收益与预期收益发生偏差，从而产生受损风险和可能性。①

需要指出，由于食品供应链的特殊性以及人们往往更关注食品供应链的食品安全风险问题，因而有些专家也会将食品供应链安全风险视同食品供应链风险，或者认为食品供应链风险实质上就是食品供应链安全风险②。

2.1.3 食品供应链安全与食品供应链安全风险

1. 食品供应链安全

虽然有一些文献针对食品供应链安全问题进行了研究，却没有给出明确的食品供应链安全的定义。代文彬和慕静（2013）在对面向食品安全的食品供应链透明问题进行研究时，阐述了食品供应链安全标准问题。③ 并认为食品供应链安全标准内容比较广泛，主要包括两个方面：即在食品生产、流通和消费等环节中的有关食品安全的相关协议、法律要求和食品本身特征的相关协议、法律要求。这些协议和法律要求，一方面为国家有关部门提供了食品供应链安全监管依据；另一方面也为供应链成员企业运营和产品特征提出了基准要求。显然，有关食品供应链安全标准是为保障食品供应链的食品安全而制定的。Kumor 等（2009）在《加强食品供应链安全的一些观点》一文中，从食品供应链的污染、食品链流程的风险控制、执行会议、加拿大食品质量保证：查证和验证、动物标识和可追溯体系、需要考虑的重要因素六个方面提出了加强食品供应链安全的对策。④ 而这些对策无疑都是为了在食品供应链中有效保证食品安全。通过对上述文献的分析，可以得出如下结论：食品供应链安全也就是指食品供应链中的食

① 何静．食品供应链管理［M］．北京：中国轻工业出版社，2016：146.

② 王殿华，翟璐怡．全球化背景下食品供应链管理研究——美国全球供应链的运作及对中国的启示［J］．苏州大学学报，2013（2）：109－114.

③ 代文彬，慕静．面向食品安全的食品供应链透明研究［J］．贵州社会科学，2013（4）：155－159.

④ Kumor L，Schneider P，Will D，et al. 加强食品供应链安全的一些观点［J］．中国家禽，2009，31（8）：37－38.

品安全，更确切地说是指食品供应链中的食品质量安全，涉及食品供应链的每一个环节。食品供应链安全与食品供应链风险的关注点不同，所关注的是各种内外部因素对食品供应链中食品安全的影响及其相互作用关系。从广义上讲，食品供应链安全并非单纯指食品供应链中的食品安全，还应涉及食品供应链的其他安全问题，如食品供应链中的生产运作安全、信息安全、人员安全、物流安全、资金安全、设备/设施安全等。但由于食品供应链中的食品安全是整个食品供应链安全的最核心部分，也是食品供应链安全的本质，因而在相关文献中往往将食品供应链中的食品安全或食品质量安全称为食品供应链安全。

2. 食品供应链安全风险

在研究食品供应链风险安全问题的相关文献中，并没有明确给出食品供应链安全风险这个概念，而是更多地对食品供应链中的食品安全问题、产生食品供应链中食品安全问题的原因，以及影响食品供应链中食品安全的因素等进行分析。郗恩崇和陈鹏（2011）在分析食品供应链的风险诱因时，从供应环节、制造环节、流通环节和回收环节对可能导致的食品供应链中的食品安全问题进行了详细分析。① 何畅（2011）在阐述我国出口食品供应链安全风险预控机制时，认为导致食品安全问题的主要原因在于出口食品供应链内催生风险，具体包括：食品供应链组织结构增大了食品安全风险、信息共享不畅加剧了食品安全风险、核心企业作用不强催生了食品安全风险，以及物流发展滞后传导了食品安全风险。② 王海萍在对食品供应链的安全监管问题进行研究时，从食品供应链的供应环节、生产环节、流通环节和回收环节分析了食品供应链中的安全风险，并指出食品供应链中的供应环节风险是传递性风险，对于食品生产企业来说，这种风险的可控性较低、涉及面较广，因而它被视为食品供应链安全风险中的一个痼疾。③ 罗爱学（2011）在对食品供应链安全风险进行分析时，对食品供应链安全风险概念做了较为宽泛的理解，将食品供应链上的安全风险因素分为食品供需安全风险、食品质量安全风险和可持续发展风险。④ 而赫威

① 郗恩崇，陈鹏．食品供应链的风险诱因分析［J］．交通企业管理，2011（7）：74－75．
② 何畅．论我国出口食品供应链安全风险预控机制［J］．学术交流，2011（11）：75－78．
③ 王海萍．食品供应链的安全监管［J］．社会科学家，2010（9）：110－112．
④ 罗爱学．基于安全视角的食品供应链风险防范研究［J］．经济视角，2011（8）：128－129．

(2012）在对我国食品供应链现存问题和瓶颈进行分析时，将食品供应链分为五个阶段（生产源头、原材料采购及初级处理、生产与制造环节、物流环节和食品营销环节），这五个环节的食品供应链现存问题和瓶颈都与食品安全问题有关的。[①] 由此可见，这些文献绝大多数将食品供应链安全风险理解为食品供应链中食品安全风险。

需要特别指出，慕静（2012）在研究食品供应链安全风险控制问题过程中，通过条件、时间、原因、后果等四个要素，明确界定了食品供应链安全风险的概念，即食品供应链安全风险是指在一定条件下和一定时期内，由于企业食品安全意识、行为、责任、规则、标准等的不确定性，而导致的食品供应链一个或多个环节的企业遭受损失及其可能性的大小。包括质量安全风险、法律安全风险、信息不对称风险和社会责任缺失风险。[②] 所界定的食品供应链安全风险概念的内涵比较清晰，与食品供应链中食品安全风险概念的内涵比较一致，强调风险来源于不确定性，同时关注对食品供应链造成的损失及其可能性大小。这个概念可以视为食品供应链风险概念在食品供应链安全领域的延伸，而且其外延也与食品供应链安全概念的外延相匹配。因此，虽然食品供应链安全风险并非局限于食品供应链中的食品安全风险，但主要是指食品供应链中食品安全风险，并且习惯上将食品供应链中的食品安全风险简称为食品供应链安全风险。

2.1.4 食品供应链质量风险与食品供应链质量安全风险

1. 食品供应链质量风险

从收集到的文献来看，使用食品供应链质量风险概念的还很少见。在相关文献中，就如同将食品供应链安全风险理解为食品供应链中食品安全风险那样，也将食品供应链质量风险视为食品供应链中食品质量风险，认为食品供应链质量风险是食品供应链风险的一项重要因素。如杨波(2008）根据我国食品行业的特殊性，总结出食品行业供应链中的常见风险包括质量风险、市场风险、物流风险，但并未解释这些风险的内涵；认

---

① 赫威．我国食品供应链流通体系存在的问题与应对策略［J］．商业时代，2012（14）：39－40.

② 慕静．食品安全监管模式创新与食品供应链安全风险控制的研究［J］．食品工业科技，2012，33（10）：49－51.

为质量风险可以视为安全风险，是食品行业发生频率最高的一类风险，也越来越受到消费者关注。[①] 刘玫和吴浪（2011）提出食品供应链风险有七大因素，分别是质量风险、物流与库存控制分析、结构风险、信息风险、合作风险、市场风险和环境风险；认为食品供应链质量风险是一种由于食品的外观和内在品质存在危害而危及整个食品供应链正常运作的风险因素。[②] 吴群（2011）在研究食品供应链中生产企业质量风险问题时，指出对应食品生产、供应、物流与需求四个主要领域，有多个食品供应链质量风险因素；有的食品生产企业主动制造和/或被动地传递食品供应链质量风险。[③] 吴浪（2010）对食品供应链风险因素及成因进行分析时，指出食品供应链的各个环节都存在质量风险，食品供应链质量风险来自于食品自身的特性和供应链系统的复杂性。[④] 另外，在现实生活中，人们更多地从食品质量安全而非数量安全的角度来关注食品质量风险问题，不特殊说明时所涉及的食品质量风险也即食品质量安全风险。因此，在相关文献中，所提及的食品供应链质量风险也就是常说的食品供应链质量安全风险。

2. 食品供应链质量安全风险

在研究食品供应链风险问题的很多文献中，都涉及了食品供应链质量安全风险这个话题，但尚未发现对这一概念的界定。如张汉江等（2008）在分析供应链上食品质量安全风险产生与传播的基础上，构建并求解了一个供应链静态博弈模型，提出了相关的食品供应链质量安全风险的防范措施。[⑤] 王铬（2009）在“食品供应链风险分析与防范”一文中，将食品供应链风险视同食品供应链质量安全风险，给出了食品供应链质量安全风险形成过程图，并从“市场失灵”和“政府失灵”两个层面分析了食品供应链质量安全风险形成问题。[⑥] 张红霞（2014）比较系统地研究了食品供应

① 杨波．浅论我国食品行业供应链风险识别与控制［J］．中国市场，2008（41）：120-121.

② 刘玫，吴浪．从系统动力学视角谈食品供应链风险管理［J］．商业时代，2011（18）：30-31.

③ 吴群．食品供应链中生产企业质量风险因素及防范措施［J］．物流技术，2012（7）：328-330.

④ 吴浪．食品供应链风险管理研究［D］．长春：吉林大学学位论文，2010.

⑤ 张汉江，肖伟，葛伟娜，等．有害物质在食品供应链中传播机制的混合策略静态博弈模型［J］．系统工程，2008，26（1）：62-67.

⑥ 王铬．食品供应链风险分析与防范［J］．中国物流与采购，2009（2）：72-73.

链质量安全风险来源与形成机理、控制的总体思路，以及控制的机制与策略等问题，但并没有界定食品供应链质量安全风险的概念。① 晚春东等（2014）在《供应链环境下食品质量安全风险研究述评》一文中，多次提到食品供应链质量安全风险，并提出避免食品质量安全危机和降低食品质量安全突发事件应急管理成本及严重后果的最适宜方法就是食品供应链质量安全风险管理。② 虽然上述这些文献没有明确界定出食品供应链质量安全风险的概念，也没有进行概念解释，但结合文献上下文内容可以清楚地知道，所提及的食品供应链质量安全风险实质上都是指食品供应链中食品质量安全风险，或者是指食品供应链中食品安全风险。此外，从朱天舒（2010）分析食品供应链潜在安全风险的过程和结果来看，也能够说明所提及的食品供应链质量安全风险就是指食品供应链中食品安全风险。③

之所以会出现上述容易混淆的概念，与人们对食品安全概念的不同理解密切相关。严格来说，食品安全包括两个层面的含义：一个是“量”的层面；一个是“质”的层面，即食品量的安全和食品质的安全。食品量的安全又称食品安全保障，是指食品的数量安全，从数量上反映居民食品消费需求的被满足程度；而食品质的安全常常简称食品安全，是指食品的质量安全，从质量上反映食品消费对人类健康没有直接或潜在的不良影响。目前，在我国对食品安全内涵的理解中，更多地关注“食品质的安全”，而相对弱化“食品量的安全”。④ 因此，在学术界和新闻媒体中，如无特别强调和说明，则将食品质的安全、食品质量安全与食品安全三者等同看待，不加区分。如汪普庆（2012）在界定食品安全的概念时，提出食品安全即食品质量安全，是一个综合性的概念。⑤ 这一概念包括了消费者、特殊利益群体、科研学者、管理部门以及业界等对食品安全的不同理解。

综上所述，食品供应链风险概念是一般供应链风险概念在食品供应链

---

① 张红霞．核心企业主导的食品供应链质量安全风险控制研究［D］．北京：中国农业大学学位论文，2014.

② 晚春东，宋威，晚国泽．供应链环境下食品质量安全风险研究述评［J］．绍兴文理学院学报，2014，34（10）：25－30.

③ 朱天舒．食品供应链控制区质量安全管控理论与方法研究［D］．天津：天津大学学位论文，2010.

④ 吴林海，钱和，等．中国食品安全发展报告（2012）［M］．北京：北京大学出版社，2012. 8.

⑤ 汪普庆．基于供应链的蔬菜质量安全治理研究［M］．武汉：武汉大学出版社，2012：14－15.

上的延伸和发展，来源和起因于食品供应链的不确定性。除特殊说明之外，食品供应链安全也就是指食品供应链中食品（质量）安全。就目前的研究来看，食品供应链安全风险、食品供应链质量风险与食品供应链质量安全风险这三个概念内涵完全一致，可以相互替代。由于食品供应链安全风险是食品供应链风险最关键的风险因素，也是食品供应链风险最核心的内容，而且在食品供应链风险相关文献中所研究的问题实质上都是围绕食品供应链安全风险来展开的，因而无特殊说明时文献中所提及的食品供应链风险即为食品供应链安全风险，本书研究的食品供应链风险即为食品供应链安全风险。

2.1.5 食品供应链风险行为

1. 食品供应链风险行为

发生食品安全事件，出现食品供应链风险在很大程度上是由于食品的生产供应、加工制造、流通等环节的企业或个人职业道德的缺失和社会良知的丧失。[①] 为方便研究，我们将食品供应链企业或企业员工在一定的社会经济技术条件下，为追求自身利益最大化而违法违规经营或操作，从而导致食品供应链风险的所有行为统称为食品供应链风险行为。根据风险行为主体，将食品供应链风险行为划分为食品供应链企业风险行为和食品供应链企业员工风险行为。

（1）食品供应链企业风险行为

按照行为科学理论的观点，一个组织的价值观影响当前及未来的行为，影响工作态度和有关行为的道德标准。在现实社会中，企业往往持有经济价值观，以有效实惠为中心，强调功利性，追求经济利益。出于对利益最大化目标的追求，食品供应链企业可能会基于成本和利润等因素的考虑，在生产经营过程中忽略影响食品安全的各种因素，只重视经济效益而忽视食品安全，进而出现风险行为。食品供应链企业风险行为主要表现为以下三方面：

①战略缺失。在战略层面，没有将食品供应链风险管理提升到企业战略高度，缺乏健全的内部风险管理制度，缺少食品供应链风险应急管理计

① 郗恩崇，陈鹏．食品供应链的风险诱因分析［J］．交通企业管理，2011（7）：74－75.

划；在企业组织机构中，未专门设置食品安全风险管理部门，放松食品供应链风险管理和食品安全风险教育；企业管理人员默许员工非法掺杂有害物质或使用添加剂等。

②战术松懈。在战术层面，过分依赖某个或某几个食品原料供应商，对原料验收把关不严；在企业员工招聘中未将个人品德、责任心以及过去不良行为作为重要选聘指标；企业对食品安全投入不足，不能按计划要求开展食品安全风险管理培训等。

③运作薄弱。在运作层面，购买不合格原材料，采购添加剂把关不严，索证意识淡薄，[①] 原材料处置不当；生产环节的不合理或违规操作，操作环节的卫生不达标，工作环境安全与舒适度较差，员工工作强度高；产品待销售前的存储方式、检测做法不当等。[②]

（2）食品供应链企业员工风险行为

根据心理学的观点，人的行为是非常复杂的，不仅受意识和情感的制约，还受客观环境、生理机制、社会因素等的制约。非法掺杂有害物质或使用添加剂这种风险行为牵涉个人的职业道德，取决于相关个人对企业、对社会责任感的高低。[③] 因此，食品供应链企业中的每一位员工都可能做出某些风险行为，这些风险行为都直接或间接地导致食品供应链风险事故的发生。食品供应链企业员工的风险行为主要表现为以下四个方面：

①状态散漫。在工作状态层面，缺乏工作热情，精力不集中，忙乱出错时有发生等。

②责任心不强。在工作责任层面，工作投入不足，马虎行事，组织纪律性差；缺乏团队精神；对食品生产加工设备清洗不彻底等。

③技能欠缺。在工作技能层面，食品技术规范与标准体系执行力不足，违规操作或操作失误时有发生等。

④道德心差。在职业道德层面，滥用添加剂，甚至非法使用化学添加物，掺杂有害物质；健康卫生不达标；在干粉状产品区域未按规定穿戴连

---

① 史海根．嘉兴市部分农村食品企业食品添加剂使用情况调查分析［J］．中国预防医学杂志，2006（6）：548－550.

② 吴林海，钱和，等．中国食品安全发展报告（2012）［M］．北京：北京大学出版社，2012：65.

③ 郗恩崇，陈鹏．食品供应链的风险诱因分析［J］．交通企业管理，2011（7）：74－75.

体衣、佩戴手套、发网等劳动保护用品；不按要求定期清洗劳动保护用品等。

2.2 理论基础

从行为视角来看，食品供应链风险形成的过程即为风险发生的行为选择不断组合的过程，而行为选择又受个体内在因素（内因性因素）和环境因素（外在性因素）的影响。内在因素涉及行为主体对食品安全风险的认知，环境因素则包括外部的宏观环境、供应链网络环境、企业内部的风险管理环境和食品安全文化等。因此，分析食品供应链风险形成的微观机理，并据以提出相应的防控机制，理论上可运用食品供应链管理理论、信息不对称理论、行为科学理论、行为经济学理论、政府规制理论和风险管理理论等进行解释，这些理论构成本书研究的理论基础。

2.2.1 食品供应链管理理论

一般认为，食品供应链是指由食品的初级生产经营者、加工制造商、销售商到消费者等食品链上各环节的经济利益主体（也包括作为规制者的政府）所组成的整体。① 食品供应链中的生产经营主体主要包括农业生产者和食品生产、加工、包装、物流配送、经销（批发与零售）等环节的生产经营厂商，并共同构成了整个食品供应链风险防范与风险承担的主体。② 而作为规制者的政府也要在防范食品供应链风险中承担相应责任。因而，食品供应链管理的目标确定为保障“从农田到餐桌”具有可追溯性的安全健康食品的供应。③

食品行业的特殊性，决定了食品供应链具有如下属性：④

（1）食品流通环节要求高。生鲜食品的易腐性、时效性和环境敏感性

---

① Den Ouden M, Dijkhuizen A A, Huirne R B M, et al. Vertical Co – operation In Agricultural Production – marketing Chains – with Special Reference To Product Differentiation In Pork [J]. *Agribusiness*, 1996, 12 (3): 277 – 290.

② 吴林海，王建华，朱淀，等. 中国食品安全发展报告 2013 [M]. 北京：北京大学出版社，2013. 2.

③ [英] 鲍拉基斯 (Bourlakis M A)，[英] 韦特曼 (Weightman P W H). 食品供应链管理 [M]. 北京：中国轻工业出版社，2010. 1.

④ 赵林度. 食品安全与风险管理 [M]. 北京：科学出版社，2009：169 – 170.

强的特点，极易导致食品安全隐患，造成食品供应链风险，因而要求尽量减少流通环节。然而，食品生产与消费的分散性必然导致流通过程中的多次集散，这无疑增加了对食品流通环节的要求。

（2）食品供应链长而复杂。从初级食品的生产到最终消费，食品供应链涵盖了生产、加工、制造、包装、仓储、运输、销售、配送、消费等各个环节，由此造成食品供应链不仅长而且复杂。此外，食品供应链中众多的不同层次成员，食品供应链成员之间食品安全信息不对称，政府主管部门与食品供应链企业之间存在的食品安全监管博弈等，也导致了食品供应链的复杂性。

（3）食品供应链企业成熟度普遍较低。食品生产加工商、物流服务商等食品供应链企业的规模普遍偏小，标准化程度较低，操作规范性不足，物流设施不完善。2012 年，我国规模以上食品生产加工企业总数为 33692 个，在我国约 40 万家全部食品生产加工企业中仅占 8.42%，整个食品生产加工企业以“小、散、低”为主的格局没有根本改变，小、微型和小作坊式的食品生产加工企业仍然占主体。[①] 这些食品生产企业规模小、门槛低、标准化程度低。大量事实表明，这些企业已成为我国食品安全事件发生的根本原因。[②]

（4）食品特性的影响滞后。由于只有在消费之后才能了解食品的味道、口感等特性，甚至在消费之后也无法了解食品的安全和营养水平等特性，所以增大了食品供应链风险分析难度，导致了食品风险信息传播的滞后性，进而影响了食品供应链企业之间的风险信息共享能力、协调能力和应急反应能力。

（5）食品零售企业的影响力不断增强。由于买方市场的成熟，居于食品供应链末端的零售企业在供应链中的优势地位越来越明显，其对食品供应链企业的约束力和整个供应链稳定性的影响力进一步增强。

食品供应链在运作过程中，食品的生产、加工、储藏、运输及销售等环节存在着许多隐患，即使食品生产质量安全可靠，也难以保证食品供应链不会发生安全风险。任何一个环节出现安全问题，都可能引发食品供应

① 吴林海，王建华，朱淀，等．中国食品安全发展报告 2013［M］．北京：北京大学出版社，2013：69.

② 陈椒．食品安全与食品供应链管理［J］．上海企业，2005（7）：60－62.

链风险。虽然食品安全问题主要在销售终端显现和爆发，但问题的根源却在食品供应链管理方面。一个管理无序、效率低下、运作不畅的食品供应链必然会对食品安全产生不利影响。因而，加强食品供应链管理也是食品企业防范食品供应链风险，提高食品供应链整体竞争力的客观要求。

供应链管理是20世纪90年代企业寻求增强竞争力的最重要的管理思想和方法之一，是生产分工不断细化、全球竞争日趋激烈和信息技术飞速发展的产物，成为介于市场治理（价格杠杆）和公司内部治理（纵向一体化）之间的一种治理模式。在此基础上产生的供应链管理理论，可以分为基于经济学视角的交易成本分析、基于管理学视角的资源获取分析和基于社会学视角的企业动态关系分析三个部分。从经济学的角度看，供应链管理是为了减低交易成本，提高生产效益和效率，管理的主要手段是通过合理的契约设计构建有效的激励机制；从管理学的角度看，供应链管理是为了增强企业的资源配置和整合能力，以获得不可模仿、难以复制和难以替代的竞争优势，采用的主要方法是通过战略合作与管理协调构建合作机制；从社会学的角度看，供应链管理的主要目的是形成长期稳定的供应链合作关系，依赖的手段是构建信任机制。

由于食品的特殊性，食品供应链管理在实现对市场的快速响应和降低交易成本、提高供应链竞争能力的过程中，一个非常重要的方面是保证食品供应过程和最终产品的质量安全，尽可能降低食品质量安全风险。因此，风险管理和质量管理是食品供应链管理的重要内容。

2.2.2 信息不对称理论

信息不对称理论是由三位美国经济学家——约瑟夫·斯蒂格利茨（Joseph E. Stiglitz）、乔治·阿克尔洛夫（George Akerlof）和迈克尔·斯彭斯（Michael Spence）在1970年提出的。根据信息不对称理论，在市场经济活动中，交易各方对有关信息的掌握是有差异的，通常情况下市场中的卖方比买方更多或更确切地了解有关商品的各种信息，因而往往处于更有利的地位。

不对称信息可以从多个角度进行划分。（1）从产生的根源来看，不对称信息分为内生的不对称信息和外生的不对称信息。内生的不对称信息又称为市场的不对称信息，是指当事人对本身的偏好、禀赋和生产机会都完全掌握，但对对方所提供的供给（需求）不掌握的情形。外生的不对称信息又称为事件的不对称信息，是指自然状态所有的一种特征、性质和分布状况，是客观事物本身所具有的。（2）从发生的时间来看，不对称信息分为事前不对称信息和事后不对称信息两类。其中，事前不对称信息会出现在签约之前，并会造成逆向选择，即在签约之前交易一方已经掌握了交易对方所不了解的某些信息，并利用这些信息签订对自己有利的契约，而对方由于信息上的劣势陷入被动选择的局面。事后不对称信息则出现在签约之后，并会造成道德风险，即在签约后交易一方可能利用信息优势在实现自身效用最大化的同时实施损害交易对方利益的行为。人们把研究这些事后不对称信息的模型称为道德风险模型。（3）从信息内容来看，不对称信息分为行动不对称信息和知识不对称信息。行动不对称信息是指交易一方的行为对交易对方来说具有不可预测性。人们将研究不可观测行动的模型称为隐藏行动模型。知识不对称信息是指交易一方所拥有的知识条件对交易对方具有不可预知性。人们将研究不可观测知识的模型称为隐藏信息模型或隐藏知识模型。在研究信息不对称情况下的对策问题时，我们将拥有信息优势的一方称为“代理人”，而不具有信息优势的一方称为“委托人”。这样，信息不对称理论中的所有对策模型都可以在委托人——代理人的框架下进行分析研究。

很多研究认为，信息不对称是导致食品安全问题的主要甚至是根本原因。因为食品供应链从源头的农作物种植和家禽牲畜养殖，到成为消费者口中的食物，链条长而且复杂，信息不对称问题在各个环节都存在且比较突出。如何缓解由于信息不对称导致的食品安全领域的逆向选择和道德风险问题，一直是各国政府进行食品安全管制的焦点。管制的着力点主要是食品安全质量信息的量和质，以及食品安全质量信息的提供方式，包括强制提供和自愿提供，以充分发挥信息对消费者购买决策的支撑功能和对食品生产者生产质量的信号传递功能。为此，一方面要加大技术研发力度，推进食品可追溯体系建设；另一方面要强化对食品供应链企业信息披露的要求和责任，建立信息充分、透明和公开、公平、公正的竞争性市场，以发挥高质量食品的信号传递效应，以此构建“良币驱逐劣币”的良性循环的食品市场。

2.2.3 行为科学理论

行为科学理论的创始人是美国哈佛大学教授、管理学家乔治·埃尔

顿·梅奥（George Elton Mayo）。行为科学发展成为一种管理理论开始于20世纪20年代末30年代初的人际关系学说，真正的发展却是在20世纪50年代。

行为科学的研究对象是人的行为及其产生的原因，是研究人们工作动机、情绪、行为与工作和环境之间的关系，探索影响生产率的各种因素的管理理论与方法的一门科学。它主要是从人的心理因素视角对人的行为规律进行研究，特别是对人与人、个人与集体之间关系的研究，并借助这些规律性研究结果来预测和控制人的行为，进而提高工作效率，达成组织目标。具体来说，主要研究内容为个体行为、群体行为、领导行为和组织行为。其中，个体行为主要是从微观视角来考察和研究人的行为，从个体的层次上分析影响人的行为的各种心理因素和外在因素，其中心理因素包括人的思维方式方法、归因过程、动机、态度等，外在因素包括法律、道德、环境等。[①] 群体行为主要是从微观视角对群体的行为问题进行研究，包括群体行为特征、群体中的人际关系、群体内部信息传递方式、群体内部的心理与行为、群体之间的心理与行为，以及群体对个体的影响、个体与组织的相互作用等。领导行为主要是对领导的作用、职责，以及领导特质理论、领导行为理论、领导权变理论等进行研究。在研究过程中，将领导者、被领导者及周围环境作为一个整体。组织行为主要是对组织变革的策略与原则，变革的动力与障碍等问题进行研究。此外，行为的测评方法等也都在研究范围内。[②]

行为科学理论综合运用了心理学、社会学、人类学的成就，对各类组织中的人、群体行为进行科学分析，明确人与人之间的关系和组织的作用，为管理者如何激励与约束人的行为提供了理论与方法。行为科学理论告诉我们，人的行为是由动机决定的，动机是由需要产生的，只有引导人为自身的需要而努力，并使之同组织目标一致，才能提高效率，更好地达成组织目标。

按照行为科学理论的观点，为了实现食品供应链风险防控目标，就需要从激励与约束食品供应链主体的行为入手，特别是要引导食品供应链企

---

① 李春林，彭琛．行为与其三个重要影响因素关系的探索［J］．长春工程学院学报（社会科学版），2003，4（1）：12－14．

② 刘继云，孙绍荣．行为科学理论研究综述［J］．金融教学与研究，2005（5）：36－37．

业及其员工树立正确的价值观和利益观，从而做出有利于食品安全的行为。

2.2.4 行为经济学理论

20世纪50年代以来，经济学开始修正传统经济学中一些与现实不符的假定，关注点转向对人的行为的分析，取得了重大进展，形成了行为经济学重要理论分支。行为经济学是将心理学知识引入对经济的研究中，并以人的行为作为基本研究对象的一个经济学分支，属于新兴边缘学科。该理论利用观察和实验等方法研究个体和群体经济行为特征的规律性，由于以现实为基础构造理论摆脱了传统理论以抽象的假设为基础的分析方法的约束，20世纪80年代，以丹尼尔·卡尼曼（Daniel Kahneman）和阿莫斯·特维斯基（Amos Tversky）发表在*Econometrica*上的论文“Prospect theory: An analysis of decision under risk”[①]以及理查德·塞勒（Richard Thaler）发表在*Economic Letters*上的论文“Some Empirical Evidence on Dynamic Inconsistency”[②]等为标志，行为经济学开始创立。行为经济学是心理学和经济学的有机结合，旨在研究复杂的、不完全理性的市场中有关投资、储蓄、价格变化等经济现象。[③]由于行为经济学将心理学引入经济学之中，拓宽了经济学理论的视野，增强了经济学解释现实生活中各种经济现象的能力，不仅为理性的经济分析提供了心理学基石，而且使得经济理论能够更为准确地预期实际现象，也使得政府能够制定更为合理的政策。

行为经济学认为人是有限理性的，存在着自我约束问题，在很多情况下会做出有限自私的行为，即不完全是利己主义的，还具有一定的利他主义，会在自私的同时也兼顾公平。因而，行为经济学可以解释人类经济活动中非理性行为存在的原因，目前在金融市场、储蓄、劳动经济学中的工资理论、经济立法领域以及公司金融等方面得到较为广泛的运用。

根据行为经济学的解释，食品供应链企业及其员工在对待食品供应链风险的问题上，只能是有限理性，而非完全理性。这种有限理性缘于对信

---

① Kahneman D, Tversky A. Prospect theory: An analysis of decision under risk [J]. *Econometrica*, 1979, 47 (2): 263-292.

② Thaler R. Some Empirical Evidence on Dynamic Inconsistency [J]. *Economic Letters*, 1981, 8 (3): 201-207.

③ 黄佩燕．行为经济学的发展及其应用价值研究［D］．上海：复旦大学学位论文，2003.

息的有限掌握和理解，以及有限认知。因此，完全杜绝食品安全问题仅仅是最优条件下的理想状态，而不是现实条件下的可实现状态。现实生活中，食品供应链风险总是客观存在，不以人的意志为转移的。重要的不是杜绝风险，而是有效地规避和应对风险，尽可能将风险控制在一定的范围内，减弱风险导致的不良后果。

2.2.5 政府规制理论

政府规制实践最早出现在19世纪中叶英、美等国家。[①] 1887年，美国联邦政府制定的《洲际商务法》是国家层面上针对经济进行规制的第一部法律。政府介入市场监管起源于市场失灵，通过政府监管可以弥补市场失灵、维护社会公平、实现社会福利最大化。对公众而言，政府监管是政府对经济活动加以干预和控制的反映和行动。由于政府规制涉及经济学、政治学和法学等领域，不同领域的研究角度和着眼点不同，因而尚未有公认统一的政府规制定义。一般来说，政府规制可以理解为是政府机构依照一定的法律、规章、制度等要求，对被规制对象所采取的一系列行政管理与监督行为。政府规制主要针对两种情况进行：一是经济规制，二是社会规制。因而政府规制分为经济的和社会的两种形式。[②]

经济规制是针对特殊产业的规制，包括具有自然垄断特征行业（供水、供电、煤气供应等）、信息不对称问题突出行业（电信、交通运输、金融、医药等），以及维护市场上公平竞争基础的其他行业。经济规制的目的是弥补自然垄断、过度竞争和经济寻租这三个市场自身无法弥补的缺陷，从而实现资源高效配置和市场公平竞争的目标。

社会规制又称“社会管制”，是针对外部不经济和非价值物问题的规制，弥补外部性、不完全信息、稀缺与公共物品导致的市场失灵。社会规制的目的是保障劳动者和消费者的安全、健康、卫生，保护环境和防止灾害。通过制定产品和服务质量及其相关活动的标准，禁止、限制特定行为，解决行为主体的活动可能给消费者、生产者和社会带来的不健康或不安全问题。此外，社会规制也通过制定规章制度解决以下一些问题：老

① 张丽娜．我国政府规制理论研究综述［J］．中国行政管理，2006（12）：87－90.

② 乔娟，王慧敏．基于质量安全的猪肉流通主体行为与监管体系研究［M］．北京：中国农业大学出版社，2013：37－38.

人、穷人、残疾人医疗和基本保障，儿童和所有劳动者的人权和福利维护，环境保护与改善等。

政府规制的方法主要包括进入规制、价格规制、数量与质量规制、资源与环境规制等。[①] 具体来说，经济规制主要采用对价格、市场进入与退出、服务质量等的控制，社会规制主要采用检查、鉴定、认证、奖励等措施。

建立食品安全长效机制，需要一个由政府、食品供应链所有企业及其员工、行业协会、科研机构、媒体和社会公众共同参与的综合治理体系。在社会经济发展的不同阶段，监管主体的地位和重要性各不相同。当前我国整体社会经济发展处于重要的历史转型期，其中一个重要的转型就是政府职能转型，即从管制型政府转向服务型政府。然而，尽管近年来我国食品产业持续高速稳定发展，市场供应产品种类显著增加、精深加工产品比例不断上升，产品向多元、优质、功能化方向发展，但是与发达工业化国家相比，我国食品行业在生产集约化水平、产出效率、质量安全管理水平和社会责任意识等方面均存在较大差距。同时，现实中常常出现政府对食品供应链安全监管的投入捉襟见肘，个别地方政府即使面对已经暴露的食品供应链风险隐患也想采取大事化小、小事化了的处理方式等现象，[②] 导致食品安全问题时有发生。因此，在一段时间内，政府仍将是重要的监管主体，政府管制还很必要，但管制重点和管制手段应该有所调整，管制的力度应该得到加强。

2.2.6 风险管理理论

风险管理理论萌芽于20世纪30年代，但风险管理作为一门学科的出现却是在20世纪60年代的中期。显著的标志是1963年梅尔（Robert I. Mehr）和赫奇斯（Bob A. Hedges）的《企业的风险管理》、1964年威廉姆斯（Williams C. Arthur Jr.）和汉斯（Richard M. Heins）的《风险管理与保险》出版。[③] 作为企业管理中的专门科学，风险管理已经成为企业经营管理中必不可少的重要组成部分。

---

① 张会恒．政府规制理论国内研究述评［J］．经济管理，2005（9）：31－34.

② 罗必良，李雁玲，罗明忠，等．粤澳食品安全合作机制研究——基于农产品安全视角［M］．北京：中国农业出版社，2012：48－50.

③ 王东．国外风险管理理论研究综述［J］．金融发展研究，2012（2）：23－27.

企业风险管理的本质是识别影响企业目标实现的各种事件，发现其中存在的机遇，管理其中的风险，最终保证企业目标的实现。① 但出于目的和视角的不同，存在很多关于企业风险管理的定义。美国反虚假财务报告委员会下属的发起人委员会（The Committee of Sponsoring Organizations of the Treadway Commission，COSO）② 认为，企业风险管理是由企业的董事会、管理层和其他人员共同实施的一个体系，应用于战略的制定，贯穿于整个企业经营管理活动之中；对潜在的、可能影响企业的事件进行识别，管理企业风险以满足管理层的风险偏好，为实现企业目标提供合理的保证。我国《中央企业全面风险管理指引》从过程与方法视角给出了企业全面风险管理的定义，指出企业全面风险管理是企业围绕总体经营目标，通过在企业管理的各个环节和经营过程中执行风险管理的基本流程，培育良好的风险管理文化，建立健全全面风险管理体系，包括风险管理策略、风险理财措施、风险管理的组织职能体系、风险管理信息系统和内部控制系统，从而为实现风险管理的总体目标提供合理保证的过程和方法。③

企业风险管理的目的是更好地实现企业目标，而要做好企业风险管理工作，则需要全体员工的共同努力，需要运用适当的管理方法，并贯穿于企业生产经营全过程及其各项活动之中。一般来说，企业风险管理流程包括四个环节：风险识别、风险分析、风险评价和风险应对。其中，风险识别是判断、归类和鉴别企业所面临的各种风险以及潜在风险的过程；风险分析是定义描述所识别出的风险及其特征，包括风险发生可能性的高低和风险发生的条件；风险评价是利用风险发生概率、损失大小数据，以及在考虑其他因素基础上，衡量风险对企业实现目标的影响程度，目的是为企业制定风险应对策略提供依据；而风险应对则是风险管理主体在面对风险时制订相应风险防范计划，包括应对策略和应对程序。常用的风险应对策略有风险规避、风险转移、风险承担（风险自留）、风险降低（风险减

---

① 秦荣生，张庆龙．企业内部控制与风险管理［M］．北京：经济科学出版社，2102. 145.

② 1985 年，由美国注册会计师协会、美国会计协会、财务经理人协会、内部审计师协会、管理会计师协会联合创建了反虚假财务报告委员会，旨在探讨财务报告中的舞弊产生的原因，并寻找解决之道。两年后，基于该委员会的建议，其赞助机构成立 COSO 委员会，专门研究内部控制问题。

③ 国务院国有资产监督管理委员会．中央企业全面风险管理指引［Z］．2006 -06 -06.

轻）、风险分担等。

食品供应链风险管理也有一套科学的程序和方法，有别于一般企业风险管理程序和方法，一般包括风险评估、风险管理和风险交流等。目前关于食品供应链风险识别、风险管理体系的理论研究和实践探索相对比较丰富和活跃，但是对食品供应链风险评估、风险交流的研讨还不够充分。比如第三方食品安全风险评估机构的设置，基于科学的食品供应链风险评估与基于政策的食品供应链风险管理、风险监管的关系，以及食品供应链风险交流的内容与方式、运作机制，等等。

2.3 理论框架构建

食品安全是全世界面临的共同挑战，是世界性难题。对于任何国家和地区而言，食品安全治理都是一个复杂的系统工程，涉及经济、法律、道德和文化等多个方面。上一节介绍的各种理论，分别从不同视角对食品供应链风险存在的原因进行了解释，并提出了相应的解决对策，为本书奠定了理论基础。与现有研究多关注技术、法律和政策等层面不同，本书主要是从组织和个体行为视角探讨食品供应链风险形成微观机理与防控机制。因此，本节进一步运用与组织行为和个体行为有关的理论和模型分析食品供应链风险形成的微观机理，并提出本书的理论框架。

2.3.1 食品供应链风险形成微观机理的行为视角分析

1. 理性行动理论

理性行动理论（Theory of Reasoned Action，TRA）又称为“理性行动理论”，是在社会心理学理论的基础上，由美国学者菲什拜因（Fishbein）和阿耶兹（Ajzen）[①] 于1975年提出的。截至目前，该理论主要应用于研究人们的态度等因素是如何影响其行为的，通过对行为态度、主观规范和行为意向与行为之间的因果关系的分析来实现。该理论认为，行为态度和主观规范可借助行为意向而间接地影响行为，这样通过分析行为意向就可

① Fishbein M，Ajzen I. Belief，Attitude，Intention and Behavior：An Introduction to Theory and Research［M］. Reading，MA：Addision－Wesley Publish Company，1975. 332－334.

以直接考察人的行为，进而解释人的行为。预测一个人是否会采取某种行动（Action/Behavior，B），最好的办法是了解其行为意向（Behavioral Intention，BI），即是否准备采取某种行动，或者愿意在多大程度上去尝试某种行动，以及为此计划付出多少努力。而影响行为意向（BI）的因素有两个，一是对该行为的态度（Attitude toward the behavior，AB），即赞成或反对。它取决于个人对行为结果的信念和对行为结果的评价，即 AB 是“行为信念”（Behavioral Beliefs，BB）和“对结果的评价”（Evaluation of Consequence，EC）的函数，是通过将每个 BB 和 EC 的乘积累加进行测量的。二是主观规范（Subjective Norm，SN），即头脑中存在的行为准则，或者是感知的社会压力，取决于个人的“参照物”对应是否采取某种行动的信念以及个人服从该参照物的动机。参照物的信念称为“规范信念”（Normative Beliefs，NB），表示个人感知到的“重要的其他人”对应是否采取该行动的主观可能性。“服从的动机”（Motivation to Comply，MC）表示个人服从该参照物的期望的动机。同样地，SN 是通过将每个 NB 和 MC 的乘积累加进行测量的。该理论的基本框架如图 2－1 所示。①

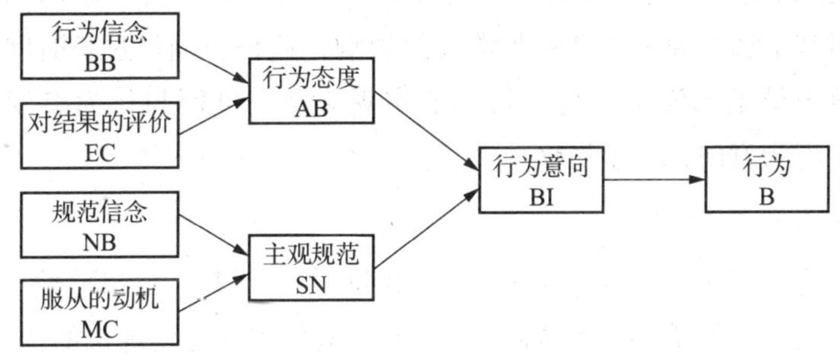

图 2－1 理性行为理论基本框架

食品供应链风险是食品供应链企业及其员工风险行为的直接后果。从行为视角理解，可以认为食品供应链风险就是食品供应链企业及其员工的风险行为。根据图 2－1 可知，风险行为的发生源于强烈的风险行为意向，而风险行为意向又是行为态度和主观规范共同作用的结果。其中，风险行为态度是指企业或其员工对风险行为所持有的稳定的心理倾向，表现为赞成或反对，取决于企业组织或员工个人对风险行为结果的信念和对行为结

① 冉瑞平等. 从源头防治污染和保护生态环境对策研究——基于微观主体行为分析的视角［M］. 北京：中国环境科学出版社，2010：159.

果的评价。例如，对食品加工和制造企业而言，违规使用食品添加剂是一种典型的风险行为，企业组织层面（通常由高管层代表）赞同、认可或默许这一有损食品质量安全的行为，这一态度其实是高管层对违规使用添加剂结果的信念和评价进行算计后形成的，即高管层认为违规使用添加剂不会被严格监管（信念），即使被抽检发现，罚款成本很低，社会负面影响不大（评价）。同样，某员工个人对违规使用添加剂持赞成态度，可能是因为意识不到危害性或根本不担心会被发现（信念），而且认为即使被发现了，对他个人也没有太大影响（评价）。影响风险行为意向的另一个因素是主观规范，即个人对是否实施某项特定行为所感受到的社会压力。它主要来自那些对其行为决策具有影响力的个人或团体（即参照人或参照群体）对于其是否实施某项特定行为所发挥的影响作用，取决于参照对象的“规范信念”和个人服从该参照对象的动机。仍以违规使用食品添加剂为例，对从事一线操作的员工而言，他们的重要参照对象可能是所在班组或车间的资深老员工、直接领导等，同时这些员工出于加薪、晋升等各种因素的考虑，往往非常在意是否被老同志和领导认可，具有较强的“服从动机”。因此，企业里资深老员工和直接领导对违规使用食品添加剂的态度和做法对其下属普通员工具有非常大的影响，这种影响经过长时间的积淀将形成普通员工脑海中对特定行为的主观规范，进而与行为态度共同作用，产生行为意向，直至最终导致某种行为。

2. 计划行为理论

计划行为理论（Theory of Planned Behavior，TPB）由阿耶兹（Ajzen）在理性行动理论的基础上扩展而来。[①] 为了增加理性行动理论的预测能力，阿耶兹在理性行动模型中加入了一个对自我“感知行为控制”（Perceived Behavior Control，PBC）因素，从而发展成为新的行为理论——计划行为理论。其中，感知行为控制是指个人对其所从事的行为进行控制的感知程度，包括个人对自身完成行为的自我效能感和个人对行为实施与否的控制能力。该理论的基本框架如图 2－2 所示。[②]

---

① Ajzen I. From intentions to actions: A theory of planned behavior [A]. Kuhl J & Beckmann J. Action－control: From cognition to behavior [C]. Heidelberg: Springer, 1985: 11－39.

② 毛志雄. 中国部分项目运动员对兴奋剂的态度和意向：TRA 与 TPB 两个理论模型的检验 [D]. 北京：北京体育大学学位论文，2001.

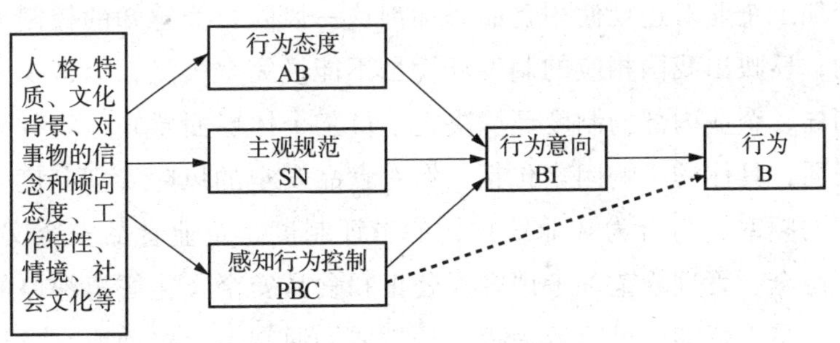

图 2－2　计划行为理论基本框架

计划行为理论认为，行为态度、主观规范和感知行为控制会通过行为意向影响现实行为。由于准确的感知行为控制反映了实际控制条件的状况，因此它可作为实际控制条件的替代测量指标，直接预测行为发生的可能性（如图 2－2 虚线所示），预测的准确性依赖于感知行为控制的真实程度。而行为的倾向态度、行为的主观规范和感知行为控制取决于人格特质、文化背景、对事物的信念和倾向态度、工作特性、情境、社会文化等。

比较图 2－2 和图 2－1，在行为意向的影响因素方面，除了行为态度和主观规范，多了一项“感知行为控制”，增加了个体感受到的自己对实施某种行为的控制力以及实施后带来的效能影响因素。从社会人，即人的社会性角度看，感知行为控制主要受组织或个体所处社会环境的影响。仍以前文提到的企业或其员工违规使用食品添加剂为例，企业层面对这一风险行为感知的控制力主要受以下因素影响：法律法规完备性、政府监管强度和能力、行业整体的自律性、来自媒体和公众的监督压力等。当然，因为企业行为由其高管层代表，所以还与高管的人格特质、道德水准、责任意识等有关。可以合理推测的是，完善的法律法规、强有力的政府监管队伍、自律程度高的行业环境以及无处不在的来自媒体和公众的广泛监督，将对企业起到约束和威慑作用。在这样的社会环境中，企业感知的风险行为控制力非常弱，从而会自觉或不自觉地回避风险行为。然而，张秋琴等（2012）对郑州市的调查发现，食品生产加工企业在生产过程中定期检测食品添加剂含量的仅为 23%，67% 的企业仅在最后环节进行检测，10%的企业根本不检测。[①] 这说明当前大多数食品生产加工企业对违规使用食品添加剂这一风险行为感知的控制力是比较强的，反映出我国相应的制度环境虽不能说完全失灵，但至少是失效的。同样，企业内部的制度环境决定了员工个体层面感知风险行为控制力的强弱，具体的影响因素包括：针对食品安全的风险管理制度、教育和培训的频率、与行为和业绩挂钩的考评制度、企业食品安全文化等。在制度健全、管理规范、考评客观公正和食品安全文化底蕴深厚的企业环境里，员工感知的风险行为控制比较弱，通常不会主动或有意识地违规操作，除非是因为个人认知水平有限、技能低或道德品质差等，对制度完全漠视，但好企业也不会容忍这样的员工。因此，可以说，计划行为理论引入感知风险行为控制这一因素是一个很大的改进，抓住了社会发展过程中环境对人的行为的深刻影响这一重要事实。

3. 行为经济学相关理论

行为经济学建立在认知心理学的基础上，认为人们在不确定条件下进行决策时，都会受到心理因素的影响，产生认知偏差，主要包括以下几个方面：

（1）过度自信。过度自信是指人们对自己的能力、知识和对未来的预测表现出过分的乐观自信，从而低估潜在的风险。[②] 对于食品供应链企业或员工来说，在面临不确定性问题时，他们往往收集以前一次或者几次成功的经验，不管以前成功是由于自己所做的没有问题还是由于偶然的因素，均归结为自己的成功，对自身行为的技巧过度自信，这样就形成了风险行为，进而产生食品供应链风险。

（2）从众心理。从众心理又被称为“羊群效应”，是指人们在决策时，会受到他人和环境的影响，具有在语言、行为、态度等方面跟从群体的倾向，产生模仿、攀比、追随和互相传染。[③] 对于食品供应链企业或员工来说，当面临不确定性条件时，由于担心犯错误，往往相互询问、相互启

① 张秋琴、陈正行、吴林海．生产企业食品添加剂使用行为的调查分析［J］．食品与机械，2012，28（2）：229－232.

② 陈共荣，王小波．行为经济学视角下的财务风险成因与防范［J］．财经理论与实践（双月刊），2007，28（5）：74－77.

③ 宋超英，张筱莹，张乾．消费者的品牌选择行为研究—基于行为经济学视角下的分析［J］．价格理论与实践，2008（12）：76－77.

发，可能放弃自己原来认为正确的看法，从而削弱了各自决策的独立性，可能减弱最终结论的可靠性，进而做出了风险行为，这样有可能导致食品供应链风险。

（3）锚定效应。锚定效应是指在没有把握的情况下，人们常常利用某个参照点来降低模糊性，然后再通过一定的调整来得出最后的结论。[①] 由于锚定效应的存在，食品供应链企业或员工会高估连续性事件发生的概率，而低估独立性事件发生的概率，即如果连续几次违规违章甚至违法行为没有被发现，他们就会认为这些行为被发现的可能性极小。在这种心理支配下，他们就会产生冒险的动机，进而做出风险行为，并且胆量越来越大，最后达到无所顾虑，酿成重大食品供应链风险。

（4）相似性偏差。相似性偏差是指人们在依据目前或近期事件的有关信息，对未来发生的事件进行预估时所产生的认识偏差。由于相似性偏差的存在，食品供应链企业或员工一旦信任某种风险行为，就很难做到下一选择跟过去的选择不一致。这是人性和选择成本边际递减的结果——人们都有一种趋利避害的倾向和不太喜欢改变的本性。同时，企业或员工在面临选择时受到相似性偏差等的影响，有根据当前事件的信息来预估未来事件的爱好。[①]因此，在大多数情况下，企业或员工在选择行为时原来行为所起的引导作用就很容易使企业或员工麻痹。另外，企业或员工往往对于自己所拥有或熟悉的东西有着一种珍惜的感情，让他们放弃而另作选择需要付出很大的代价。[②]这样，他们就形成了对某一种风险行为的情结，形成习惯性风险行为，造成食品供应链风险。

（5）预期理论。预期理论主要用于解释传统理论中的理性选择和现实情况相背离的现象。这一理论的核心概念来自于认知心理学的“损失厌恶”，即人们对于自身福利水平的减少比增加更加敏感。人们在面临收益时是风险规避的，而在面临损失时是风险喜好的。[②③] 对食品供应链企业或员工来说，当注意到监管失察、制度失灵等因素使得市场上一些假冒伪劣食品生产企业不但没有受到应有的惩罚，反而大行其道、利益多多，出现

① 卢安文，任玉珑．商业银行操作风险形成机理研究—基于行为经济学视角［J］．重庆大学学报（社会科学版），2009，15（6）：46－51.

② Kahneman D，Tversky A. Prospect theory：An analysis decision under risk［J］. *Econometrica*，1979，47（2）：263－292.

③ 李雪峰．基于行为经济学视角的会计舞弊行为分析［J］．财会研究，2009（20）：27－28.

劣币驱逐良币现象时，就会产生风险行为的需要和动机，并在动机的驱使下作出风险行为。按照预期理论，食品供应链企业或员工可能面临被发现以及受到处罚的风险。面对这种风险，企业或员工是选择风险规避还是风险喜好，主要取决于其面临的是获得还是损失。如果面临获得，他将规避风险不做出风险行为；如果面临损失，他将冒险做出风险行为。

根据行为经济学相关理论，食品供应链企业及其员工的有限理性行为决策，导致了风险行为，进而造成了食品供应链风险，如图2－3所示。企业及其员工的有限理性行为源于其在决策时的心理因素，即心理因素导致有限理性行为决策，有限理性行为导致企业或员工实施风险行为，风险行为催生食品供应链风险。

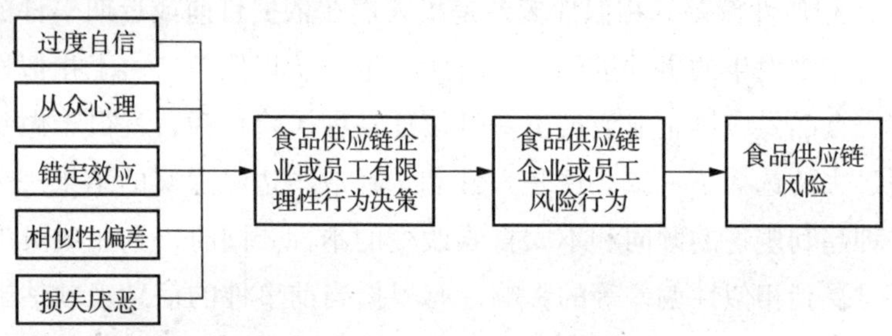

图2－3　行为经济学相关理论下的食品供应链风险形成

4. 社会学风险建构理论

社会学认为人们对于风险的感知和判断并非形成于真空中，而是受所在组织的影响，风险并不是一种等在那里被人们感知、被专家计算的客观状况，而是在社会结构中形成的，即风险是嵌于社会结构之中的。对个人行为的解释应通过个人与组织、团体、亚文化等较大单位之间的互动关系和过程来完成。① 团体和社会背景对风险估计和应对起关键作用。社会学所要探讨的正是组织、社会结构等因素在风险制造、选择和分配中的作用。而从认识论的层面来看，社会学对于风险问题的研究则倾向于运用社会建构论。当然，社会学并不漠视个人风险感知，而是强调个人感知与社会结构的双向作用，即社会结构影响个人感知，同时个人感知形塑着社会结构。

① 陈璇．嵌入结构的风险：社会学风险研究的视角［J］．消费导刊，2009（6）：48－49.

按照风险建构理论，食品供应链风险形成于食品供应链的运行和传导过程之中，而食品供应链制度环境、社会文化环境、食品供应链的结构特征、供应链上节点企业的组织结构特征等都是影响食品供应链风险形成的重要因素。从一定意义上说，我国食品供应链监管制度的不完善是所有食品供应链安全问题的源头。① 多头监管的制度安排给予了相关机构食品安全监管权，但由于缺乏必要的沟通与约束机制，② 极易导致“有利有人管、无利无人问”的监管局面；同样的情况也存在于食品供应链内部，进而形成食品供应链风险隐患。诚信文明的社会文化环境会制约供应链企业及其员工的道德风险，而不讲诚信的社会文化环境则会为道德风险留下发生的空间。食品供应链结构越复杂，链条越长，成员企业越复杂，越难以控制。而一旦出现食品安全问题也就越不易查找出原因，发生食品供应链风险的可能性也就越大。供应链企业组织结构是为实现供应链企业目标而进行的各种分工和协调的系统，有没有一个分工明确、各司其职、上下沟通顺畅的组织结构，将直接关系到风险管理的成败。③ 而分工不到位、职责交叉重叠、管理混乱的企业组织结构必然会为风险行为大开方便之门。

5. 行为科学理论

行为科学理论起源于20世纪20年代中至30年代初梅奥的霍桑实验，提出了“社会人”的人性假设。当代行为科学理论的主要特点是把人的因素作为管理的首要因素，认为人的行为是其思想、感情、欲望、情绪等在行动上的表现，因而管理的作用就在于促使人因受到措施的刺激而产生行为动机。基于这一认识，行为科学理论在管理理念和手段上重视组织的整体性和整体发展，看重组织内部的信息沟通和反馈，注重人的感情和社会因素的作用，淡化正式组织的职能、人的理性以及经济因素在管理中的作用，看重社会环境、人们的相互关系对劳动效率的影响，重视从人的行为本性激发出动力，采取激励措施。受行为科学理论的影响，在风险管理方面，从内部控制框架到全面风险管理框架，一个显著变化就是将风险偏

① 王路遥．论食品安全监管制度的完善［J］．法制博览，2015（6）：202－203.

② 周永刚，王志刚．基于国际比较视角的我国食品安全监管体系研究［J］．宏观质量管理，2014，2（2）：74－81.

③ 廖琪宗．企业组织结构对内部控制的影响［J］．现代企业，2015（6）：8－9.

好、风险容忍度、风险对策、压力测试、情景分析等心理因素和与行为相关的概念和方法纳入风险分析和管理过程中。

6. 企业文化理论

企业文化理论诞生于20世纪80年代，是继古典管理理论、行为科学管理理论、丛林学派管理理论之后的第四个管理阶段的理论。企业文化理论认为企业中存在文化，文化中存在力量，强烈的文化几乎总是不断取得成功的驱动力。而企业领导在企业文化建设中处于关键的地位，起关键性作用。[①] 企业文化涉及企业结构、企业习惯、员工信仰和价值观念、行为规范等因素。由于任何企业及其员工都处于一定的企业文化环境中，因而食品供应链企业及其员工生产经营活动必然受到所在企业食品安全文化环境的影响和制约。随着社会经济的快速发展，尽管社会文化环境得到不断优化，企业食品安全文化意识得到不断加强，但以个人主义、拜金主义、机会主义作为价值追求的也大有人在。特别是一段时期社会曾出现“讲诚信吃亏、不讲诚信获利”“违规者获利、守规者吃亏”的思潮，在一定程度上削弱了“诚信为本”的传统经商美德。虽然全社会都十分痛恨失信的行为，并有信心解决社会普遍诚信缺失问题，但只能逐步加以解决。可以预见，在今后相当长一段时期内，诚信缺失问题还将存在，企业食品安全文化还需要进一步加强，因而食品供应链风险行为短期内还难以根除。

综合各学科领域关于行为的研究，不论是行为经济学的“有限理性”，还是行为科学理论的“社会人”假设，都认同行为者个体差异的存在。相比之下，行为经济学更侧重与心理学的融合，强调个体认知、态度、倾向等感知差异，属于方法论上的个人主义，重在研究“感知—行为”“期望—行为”的过程。而行为科学管理更侧重与社会学的融合，强调个体所处环境、情境的差异，属于方法论上的情境主义，重在研究“组织—行为”“结构—行为”的过程。因此，我们认为，食品供应链风险是由食品供应链企业及其员工的个体因素与食品供应链所处环境特征共同决定的。

---

① 陈小平. 西方企业文化理论的主要观点［J］. 中外企业文化，1995（3）：28.

2.3.2 行为视角下食品供应链风险形成微观机理分析框架

根据2.3.1的理论分析，这里提出一个行为视角下的食品供应链风险形成微观机理分析框架，如图2－4所示。①

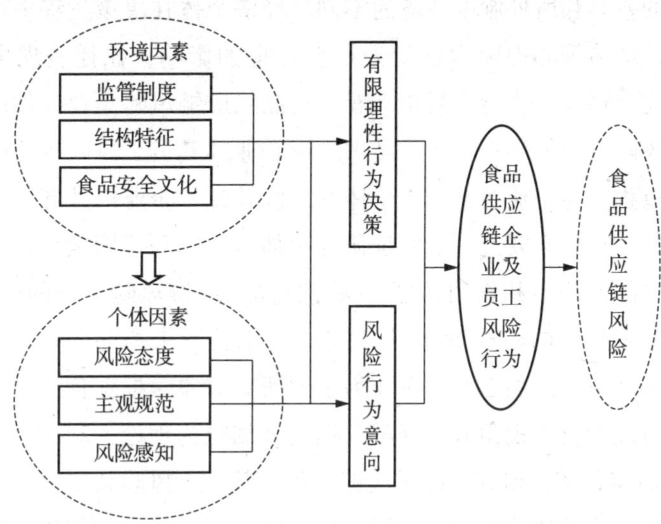

图2－4 食品供应链风险形成微观机理的行为视角分析框架

在上述分析框架中，食品供应链风险的形成是由供应链企业及其员工的风险行为所导致的，而风险行为又是有限理性决策和风险行为意向作用的结果。风险行为意向是指食品供应链企业或员工违法违规操作的行为倾向，主要受风险态度、主观规范和风险感知三种个体因素影响，这些个体因素决定了行为主体的风险认知水平，可能与性别、年龄、受教育程度、宗教信仰等人口学因素有关。在供应链风险形成过程中，由于主体认知有限或受到约束而产生的偏差最终将反映出单个企业和整个供应链的行为偏差。同时，环境因素在个体因素与风险行为意向之间起着调节变量的作用，可能强化或弱化个体因素对风险行为意向的影响。环境因素主要包括监管制度、结构特征（食品供应链结构特征和供应链企业组织结构特征）

① Chen J, Liu Y, Zhang Q. An analytical framework of food supply chain risk formation mechanism based on behavioral [J]. *BTAIJ*, 2014, 10 (10): 4489－4498.

以及食品安全文化等正式和非正式制度因素。①

通过文献梳理和课题组前期开展的企业调研与员工访谈，了解到引发食品供应链风险的因素非常多，作用机制也比较复杂。同样的风险因素作用于不同的个体和组织，可能会产生不同的行为与后果。这主要是由于个体认知上的差异和所处制度环境的不同。经济个体在决策过程中由于受认知、态度、情绪等心理因素和所处社会环境的影响，往往表现出有限理性，而非完全理性。从行为视角来看，食品供应链风险是食品供应链企业及其员工风险行为的结果，而食品供应链企业及其员工风险行为的产生是一个复杂过程，与企业及其员工个体的风险认知、企业内外部制度等因素有关。因此，很有必要进一步实证研究个体认知、环境因素、风险行为和行为结果之间的关系和作用机理，探究食品供应链风险形成的微观机理，进而研究制定相应的防控措施。② 为此，本书接下来的部分将以食品供应链核心企业——食品加工制造企业为主要研究对象，根据食品供应链风险形成微观机理的行为视角分析框架，运用计划行为理论，利用调查问卷数据，构建 SEM，实证研究食品供应链企业及其员工风险认知、食品供应链环境与食品供应链风险行为、风险后果之间的相互影响和作用机制。考虑到高管作为实际控制人对企业重大决策的影响区别于普通员工，本书将食品供应链企业员工风险认知进一步分为高管和普通员工风险认知两个方面，并对二者的关系进行分析，以便更全面地理解和更深入地分析食品供应链员工风险认知对食品供应链风险行为与后果的作用机理。③

2.4 本章小结

食品安全事故的频繁发生使得食品供应链风险管理问题引起了学术界和实业界的广泛关注，因而进一步加强食品供应链管理已经成为防控食品供应链风险的客观要求。本章首先对食品供应链风险、食品供应链安全、

---

① Chen J, Liu Y, Zhang Q. An analytical framework of food supply chain risk formation mechanism based on behavioral [J]. *BTAIJ*, 2014, 10 (10): 4489-4498.

② 陈娟，刘永胜，肖为群．食品供应链安全风险形成的微观机理——基于计划行为理论的实证分析［J］．中国流通经济，2015（12）：67-75.

③ Chen J, Liu Y, Zhang Q. An analytical framework of food supply chain risk formation mechanism based on behavioral [J]. *BTAIJ*, 2014, 10 (10): 4489-4498.

食品供应链质量风险、食品供应链安全风险和食品供应链质量安全风险等相关概念进行了解释与分析，指出食品供应链风险问题实质上是指食品供应链安全风险问题，即食品供应链中食品安全风险问题。因而，对食品供应链风险领域问题的研究主要是围绕食品供应链中食品安全风险问题而展开的。其次界定了食品供应链风险行为，指出食品供应链风险行为是指企业或企业员工在一定的社会经济技术条件下，为追求自身利益最大化而违规经营或操作，从而导致食品供应链安全风险的所有行为。包括食品供应链企业风险行为和食品供应链企业员工风险行为。在此基础上，进一步分析了食品供应链企业风险行为表现和食品供应链企业员工风险行为表现。再次，梳理了本书的基础理论，包括食品供应链管理理论、信息不对称理论、行为科学理论、行为经济学理论、政府规制理论和风险管理理论等。其中，信息不对称理论、行为科学理论和行为经济学理论为从行为视角分析食品供应链风险形成机理提供了理论与方法，而政府规制理论和风险管理理论则为防控食品供应链风险提供了理论与方法。最后，以行为科学关于人的行为是内因和外因共同作用的结果这一基本观点为出发点，运用与组织行为和个体行为有关的理论和模型分析食品供应链风险形成的微观机理，并构建了本书的理论框架。

3

我国食品供应链风险管理现状分析

3.1 我国食品供应链各环节食品安全状况分析

随着我国经济的快速发展，利润和效率成为食品企业发展的主要目标，由此带来了很多食品安全隐患。食品从农田到消费者，要经过种植养殖、流通、加工、消费、回收等多个供应链环节，从统计数据来看，每个环节都出现了不同程度的安全问题。这里以2009—2013年发生的食品安全事件为分析对象，基于供应链整个网络的视角，从食品安全事件的食品种类、责任主体规模以及可能引发因素等方面对食品安全事件进行统计分析，并针对每个供应链环节提出相应的加强食品安全监管的建议。

3.1.1 研究现状

尽管人们已经广泛关注食品安全问题，但从食品供应链环节的角度对食品安全事件分析的研究比较少见，已有的文献主要是针对食品供应链上某个环节的食品安全风险发生原因、解决策略、影响因素等进行研究。如顾宇婷等（2005）认为食品安全涉及三个市场主体：监管方（参与食品安全监管的政府各部门）、被监管方（包括原料供应商、生产商、运输公司、批发零售商等食品供应链各环节企业）以及消费者，并分别从宏观层面探讨了解决食品安全问题的办法，从中观层面研究了监管部门与被监管企业之间的博弈。① 缪瑞（2013）则针对现阶段我国食品生产与流通经营者的特殊性，分析了流通环节发生的食品安全监管问题，并提出了强化我国流

① 顾宇婷，施晓江．食品供应链环节的监管博弈［J］．中国食品药品监管，2005（7）：5－8.

通环节食品安全监管的应对措施。[①] 孙世民等（2012）提出并论证了优质猪肉供应链中养殖与屠宰加工环节质量安全行为协调的概念与内涵、目标与标志、层次与内容、困难与障碍。[②] Hastein 等（2006）从养殖及生产环节对消费者购买鱼类及鱼类产品后可能产生风险的相关因素及产生原因进行了分析，最终发现威胁人类健康的最大风险是原材料或没有充分加工的鱼和鱼产品，并且讨论了养殖、捕获及生产加工鱼类过程中的相关风险问题。[③]

还有一些文献从整个食品供应链的角度研究了食品安全风险问题。如张金丽等（2013）对食品原材料供应、生产加工、包装、储存、运输配送、销售等影响食品质量安全的各环节发生风险的原因以及影响因素进行了研究，并提出了理论建议，但缺少实证检验分析。[④] 而李红（2012）[⑤]、张红霞等（2013）[⑥]、刘畅等（2011）[⑦] 均采用实证研究的方法，以我国实际发生的大量食品安全事件为研究样本，对食品供应链每个环节存在的风险因素进行分析，后两者采用风险矩阵分析法对各风险因素的风险等级进行了综合评估。罗兰等（2013）也采用实证研究法，对 2001—2011 年的 3484 个食品安全事件进行了定性分析和统计描述分析，分别从食品安全风险涉及的食品种类、风险发生的供应链环节、风险形成的本质原因、风险产生的责任主体四个要素入手，得出我国食品安全的 4 个风险来源关键点分别是肉制品、深加工环节、要素用量不当、个体生产经营者的结论。[⑧]

---

① 缪瑞．我国流通环节食品安全监管问题与对策研究［J］．中国商贸，2013（9）：17－18.

② 孙世民，彭玉珊．论优质猪肉供应链中养殖与屠宰加工环节的质量安全行为协调［J］．农业经济问题，2012（3）：77－83.

③ Hastein T，Hjeltnes B，Lillehaug A，et al. Food Safety Hazards That Occur During the Production Stage：Challenges for Fish Farming and the Fishing Industry［J］．Rev Sci Tech，2006，25（2）：607－625.

④ 张金丽，李真，邹瑾．供应链视角下食品质量安全控制的关键点分析［J］．物流工程与管理，2013（10）：101－103.

⑤ 李红．中国食品供应链风险及关键控制点分析［J］．江苏农业科学，2012，40（5）：262－264.

⑥ 张红霞，安玉发，张文胜．我国食品安全风险识别、评估与管理——基于食品安全事件的实证分析［J］．经济问题探索，2013（6）：135－141.

⑦ 刘畅，张浩，安玉发．中国食品质量安全薄弱环节、本质原因及关键控制点研究——基于1460个食品质量安全事件的实证分析［J］．农业经济问题，2011（1）：24－31.

⑧ 罗兰，安玉发，古川等．我国食品安全风险来源与监管策略研究［J］．食品科学技术学报，2013，31（2）：77－82.

总体上，虽然我国学者对食品供应链的安全问题研究相对国外的研究起步较晚，但随着国家、行业企业、消费者对食品安全问题的重视程度不断提高，许多专家学者加大了对食品供应链安全问题研究的力度，并且取得了一系列研究成果。从研究方法来看，针对食品供应链上某个环节的食品安全风险相关研究主要采用定性和理论分析的方法，而以食品供应链整体为研究对象的文献主要采用实证分析的方法。但从食品供应链的整个网络的视角来全面分析食品安全事件的文献较少，这里试图采用实证分析的方法对此问题进行探讨。

3.1.2 我国食品供应链各环节食品安全事件分析

1. 数据来源及处理

本部分以2009年1月1日至2013年12月31日之间的食品安全事件相关网络新闻为数据来源，分析食品安全事件发生的特点。为保证选择样本的客观性和全面性，以国家食品质量安全网为主要数据来源渠道，其他地方食品网站为辅助信息查询渠道，最终剔除重复及无效样本，得到了1054个有效食品安全事件样本。样本中有关的食品种类、事件发生环节、事件发生地区和事件发生原因等均是随机的，因此选取的事件样本比较合理，能够反映我国近五年食品安全风险的特点。食品安全事件发生环节、食品企业规模以及涉及因素三部分总体样本中所占的比例总和大于100%是因为某些事件是由几种因素共同导致的。①

2. 食品安全事件状况描述性统计分析

对食品安全事件发生的供应链环节、涉及的食品种类、涉事企业的规模以及可能引发的因素等方面分别进行分析，有助于更清晰地了解食品安全事件状况。

（1）食品安全事件发生的供应链环节

食品供应链包括供应（生产）环节、流通环节、加工制造环节、消费环节、回收环节，任何一个环节的风险都会对整个食品供应链产生负面影响，危害食品安全。根据食品供应链环节特点，我们将食品供应链分为5

---

① Liu Y, Zhang Q, Li Q. A Research on Mechanisms and Countermeasures of the Food Safety Incidents Occurring on Food Supply Chain [J]. *Journal of Service Science and Management*, 2014 (7): 337-345.

个一级环节，每个一级环节下又细分为若干个二级环节，见表3-1。将食品监管二级环节划归为流通一级环节主要是考虑到监管、检验检疫失误所造成的食品安全事件多发生在食品流通过程中。对上述1054个有效食品安全事件按照食品供应链一级环节划分的结果见表3-1。从表3-1可以看出，食品供应链加工制造环节是食品安全事件的高发区。

表3-1　按照食品供应链环节划分的食品安全事件

食品供应链一级环节	食品供应链二级环节	件数	比例
供应（生产）环节	种植/养殖	45	4.12%
流通环节	运输/储存	27	2.48%
	食品监管		
加工制造环节	食品初加工	720	65.93%
	食品深加工		
消费环节	批发（销售环节）	259	23.72%
	零售（销售环节）		
	食堂（餐饮环节）		
	餐饮行业（餐饮环节）		
	家庭（餐饮环节）		
回收环节	食品回收	41	3.75%
合计		1092①	100%

对上述1054个有效食品安全事件按食品供应链二级环节统计的食品安全事件发生的频数及频率如图3-1所示。

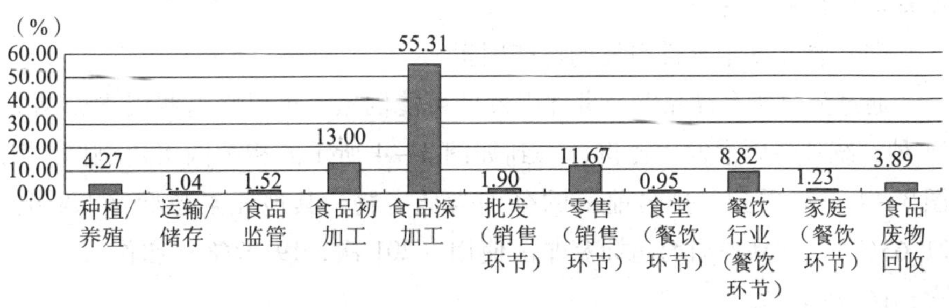

图3-1　食品供应链各二级环节食品安全事件发生比例

① 由于有的食品安全事件发生在食品供应链的两个或两个以上一级环节上，为了便于研究，将这样的食品安全事件按两个或两个以上环节进行统计，因而统计的食品安全事件合计为1092件，大于样本件数。

(2) 食品安全事件涉事企业的规模

为明确食品安全事件发生的主要责任主体，根据食品安全事件样本特点，将涉事主体分为无证经营商、个体商户（有证）、小型企业、大中型企业、家庭、网店、多数企业（三种及三种以上规模企业）和不能确定等8种，统计食品安全事件发生比例后得到图3－2。从图3－2可以看到，排名前3的分别为大中型企业（268次，25.43%）、无证经营商（261次，24.76%）和小型企业（170次，16.13%）。

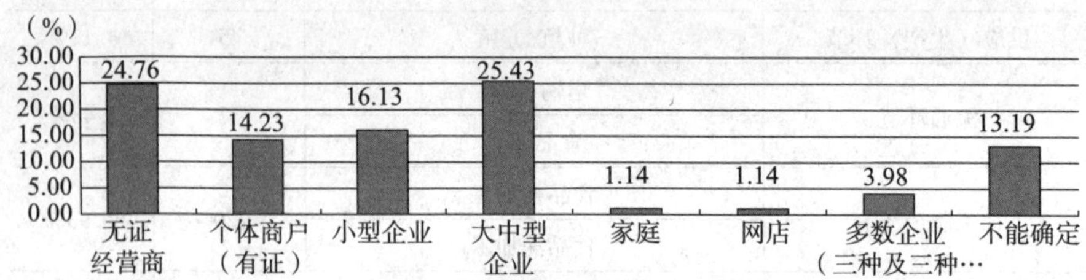

图3－2 按涉事主体统计的食品安全事件发生比例

(3) 食品安全事件涉及的食品种类

目前，对我国食品种类划分的主要依据是《食品添加剂使用卫生标准》（GB 2760—2011）和《食品质量安全市场准入制度》（QS）认证中对食品的分类。综合两种标准以及实际食品安全事件中涉及的食品种类，最终将食品分为26类，分类结果如图3－3所示。由图3－3可以看出，肉及肉制品（173次，16.41%）是食品安全事件发生最多的食品，累计发生173次。而食用油、油脂及其制品（75次，7.12%）和饮料类（74次，7.02%）紧随其后。①

(4) 食品安全事件引发的可能因素

通过分析所有食品安全事件引发的可能因素，可以将这些因素归纳为24种，统计各因素发生比例，得到如图3－4所示的相关因素比例图。从图3－4可以看到，排名前三的分别为危害物、其他元素超标（228次，21.63%），食品添加剂超标及非法使用（201次，19.07%）和作假（173次，16.45%）。

① Liu Y, Zhang Q, Li Q. A Research on Mechanisms and Countermeasures of the Food Safety Incidents Occurring on Food Supply Chain [J]. *Journal of Service Science and Management*, 2014 (7): 337－345.

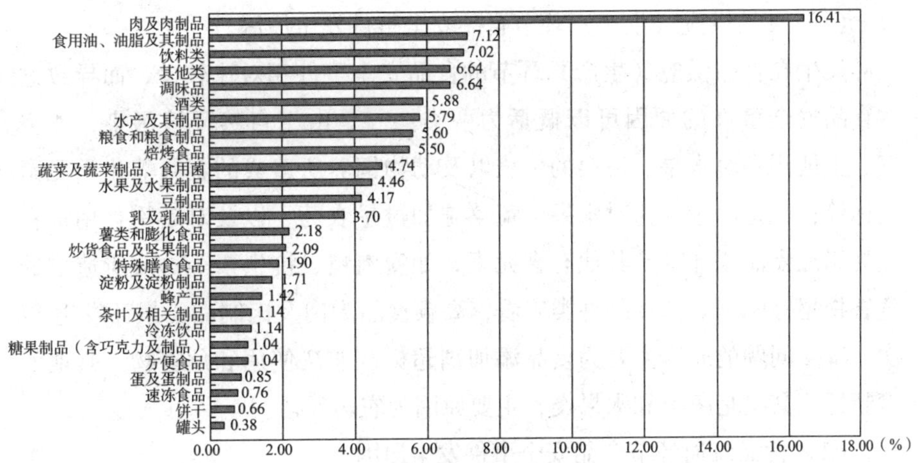

图 3－3　按食品种类统计的食品安全事件发生比例

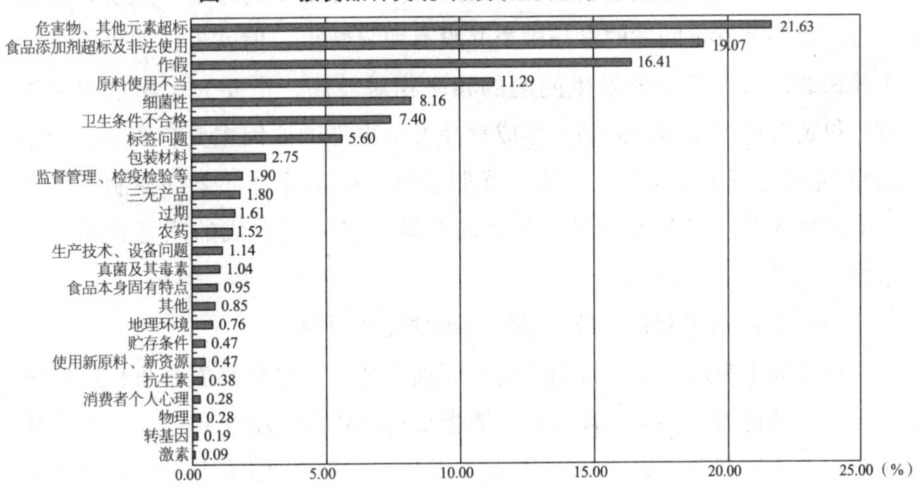

图 3－4　按引发因素统计的食品安全事件发生比例

3. 食品供应链各环节食品安全事件发生原因分析

从食品供应链各环节来看，发生食品安全事件最多的是加工制造环节，累计发生 720 次，占 65.93%；其次分别是消费环节（259 次，23.70%）、供应环节（45 次，4.12%）、回收环节（41 次，3.75%）、流通环节（27 次，2.47%）。深入分析这些食品安全事件发生的原因，可以为防控食品供应链风险、保障食品安全提供坚实的基础。①

① Liu Y，Zhang Q，Li Q. A Research on Mechanisms and Countermeasures of the Food Safety Incidents Occurring on Food Supply Chain［J］. *Journal of Service Science and Management*，2014（7）：337－345.

（1）食品供应（生产）环节食品安全事件发生原因

发生在食品供应（生产）环节的食品安全事件相对比较少，而导致这些食品安全事件的原因可以概括为两类：一是由于自然环境污染，如空气、土地污染对水果、蔬菜的生长以及动物饲养所造成的金属等化学元素超标等；二是由于人为对水果、蔬菜施加过量农药，以及对动物食用饲料违规添加食品添加剂及其他有害元素，如瘦肉精、抗生素等物质所造成的危害物超标问题。从食品种类来看，高频食品为肉及肉制品，累计发生 17 次，发生问题的原因主要为食品添加剂超标及非法使用和危害物、其他元素超标；其次是蔬菜和水果类，主要原因为农药残留。①

（2）食品流通环节食品安全事件发生原因

食品流通环节是整个食品供应链上发生问题最少的环节。从统计数据来看，此环节发生问题的食品种类并没有明显特点。但就事件发生的责任主体来看，大中型企业发生问题的频率相对较高，主要为运输过程中温度、包装挤压等技术性问题。形成食品安全事件的原因主要有两个：一是运输/储存过程中的温度、湿度、光照、包装挤压等外部条件控制不当导致的食品变质；二是流通过程中食品检验检疫失误造成的问题食品流入市场。①

（3）食品加工制造环节食品安全事件发生原因

食品加工制造环节，特别是食品深加工环节，是食品安全事件的重灾区。在食品初加工环节，食用油、油脂及其制品累计发生 40 次，责任主体主要为无证经营者，累计发生 40 次。发生问题的相关原因主要为危害物、其他元素超标，累计发生 50 次。多数事件均为黑作坊无证生产加工地沟油，如事件“湖南益阳某黑作坊主炼‘黑猪油’通过食品质量检测，主要流向学校”。食品深加工环节是食品安全事件发生最多的环节，累计发生 583 次，占比 55.31%。高频食品分别有肉及肉制品（85 次，14.58%）、饮料类（56 次，9.61%）、调味品（53 次，9.09%）、酒类（50 次，8.58%）、焙烤食品（50 次，8.58%）。事件累计发生频率最高的责任主体依次为无证经营者、大中型企业和小型企业。导致事件发生的主要原因为

① Liu Y, Zhang Q, Li Q. A Research on Mechanisms and Countermeasures of the Food Safety Incidents Occurring on Food Supply Chain [J]. *Journal of Service Science and Management*, 2014 (7): 337-345.

危害物、其他元素超标和食品添加剂超标及非法使用，均为122次；其次为作假，累计发生85次。由于食品深加工环节对人员的操作技术、工厂设备水平以及公司的管理制度等要求均较高，同时也是企业创造利润的关键环节，因而一些商贩为谋取利益发生一系列违法违规行为。无证经营者通常生产地点隐蔽，违法违规行为主要表现为生产卫生条件脏乱差、违法添加危害物、使用劣质原料、作假等，并且大多数无证经营者对食品安全了解较少，问题非常严重，一旦所生产的食品流入市场，会对消费者的健康造成严重的危害。大中型企业在食品深加工环节发生的食品安全事件也较多，基本上每种食品类型都有涉及，影响比较大的主要为肉及肉制品、乳及乳制品和饮料类。例如，2010年央视曝光济源双汇食品有限公司收购瘦肉精猪肉事件，2010年上海熊猫乳品在内的多家乳品公司再曝奶粉三聚氰胺超标事件，2011年统一三款饮料检出塑化剂，等等。①

食品深加工环节作为食品安全事件高发环节，应予以高度重视。这些食品安全事件有三个主要特点：①从食品种类来看，高价格的食品由于其利润高，如肉及肉制品、酒类（特别是高价白酒及进口红酒）、水产品等作假的现象较严重。②从责任主体来看，大中型企业并没有与消费者对其信任度相匹配，反而与无证经营商发生食品安全事件的次数基本相同。分析原因可能有三个：一是媒体报道大中型企业发生食品安全问题的概率比其他规模的责任主体要高；二是部分大中型企业存在管理、制度等漏洞，因其规模较大，对部分分公司、员工等管理不到位；三是对于部分频出问题的大中型企业，可能因为其企业负责人及管理者经营理念存在问题。③从食品安全事件发生的影响因素来看，多数大中型企业在生产加工中添加剂超标及非法使用，主要是由于行业标准、法律法规不健全及其漏洞所造成的；而个体商户及无证经营商往往因为对相关法律法规了解不够、个人社会责任感薄弱、过于追求经济利益，导致其违法违规添加过量食品添加剂或其他危害物。①

（4）食品消费环节食品安全事件发生原因

在食品消费环节，食品安全事件发生频率最高的为零售（123次，

---

① Liu Y, Zhang Q, Li Q. A Research on Mechanisms and Countermeasures of the Food Safety Incidents Occurring on Food Supply Chain [J]. *Journal of Service Science and Management*, 2014 (7): 337-345.

11.26%）和餐饮（93 次，8.52%）环节。在零售环节，肉及肉制品依然是食品安全事件发生最多的种类。责任主体多为大中型企业，累计 31 次。发生原因多为作假，累计 38 次。综合来看，零售环节发生问题的大中型企业多为大型超市，涉及原因有多种，较常见的有标签与实际不符、产品过期未下架等。而作假的责任主体主要为个体商户。由于其具有小而杂、零散等特点而监管困难，同时商家自我约束力及社会责任感较低，导致其进货渠道、商品储存条件等不易控制，造成个体商户售卖假货现象严重。在餐饮环节，个体商户违规添加"一滴香""增色剂"等食品添加剂、卫生条件不合格等现象较严重；大中型企业出现食品安全事件的频率也很高，主要为卫生问题，如肯德基、必胜客、吉野家、全聚德等。①

（5）食品回收环节食品安全事件发生原因

食品回收环节的问题集中在两方面：一是对问题肉（病、死、变质腐烂等）的回收处理违规；二是对废油、动物内脏加工油（将劣质、过期、腐败了的动物皮、肉、内脏经过简单加工提炼后生产出来的油）等的回收再利用。目前，发生这两种问题的责任主体基本均为个体商户和无证作坊。大中型企业 5 年里仅发生过一次，华英农业（国家大型禽类食品加工上市企业）在 2012 年没有按相关规定对其产品做无害化处理而流入市场。①

3.1.3 加强食品供应链各环节食品安全监管的建议

1. 食品供应环节

食品的种植/养殖环节作为食品供应链的源头，虽然累计发生食品安全事件较少，但一旦此环节出问题，那么整个食品供应链的后续环节均无法再进行下去。因此，必须大力发展绿色种植/养殖，对农田的土地、养殖场的饲料等进行严格的检测。对农户、养殖户等普及深化相关食品安全知识及科学技术。同时对即将投入市场的动植物等实施严格的检验检疫制度，保证每批投入市场的原材料均无风险。①

2. 食品流通环节

针对食品流通环节由于运输/储存过程中控制不当和食品检验检疫失

---

① Liu Y, Zhang Q, Li Q. A Research on Mechanisms and Countermeasures of the Food Safety Incidents Occurring on Food Supply Chain [J]. *Journal of Service Science and Management*, 2014 (7): 337-345.

误造成的食品安全事件问题，一方面，食品供应链企业要加大对流通领域关键设备与技术的投入力度，改善设施装备条件，不断夯实食品流通发展的物质基础；另一方面，国家相关部门应进一步完善监管规章制度，加强对其监管人员的管理，激励监管人员尽职尽责，明确对检验检疫失误行为的惩罚措施，降低失误率。①

3. 食品加工制造环节

食品加工制造环节作为食品供应链的核心环节，也是食品安全事件高发的重灾区。要降低此环节的食品安全风险，需要相关企业与监管部门的共同努力。一方面，监管部门要出台详尽的法律法规作为外部强制规范，同时要加大对企业加工制造过程的检验检测；另一方面，企业内部应实施严格的采购、加工制造、检测流程。目前，在有些肉类加工企业中，政府检验检疫人员长期落户，随时对该企业产品抽检，有效防控了食品安全风险。因而，此项政策应该落实到所有的食品加工制造企业。对于无证加工制造商，相关部门必须严厉惩处，并且严查其食品流向，坚决杜绝问题食品流入市场。①

4. 食品消费环节

对于食品零售环节，主要监管大中型超市和个体商户。大中型超市是市民采购食品的主要场所，更应增强自律，同时监管部门也应加强监督。针对个体商户“散、乱、杂”的特点和难以监管的问题，要规范个体商户的行为，就必须强化其社会责任感及相关法律知识，同时增加抽检频率，加大处罚力度。①

对餐饮行业来说，为了保证餐饮全程的食品安全健康，必须针对每个环节出台一系列详尽的标准及法律法规，规范运作过程。在食品原材料采购环节，杜绝农残超标、过期变质、作假的问题；在食品加工制作环节，确保卫生条件达标、不添加过量食品添加剂及其他有害物；在食品外送服务环节，保证储存条件适宜。此外，还要确保消费者食用过的食品、废油等不被二次回收使用，也不卖给不法商贩等。①

5. 食品回收环节

鉴于目前食品回收环节出现的问题食品只有肉类和油类，应建立一套

---

① Liu Y, Zhang Q, Li Q. A Research on Mechanisms and Countermeasures of the Food Safety Incidents Occurring on Food Supply Chain [J]. *Journal of Service Science and Management*, 2014 (7): 337 -345.

完善有效的肉类及食用油、油脂及其制品的回收体系，同时加强对非法回收食品商贩的打击力度，使其从思想上不敢想、行动上不敢为。①

此外，从整体食品供应链的角度来看，国家还应大力支持和鼓励相关部门、企业构建完整的食品可追溯系统，使食品供应链透明化，保证食品供应链上每一环节的食品安全问题都有迹可循、有据可查，有主体来负责，让消费者放心。①

3.2 我国食品供应链风险管理现状调查分析

3.2.1 调查背景

1. 调查目的、对象和方法

前面通过食品安全事件分析，初步了解了我国食品供应链各环节食品安全状况，认识到食品供应链的加工制造环节是食品安全事件的高发地，进而可以推测出食品加工制造环节也是食品供应链风险的主要来源地。为了全面了解我国食品供应链风险管理现状，客观评估当前我国食品企业食品供应链风险管理所处的阶段、达到的水平和实施的效果，从而为后续关于食品供应链风险行为及其影响因素和后果的研究，以及关于食品供应链风险防控机制构建的研究奠定基础，课题组联系了北京、辽宁、河北、河南、上海等省市的部分食品加工制造企业，采取实地调研、访谈和问卷调查相结合的方法，针对这些企业的主要负责人、相关职能部门的经理等中高层管理者获取了一手数据。希望通过对相关数据进行详细而深入的分析，摸清当前我国食品供应链风险管理的现实情况，分析可能存在的各种影响因素。

2. 调查问卷的设计及回收情况

基于研究需要，将调查问卷设计成三部分：第一部分是被调查人员的基本情况，主要涉及被调查人员的性别、年龄、学历、工作年限等人口特征，以及担任职务及所属部门等。第二部分是被调查企业背景信息，包括企业的成立时间、所有制性质、经营属性、法人代表文化程度、规模、采

---

① Liu Y, Zhang Q, Li Q. A Research on Mechanisms and Countermeasures of the Food Safety Incidents Occurring on Food Supply Chain [J]. *Journal of Service Science and Management*, 2014 (7): 337-345.

用的质量认证体系等。前两部分的设计目的是对被试者及所在企业的基本情况进行初步了解，以便后续进行样本统计分析。第三部分为食品供应链风险管理基本情况，主要考察被调查企业的风险管理机构设置、风险管理制度建立与实施以及风险管理影响因素评估等情况。

本次问卷调查共发放问卷462份，回收462份，剔除不完整及无效问卷，共得到有效问卷435份（问题项填答结果缺失值不多于5项的问卷），有效率94.16%。[①] 调查问卷见附录1。

3.2.2　被调查样本基本特征

1. 被调查人员基本信息

如表3－2所示，总体上，本次被调查人员的性别比例比较均衡，男性占49.66%，女性占50.34%，接近1∶1。从年龄上看，31～40岁的青壮年人员最多，占被调查人员的33.10%；年龄段在20～30岁、41～50岁的被调查人员人数接近，分别占26.44%、30.57%；而51岁以上的人员较少，只占9.89%。从学历层次来看，具有本科和专科及以下学历的人员较多，分别占44.6%和45.52%；具有研究生及以上学历的人员较少，只占9.88%。从工作年限来看，工作20年以上的较少，只占6.44%；5年以内的新进员工最多，占比44.82%；而在企业工作6～10年、11～20年的员工分别占28.05%和20.69%。从工作的部门来看，有采购、生产、销售、物流以及其他部门（如质检、品控等部门），分别占比9.76%、31.67%、19.52%、1.91%和37.14%。这些人员中，中层管理者占66.67%，高层管理者占33.33%。

表3－2　被调查人员基本信息统计

序号	问题	选项	人数	占比(%)	条形图
1.01	受访者性别	男	216	49.66	49.66%
		女	219	50.34	50.34%

① 陈娟，刘永胜，张清楠．我国食品供应链风险管理现状调查与分析［J］．经济研究参考，2015（69）：82－90.

续表

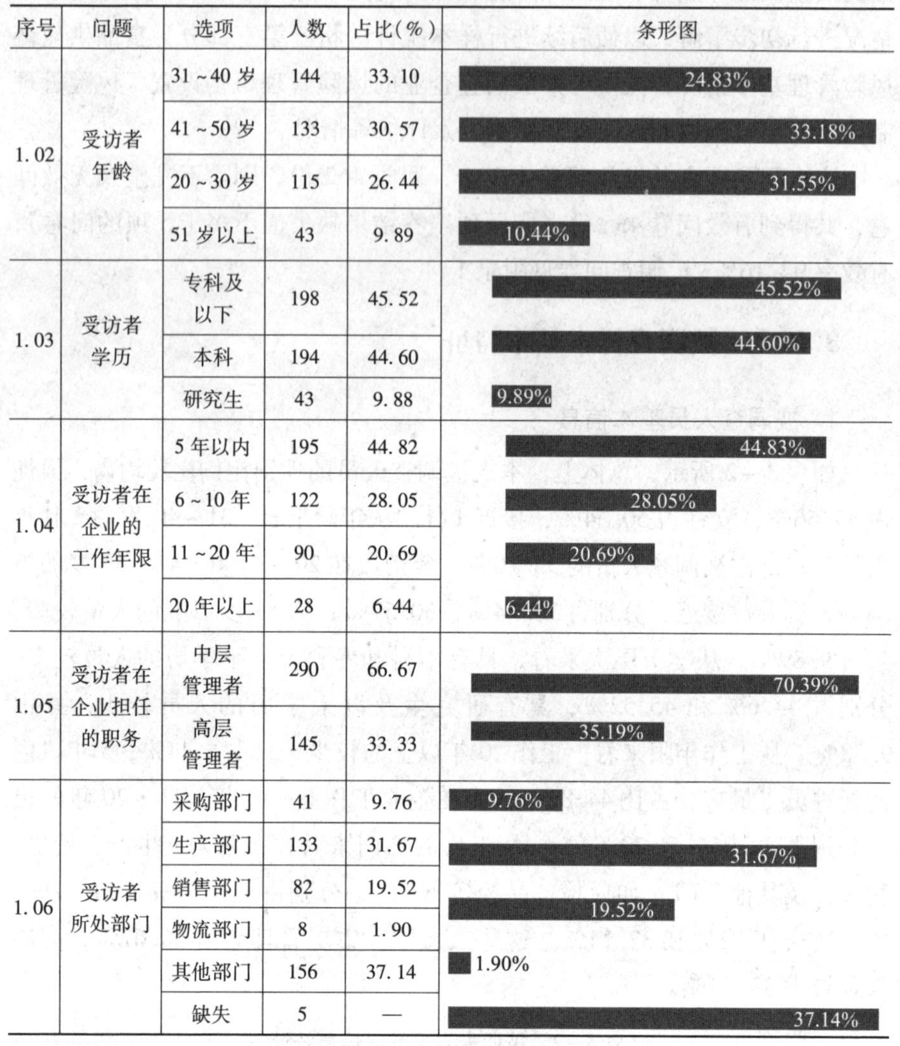

序号	问题	选项	人数	占比(%)	条形图
1.02	受访者年龄	31~40 岁	144	33.10	24.83%
		41~50 岁	133	30.57	33.18%
		20~30 岁	115	26.44	31.55%
		51 岁以上	43	9.89	10.44%
1.03	受访者学历	专科及以下	198	45.52	45.52%
		本科	194	44.60	44.60%
		研究生	43	9.88	9.89%
1.04	受访者在企业的工作年限	5 年以内	195	44.82	44.83%
		6~10 年	122	28.05	28.05%
		11~20 年	90	20.69	20.69%
		20 年以上	28	6.44	6.44%
1.05	受访者在企业担任的职务	中层管理者	290	66.67	70.39%
		高层管理者	145	33.33	35.19%
1.06	受访者所处部门	采购部门	41	9.76	9.76%
		生产部门	133	31.67	31.67%
		销售部门	82	19.52	19.52%
		物流部门	8	1.90	1.90%
		其他部门	156	37.14	37.14%
		缺失	5	—	

2. 被调查企业基本信息

(1) 被调查企业经营属性及产品

由图 3-5 可以看出，本次被调查的企业主要为食品加工制造企业，占 44.61%。其他包括农副食品加工企业，酒、饮料和精制茶制造企业及其他类型企业（如养殖企业），分别占 20.55%、15.29% 和 19.55%。从图 3-6 可以看到，被调查企业从事加工制造的产品类型较多，且比较均衡，包括鱼类、蛋及蛋制品、油脂类、水果蔬菜类、谷类、肉类、饼干等焙烤食品、酒类、饮料等。其中，饼干等焙烤食品、酒类、饮料和肉类的加工制

造企业相对较多，都在20%左右。

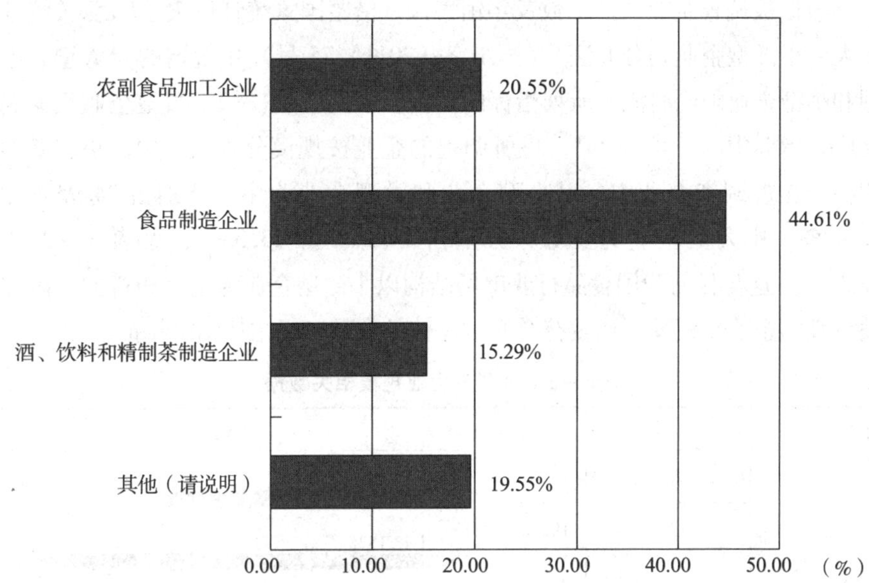

图3－5 被调查企业的经营属性统计

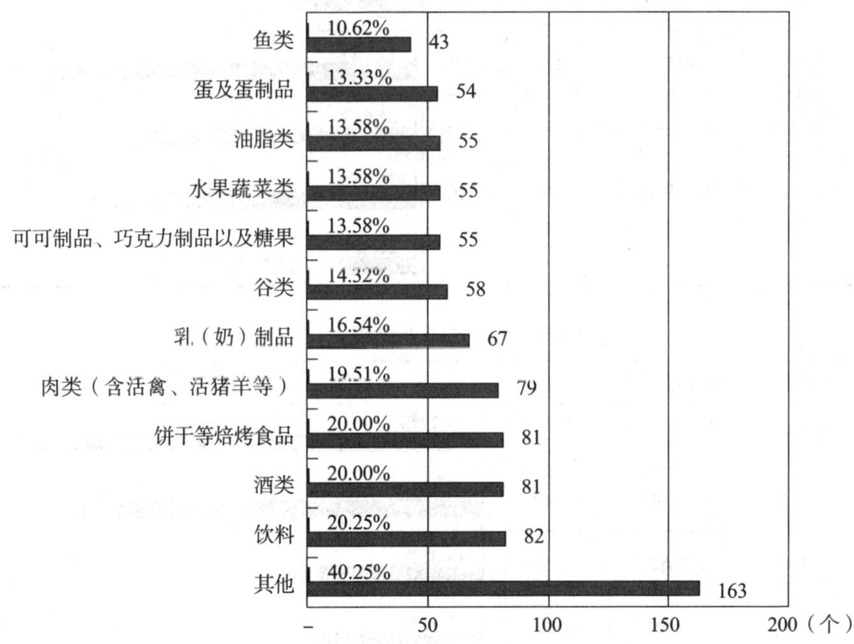

图3－6 被调查企业主要销售产品种类统计

（2）被调查企业的规模

根据被调查企业的员工数及年销售额，借鉴国家统计局关于印发《统计上大中小微型企业划分办法》（国统字〔2011〕75 号）中规定的“大型、中型和小型企业须同时满足所列指标的下限，否则下划一档；微型企业只需满足所列指标中的一项即可”，将所调查的企业按规模分为大、中、小、微型四种。在被调查企业中，以小型企业和微型企业为主，分别占 34.95% 和 37.47%，中大型企业为少数，分别占 14.25% 和 13.33%，见表 3－3 及表 3－4。这与目前我国食品行业市场结构以小微型企业为主是相符的，因此被调查的企业规模情况比较符合我国总体的食品市场主体结构特征。

表 3－3　被调查企业规模相关数据

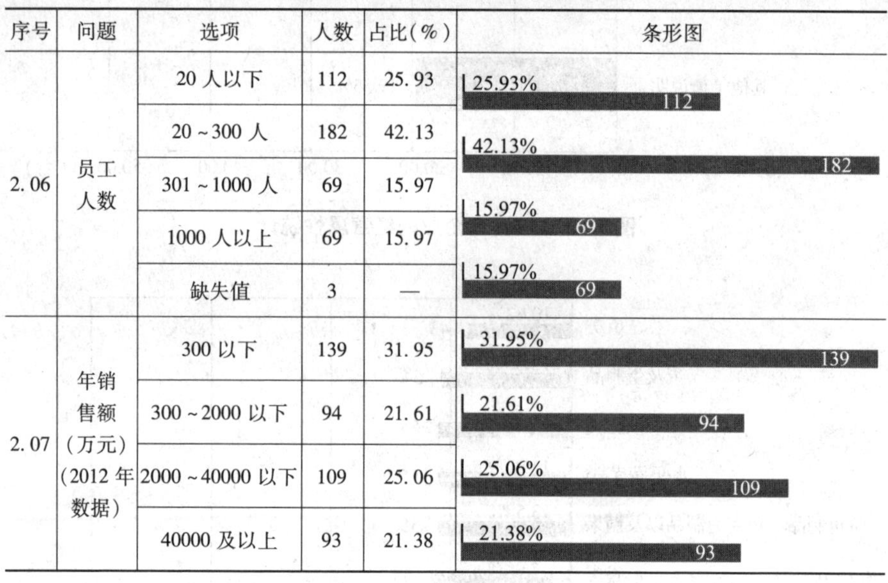

序号	问题	选项	人数	占比（%）	条形图
2.06	员工人数	20 人以下	112	25.93	25.93% 112
		20～300 人	182	42.13	42.13% 182
		301～1000 人	69	15.97	15.97% 69
		1000 人以上	69	15.97	15.97% 69
		缺失值	3	—	15.97% 69
2.07	年销售额（万元）（2012 年数据）	300 以下	139	31.95	31.95% 139
		300～2000 以下	94	21.61	21.61% 94
		2000～40000 以下	109	25.06	25.06% 109
		40000 及以上	93	21.38	21.38% 93

表 3－4　被调查企业规模分布情况

企业规模	企业数目	占比（%）	条形图
微型企业	163	37.73	37.73% 163
小型企业	149	34.49	34.49% 149
中型企业	62	14.35	14.35% 62
大型企业	58	13.43	13.43% 58
缺失值	3	—	

(3) 被调查企业年龄分布

根据企业生命周期理论，企业生命周期是由4个不同阶段的小周期组成，每个小周期为3年，其周期运行顺序为：上升期（3年）→高峰期（3年）→平稳期（3年）→低潮期（3年），形成以12年为周期的长程循环。这里将所有被调查企业假定为普通型变化的企业①。对企业年龄小于等于36年的企业（即尚未走完三个长程循环的企业）按前三个周期进行细分，如图3-7所示，处于第三周期的企业很少，只有4.66%；绝大部分企业处于第一、第二周期，占90.94%。从小周期来看，处于高峰期的被调查企业相对较多，为30.31%；其次，依次为处于平稳期、上升期和低潮期的企业，分别占28.50%、22.28%和14.50%。另外，企业年龄超过36年的企业，视为运营处于较平稳状态的成熟型企业，占4.40%。因此，从企业年龄分布来看，样本企业具有较好的代表性。

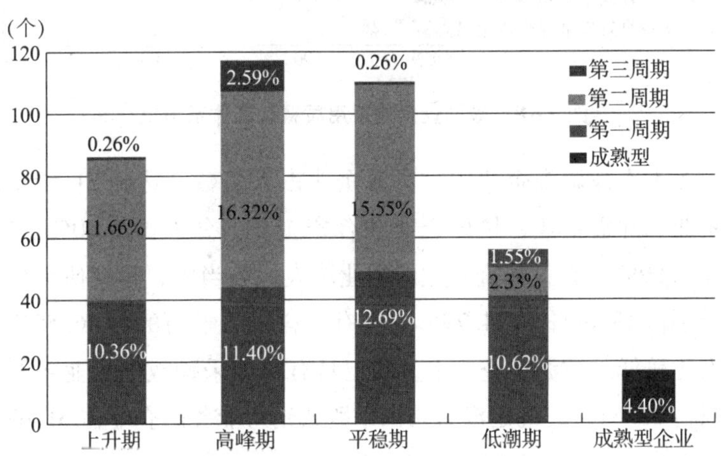

图3-7 被调查企业成立年数和所处生命周期统计

(4) 被调查企业采用的质量认证体系情况

如图3-8所示，被调查的企业中，采用最多的质量认证体系为ISO9000质量管理体系，占被调查企业总数的56.09%。排在第二、第三、第四位的分别是ISO22000食品安全管理体系、HACCP食品质量管理体系、ISO14000环境管理体系，分别占被调查企业总数的36.55%、36.09%、17.7%。而采用IFS（International Food Standard）国际食品标准、

① 普通型变化的企业是指那些周期运行顺序为上升期、高峰期、平稳期、低潮期，且4个小周期的运行相对比较稳定，没有大起大落的企业。

FSSC22000（Food Safety System Certification 22000）食品安全体系认证、BRC（British Retail Consortium）全球食品安全标准和GLOBALGAP（Global Good Agricultural Practices）全球良好农业操作规范等国际标准的企业则相对较少，占被调查企业总数的10%以下。

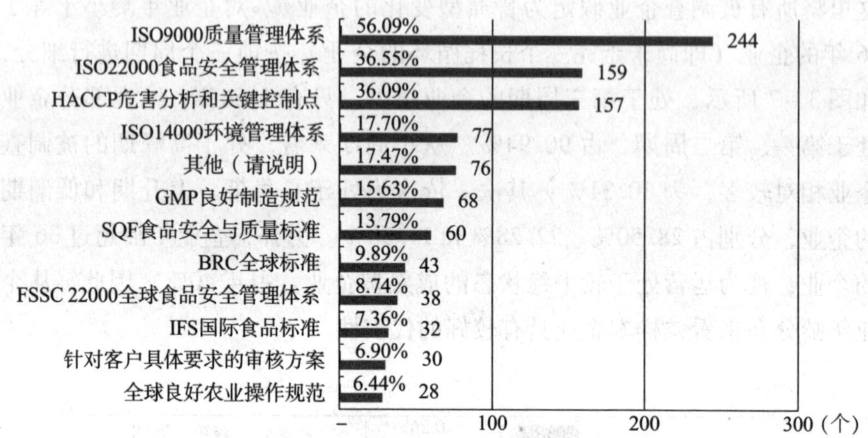

图3-8　被调查企业采用质量认证体系情况

此外，本次被调查企业中，民营企业占大多数，达到71.60%；其次为国有企业、外资企业、集体企业和合资企业，分别占9.90%、7.56%、6.25%和4.69%。在被调查企业的企业法人代表当中，具有研究生、本科学历的分别占18.66%和34.79%，具有专科以下学历的占46.55%，整体学历层次比较低。被调查企业中，确定具有跨国采购或销售业务的企业比较少，只占25.64%，确定没有跨国采购或销售业务的企业占61.67%，说明总体上本次被调查企业的国际化程度较低。

3.2.3　食品供应链风险管理基本情况

1. 企业风险管理机构设置情况

如表3-5所示，在被调查企业中，66.21%的企业设有专门的风险管理部门，33.79%的企业未设立专门的风险管理部门，其风险管理职能通常通过各个相关部门内部的制度与管理方式体现；在设有专门的风险管理部门的企业中，企业风险管理部门由董事会领导的占26.04%，由CEO领导的占19.45%，而由其他高层领导的占比超过一半，达到54.51%。这说明，无论是否设置了专门的企业风险管理部门，被调查企业对风险管理的

重视程度还有待于进一步提高。

表3-5 被调查企业风险管理部门的基本情况统计

序号	问题	选项	人数	占比(%)	条形图
3.01	企业是否有专门的风险管理部门	有	288	66.21	66.2% 288
		无	147	33.79	33.79% 147
3.02	若企业有专门的风险管理部门，请问该部门归谁领导	董事会	75	26.04	26.04% 75
		CEO	56	19.45	19.45% 56
		其他高层领导	157	54.51	4.51% 157

2. 企业风险管理制度建立及实施情况

如表3-6所示，在所调查的企业中，90%以上企业在过去一年中对普通员工和管理人员均有过培训，且管理人员相对普通员工的培训频率更高一些。在食品供应链风险的识别和评估方面，约有86.90%的企业会对其所在的食品供应链进行风险的识别和评估，且其中一半的企业具有系统的风险识别和评估系统；只有6.90%的企业没有对食品供应链进行风险的识别和评估，其中76%的企业没有专门的风险管理部门，63%的企业没有制定食品供应链风险应急管理措施。总体上，大多数企业（占被调查企业的72.42%）均制定了食品供应链风险应急管理措施；在没有食品供应链风险应急管理措施的企业中，69%的企业没有专门的风险管理部门。以上数据说明，没有成立专门风险管理部门的企业，其风险管理制度的完善性也比较低。

表3-6 被调查企业风险管理制度建立及实施基本情况统计

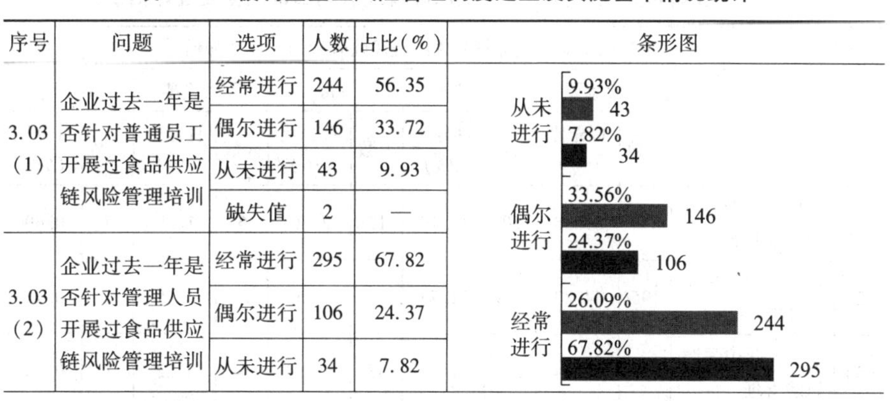

序号	问题	选项	人数	占比(%)	条形图
3.03（1）	企业过去一年是否针对普通员工开展过食品供应链风险管理培训	经常进行	244	56.35	
		偶尔进行	146	33.72	
		从未进行	43	9.93	
		缺失值	2	—	
3.03（2）	企业过去一年是否针对管理人员开展过食品供应链风险管理培训	经常进行	295	67.82	
		偶尔进行	106	24.37	
		从未进行	34	7.82	

续表

序号	问题	选项	人数	占比(%)	条形图
3.04	企业在食品供应链风险管理过程中是否对食品供应链风险进行识别和评估	进行系统的风险识别和评估	189	43.45	43.45% 189
		有，但不系统	189	43.45	43.45% 189
		没有进行过风险识别和评估	30	6.90	6.90% 30
		不清楚	26	5.98	5.98% 26
3.05	企业是否制定有食品供应链风险应急管理措施	有	315	72.41	72.41% 315
		没有	61	14.02	14.02% 61
		不清楚	49	11.26	11.26% 49

3. 食品供应链风险管理影响因素的重要性评估情况

（1）被调查企业对食品供应链风险管理影响因素的重要性的评估

如表 3－7 和图 3－9 所示，绝大多数被调查人员都认为本调查问卷列举的 8 个因素对食品供应链风险管理是非常重要或比较重要的，特别是因素 1“高层管理者的风险态度和意识”（占 95.17%）、因素 3“企业文化中强调风险管理”（占 85.51%）、因素 4“企业的风险管理流程”（占 83.91%）和因素 5“企业的风险管理方法”（占 84.82%）。这说明，相对于来自合作伙伴的相关影响因素而言，企业自身因素对企业食品供应链风险管理更重要，特别是高层管理者的风险态度和意识。

表 3－7　被调查企业对食品供应链风险管理影响因素的重要性评估统计

3.06	下列因素对贵企业食品供应链风险管理的重要性如何										
因素		非常重要		比较重要		一般		不太重要		不重要	
		人数	百分比(%)	人数	百分比(%)	人数	百分比(%)	人数	百分比(%)	人数	百分比(%)
(1)	高层管理者的风险态度和意识	354	81.38	60	13.79	12	2.76	6	1.38	3	0.69
(2)	员工的文化素质和技能	195	44.83	138	31.72	85	19.54	15	3.45	2	0.46
(3)	企业文化中强调风险管理	229	52.64	143	32.87	48	11.03	14	3.22	1	0.23

续表

3.06	下列因素对贵企业食品供应链风险管理的重要性如何										
因素		非常重要		比较重要		一般		不太重要		不重要	
		人数	百分比（%）	人数	百分比（%）	人数	百分比（%）	人数	百分比（%）	人数	百分比（%）
(4)	企业的风险管理流程	244	56.09	121	27.82	57	13.10	12	2.76	1	0.23
(5)	企业的风险管理方法	237	54.48	132	30.34	51	11.72	13	2.99	2	0.46
(6)	合作伙伴共同的价值观	181	41.61	151	34.71	76	17.47	22	5.06	5	1.15
(7)	对合作伙伴的了解程度	174	40.00	145	33.33	95	21.84	18	4.14	3	0.69
(8)	合作伙伴战略目标的一致性	186	42.76	142	32.64	86	19.77	13	2.99	8	1.84

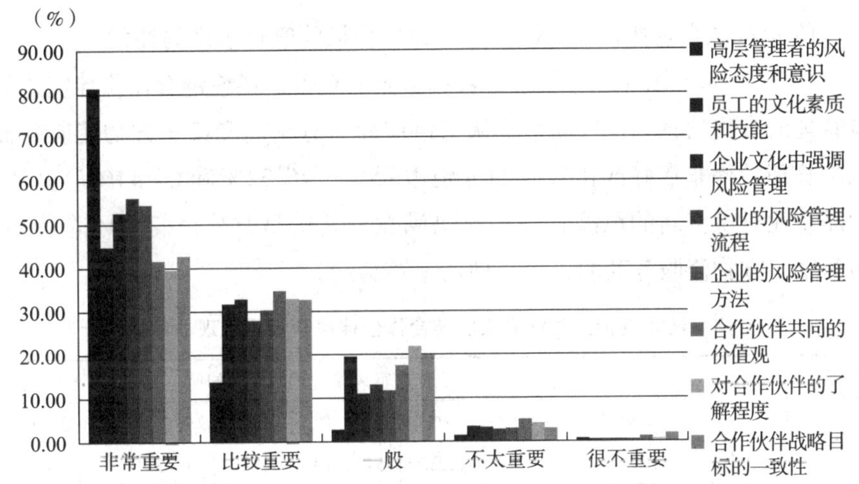

图3-9 被调查企业对食品供应链风险管理影响因素的重要性评估统计

由图3-10可知，超过半数的被调查人员（占53.30%）认为，高层管理者是企业做好食品供应链风险管理工作的关键，其次是基层管理者和员工，而中层管理者相对不重要。主要原因可能有以下三点：首先，中层管理者主要是起上传下达、监督基层员工等过渡的作用；其次，高层管理者的风险态度和意识对于企业的风险管理是非常重要的，他们不仅可以带动整个企业的风险管理氛围，更对整个企业的风险管理有着积极的推动作用；最后，基层管理者及普通员工是企业风险管理措施最直接的执行者，其执行情况直接决定了企业风险管理措施的实施效果，因而也比较重要。

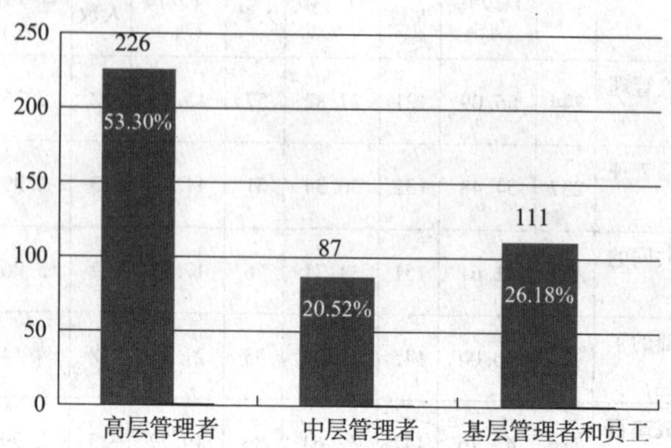

图3－10　被调查企业对食品供应链风险管理关键人员的评估统计[①]

（2）被调查企业对食品供应链合作伙伴风险管理表现的评估

如表3－8及图3－11所示，被调查企业对食品供应链合作伙伴实施风险管理的表现均感到比较满意，认为供应商、分销商和第三方物流服务商风险管理做得非常好或比较好的分别占85%、76.32%和60.44%。显然，食品企业对供应商的风险管理相对更满意，其次是对分销商的风险管理，而对第三方物流服务商的风险管理还不够满意。

表3－8　被调查企业对食品供应链合作伙伴风险管理表现的评估统计

3.07	企业对供应链合作伙伴进行风险管理的表现如何									
合作伙伴		非常好（%）		比较好（%）		一般		比较差（%）		非常差（%）	
（1）	供应商	179	42.62	178	42.38	57	13.57	6	1.43	0	0.00
（2）	分销商	132	31.58	187	44.74	92	22.01	7	1.67	0	0.00
（3）	第三方物流服务商	102	24.76	147	35.68	147	35.68	15	3.64	1	0.24

（3）被调查企业对食品供应链风险管理水平的评估

如表3－9所示，有14.94%的被调查企业认为目前本企业食品供应链风险管理水平已处于成熟阶段，而半数被调查企业（占50.81%）认

① 本项统计有缺失值11。

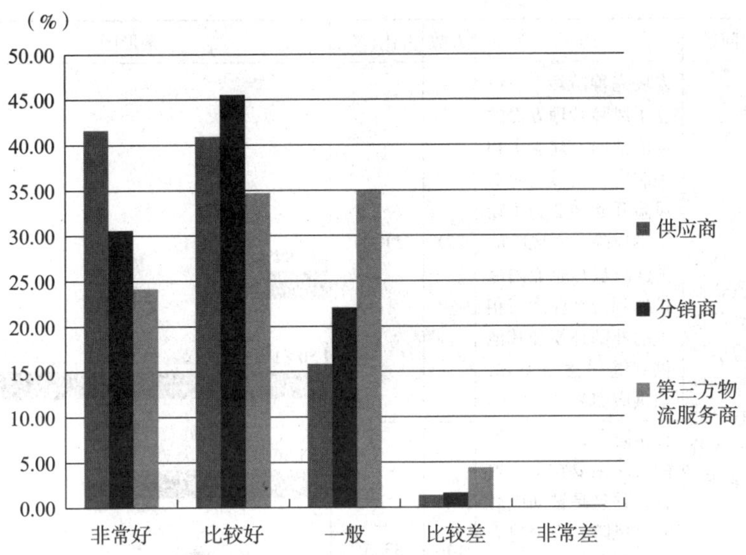

图 3-11　被调查企业对供应链合作伙伴风险管理表现的评估统计

为目前本企业食品供应链风险管理水平尚处于发展完善阶段。此外，还有 1/3 企业的食品供应链风险管理水平尚处于初始阶段。从食品供应链风险管理的整体水平来看，已经达到较高或很高水平的企业占 54.48%，水平一般的企业占 36.78%，水平较差或很差的企业占 7.82%。这说明，尽管食品安全问题举国关注，但总体上来看，企业食品供应链风险管理水平并不能令人满意，企业食品供应链风险管理水平的提升余地还很大。

表 3-9　被调查企业食品供应链风险管理水平统计

序号	问题	选项	人数	占比(%)	条形图
3.09①	您认为贵企业食品供应链风险管理状况处于的阶段是	成熟阶段；（不仅设立了食品供应链风险管理方面的职能部门，而且制度健全，并且有一套成熟食品供应链风险管理流程，包括：事前的风险识别、事中的风险衡量与评估，以及事后的风险应对和基于风险管理效果的部门与员工考核与评价）	65	14.94	14.94% 65 50.81% 221 33.56% 1464

① 本项统计有缺失值3。

续表

序号	问题	选项	人数	占比(%)	条形图
3.09①	您认为贵企业食品供应链风险管理状况处于的阶段是	发展完善阶段；（设立了风险管理方面的职能部门，建立了相关制度，由被动应对风险开始转变为主动识别风险，对风险的关注点也从企业内部扩展到与企业密切相关的外部环境和其他供应链利益相关方，如供应商）	221	51.04	14.94% 65 50.81% 221
		初始阶段；（对风险的关注主要在企业内部，并且是被动应对各种风险，尚未建立基本的风险管理或类似风险管理的职能部门，也没有制定风险管理方面的制度）	146	33.56	33.56% 1464
3.10②	您认为贵企业食品供应链风险管理的整体水平是	很差	3	0.69	0.69% 3
		较差	31	7.13	7.13% 31
		一般	160	36.78	36.78% 160
		较高	190	43.68	43.68% 190
		很高	47	10.80	10.80% 47

由表3－10和图3－12可知，被调查企业食品供应链风险管理的效果总体上比较明显。具体体现在以下几个方面：第一，明显或比较明显地增强了企业发现供应链风险事故的能力（占86.44%）；第二，明显或比较明显地减少了食品供应链风险事故（占84.60%）；第三，明显或比较明显地增强了企业从食品供应链风险事故中得以恢复的能力（占80%）；第四，明显或比较明显地增强了客户服务能力（76.32%）；第五，明显或比较明显地提高了企业的产品质量（占82.52%）；第六，明显或比较明显地提升了对客户的服务水平（占74.94%）。这些说明，企业通过实施食品供应链

① 本项统计有缺失值3。

② 本项统计有缺失值4。

风险管理，在食品供应链风险事故的发现、减少及恢复能力的增强以及产品质量的提高等方面，效果更为显著；而在增强客户服务能力、提升客服服务水平方面，也有不错的效果。因此，实施好食品供应链风险管理对企业运作具有十分重要的意义。

表 3-10 被调查企业对食品供应链风险管理效果评估情况

4	有关食品供应链风险管理的效果的描述，请根据您所在企业的情况及您个人的感受										
对食品供应链风险管理的描述		明显		比较明显		一般		不太明显		基本没有	
		人数	百分比（%）	人数	百分比（%）	人数	百分比（%）	人数	百分比（%）	人数	百分比（%）
（1）	增强了企业发现食品供应链风险事故的能力	190	43.68	186	42.76	47	10.80	8	1.84	4	0.92
（2）	减少了食品供应链风险事故	178	40.92	190	43.68	52	11.95	11	2.53	4	0.92
（3）	增强了企业从食品供应链风险事故中得以恢复的能力	160	36.78	188	43.22	77	17.70	7	1.61	3	0.69
（4）	增强了公司的客户服务能力	166	38.16	166	38.16	87	20.00	14	3.22	2	0.46
（5）	提高了企业的产品质量	222	51.03	137	31.49	54	12.41	18	4.14	4	0.92
（6）	显著提升对客户的服务水平	166	38.16	160	36.78	88	20.23	18	4.14	3	0.69

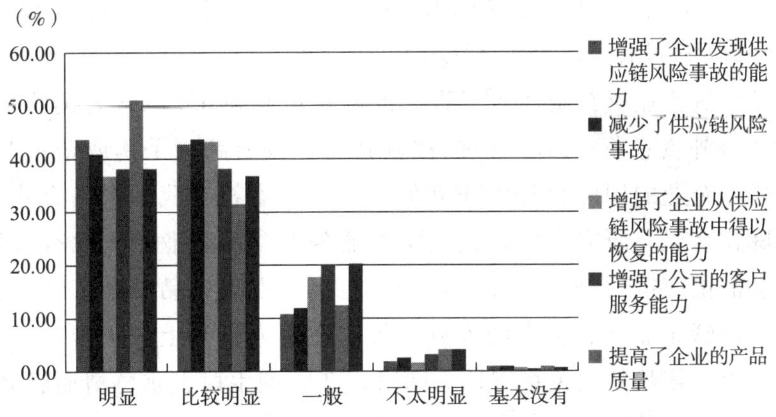

图 3-12 被调查企业对食品供应链风险管理效果评估统计

3.2.4 总结与讨论

本部分利用调查问卷所采集到的食品生产企业的信息和数据，对当前我国食品供应链风险管理现状进行了较为全面的分析。总体上，超过80%的被调查者认为所在企业的供应链风险管理水平处于初级阶段或发展完善阶段；约45%的被调查者认为所在企业的供应链风险管理水平仅为“一般”或更差的水平；约20%的被调查者将所在企业供应链风险管理的效果评价为“一般”“不太明显”和“基本没有”。这说明我国食品供应链风险管理水平还有很大的提升空间。

进一步分析发现，影响食品供应链风险管理水平的因素可能来自多个层面。首先是企业特征因素，包括规模、所有制性质和所处的企业生命周期阶段等。

(1) 从企业规模来看，被调查企业以小微型企业为主，这一结果与我国当前食品行业的发展阶段和市场主体结构是基本吻合的。小微型企业存在规章制度不够健全、管理方法及运作流程等尚处于探索阶段、不够规范，以及企业文化建设的意识较弱等问题，同时普遍受到资金和资源约束，具有强烈的盈利动机；不仅忽视食品供应链风险管理，不愿意积极主动地参与到与上下游利益相关方的供应链风险共同治理活动中，而且往往会出于追求自身利益的考虑而采取违法违规、败德等风险行为。这些企业对于食品供应链风险管理的态度表现为合作意识不足而竞争意识过强。调查显示，在列举的8项食品供应链风险管理的影响因素中，与合作伙伴相关的3项因素排名最后。这说明由于小微型企业占据主体，我国食品供应链风险管理还没有进入竞合阶段。

(2) 从企业所有制性质来看，被调查企业中63.22%为民营企业，6.67%为外资企业。61.38%的被调查企业没有跨国采购或销售业务，说明样本企业的国际化程度非常低，这也基本符合我国食品企业的整体国际化状况。研究表明，具有跨国业务的食品企业相比没有被纳入全球食品供应链的企业，社会责任感更高，发生食品安全事件的概率更低。民营企业具有很强的家族特征，在用人机制上任人唯亲，在经营方式上更依赖熟人关系或社会网络，在管理手段上重感情而轻制度，这些因素都会导致国内民营企业对食品供应链风险管理不够重视或食品供应链风险管理流于形式。

(3) 从企业生命周期来看，被调查样本企业主要为处于发展起步期、高峰期以及平稳期的年龄小于24岁的小微型民营企业。按照企业生命周期理论，处在不同生命周期的企业，所面临的风险特点不同。其中，处于第一周期上升期的企业，也就是新生企业，面临的风险包括因掌握信息不充分而导致的不确定性，以及“体力”“战斗力”和社会网络等缺乏带来的各种风险等。这些新生企业由于经验不足，一旦遇到突发事件，决策者往往茫然不知所措。[①] 对处于这一阶段的食品企业，因其产品的特殊性，一旦出现质量安全风险，很可能会令其难以翻身。对处于高峰期的食品企业，其周期特点为快速增长，企业领导者特别容易盲目追求收入增长或规模扩张而忽视产品质量。一旦出现问题，会给企业和社会带来较为严重的不良后果。对处于平稳期的食品企业，面临的主要风险为组织风险。进入此阶段的企业往往组织机构庞大，企业领导者难以对其分支及下属充分了解和有效管理，容易出现分支机构和下属的败德行为。本次样本企业中，处于此阶段的占比较高。对处于衰退期的食品企业，主要面临企业全面老化、创新动力不足、适应力降低以及公司自身遇到的发展障碍问题积重难返等风险。

其次是制度方面的因素，既包括组织机构、管理制度、流程和方法、质量认证体系、员工培训等硬制度，也涉及食品安全文化等软制度。在食品供应链风险管理整体水平被评价为“很高”或“较高”的被调查企业中，83.12%的企业设立了专门的风险管理部门，97.89%的企业定期或不定期对员工进行食品供应链风险管理培训，96.20%的企业对食品供应链风险进行识别和评估。超过一半的被调查企业具有ISO9000质量管理体系、ISO22000食品安全管理体系和/或HACCP食品质量管理体系。超过80%的被调查者认为食品安全文化对食品供应链风险管理水平和效果比较重要和非常重要。

最后是高管个人因素。高达81.38%的被调查者认为高管的风险态度和风险意识对于企业食品供应链风险管理非常重要，远远高于其他影响因素。企业高管包括CEO、总经理、副总经理以及直接向他们汇报的高级经理。作为企业战略制定者、执行监督者和组织协调者，高管在企业各项决

① 高维义，谢科范．企业生命周期及其风险分析［J］．贵州师范大学学报（自然科学版），2001，19（4）：88－91.

策中的核心作用毋庸置疑。他们需要具备良好的环境认知能力、敏锐的环境应变能力和果断的决策能力，能够从复杂的环境中准确地把握变化并及时做出与环境相适应的战略决策。可以推断，食品企业高管的食品安全风险态度、意识和管理能力，对于企业供应链风险管理水平和效果具有重要甚至是决定性的影响。

以上三个层面的因素共同影响和决定了我国食品供应链风险管理的状况。需要指出的是，这些因素并不是孤立发挥作用的，而是相互关联、彼此影响的。例如，当企业特征层面表现出年轻、规模小、所有权结构单一（民营、家族）时，高管个人因素对企业食品供应链风险管理水平和效果的影响占主导，此时，制度的影响力很小，甚至不存在。当企业发展到一定规模，进入成熟期和衰退期，此时单凭高管的个人意志和权威难以控制庞大的科层组织和应付复杂的业务，就需要有效的硬制度和软环境来保障食品供应链风险管理达到较高水平和实现良好的效果。①

3.3 我国食品供应链风险管理水平影响因素实证分析

食品供应链风险很大程度上取决于食品供应链企业风险管理水平，因而探索食品供应链风险管理水平的影响因素具有重要的理论与现实意义。下面利用 3.2.1 中调查问卷所搜集的企业一手数据，运用实证研究方法，分析影响食品供应链风险管理水平的因素，以便为企业加强食品供应链风险管理，防范食品安全风险提供借鉴。

3.3.1 主要变量及其定义

本书运用 SPSS19.0 对样本数据进行各项统计分析。表 3 - 11 是主要变量的描述性统计。

① 陈娟，刘永胜，张清楠．我国食品供应链风险管理现状调查与分析［J］．经济研究参考，2015（69）：82 - 90.

表3－11　主要变量的描述性统计

变量名称	变量的定义	样本数	比率（%）
企业年龄（2014年年龄）	5年以内	47	10.80
	6～10年	86	19.77
	11～20年	163	37.47
	20年以上	90	20.69
	缺失	49	11.26
企业所有制	1＝国有企业	38	8.74
	2＝集团企业	24	5.52
	3＝民营企业	275	63.22
	4＝外资企业	29	6.67
	5＝合资企业	18	4.14
	6＝其他	51	11.72
	缺失	0	0.00
法人代表文化程度	1＝专科及以下	202	46.44
	2＝本科	151	34.71
	3＝研究生	81	18.62
	缺失	1	0.23
企业规模	1＝微型企业	163	37.47
	2＝小型企业	149	34.25
	3＝中型企业	62	14.25
	4＝大型企业	58	13.33
	缺失	3	0.69
企业是否有跨国业务	1＝是	111	25.52
	0＝否	324	74.48
	缺失	0	0.00
企业拥有的质量认证体系数目	1个	213	48.97
	2个	53	12.18
	3个	37	8.51
	4个	35	8.05
	5个及以上	58	13.33
	缺失	39	8.97

续表

变量名称	变量的定义	样本数	比率（%）
企业是否有风险管理部门	1 = 有	288	66.21
	0 = 无	147	33.79
	缺失	0	0.00
企业对普通员工的培训频率	1 = 从未进行	43	9.89
	2 = 偶尔进行	146	33.56
	3 = 经常进行	244	56.09
	缺失	2	0.46
企业对管理者的培训频率	1 = 从未进行	34	7.82
	2 = 偶尔进行	106	24.37
	3 = 经常进行	295	67.82
	缺失	0	0.00
企业对食品供应链风险的识别与评估频率	0 = 没有进行过风险识别和评估	57	13.10
	1 = 有，但不系统	189	43.45
	2 = 进行系统的风险识别和评估	189	43.45
	缺失	0	0.00
企业是否制定风险应急管理措施	1 = 有	315	72.41
	0 = 无	120	27.59
	缺失	0	0.00
高管的风险态度和意识	1 = 很弱	3	0.69
	2 = 较弱	6	1.38
	3 = 一般	12	2.76
	4 = 较强	60	13.79
	5 = 很强	354	81.38
	缺失	0	0.00
员工的文化素质和技能	1 = 很低	2	0.46%
	2 = 较低	15	3.45
	3 = 一般	85	19.54
	4 = 较强	138	31.72
	5 = 很强	195	44.83
	缺失	0	0.00

续表

变量名称	变量的定义	样本数	比率（%）
企业食品供应链风险管理整体水平	1 = 很差	3	0.69
	2 = 较差	31	7.13
	3 = 一般	160	36.78
	4 = 较高	190	43.68
	5 = 很高	47	10.80
	缺失	4	0.92
企业食品供应链风险管理所处的阶段	1 = 初始阶段	146	33.56
	2 = 发展完善阶段	221	50.81
	3 = 成熟阶段	65	14.94
	缺失	3	0.69

3.3.2 因子分析

为了从问卷题项中提炼出食品供应链风险管理水平的影响因素，拟采用因子分析法进行数据处理，分析包括以下两个过程。

（1）KMO 检验与 Bartlett 球检验

使用 SPSS19.0，对样本数据做 KMO 与 Bartlett 球检验，根据 Kaiser 给出的 KMO 度量标准，0.8 以上表示数据很适合做因子分析。[①] 对样本进行 KMO 与 Bartlett 检验，得到的 KMO 值为 0.808，Bartlett 球检验的显著性概率为 0.00，说明本研究得到的样本数据适合进行因子分析。

（2）因子分析

采用主成分抽取方法提取出 3 个因子，3 个因子累计方差贡献率为 59.154%，大于 50%。3 个因子一共解释了样本数据 59.154% 的信息，说明调查问卷具有良好的结构效度。为了使因子的经济含义更为清晰和便于解释，进一步采用最大方差法进行正交旋转，得到的因子分析结果见表 3-12。根据旋转后的因子载荷矩阵，结合变量本身的意义，对提取的因子进行如下定义和解释。

① Kaiser H F. An index of factorial simplicity [J]. *Psychometrika*, 1974, 39 (1): 31-36.

表 3-12　旋转成分矩阵及成分得分系数矩阵

变量	成分					
	1		2		3	
	旋转因子载荷	因子得分系数	旋转因子载荷	因子得分系数	旋转因子载荷	因子得分系数
Z_1 法人代表文化程度	0.051	-0.072	0.583	0.290	0.132	0.028
Z_2 企业规模	0.251	0.088	0.673	0.344	-0.069	-0.228
Z_3 是否有跨国业务	-0.070	-0.163	0.734	0.376	0.180	0.090
Z_4 质量体系认证数目	0.167	-0.004	0.770	0.388	0.053	-0.104
Z_5 是否有风险管理部门	0.597	0.218	0.195	0.020	0.218	-0.022
Z_6 对普通员工的培训频率	0.872	0.420	0.027	-0.078	0.080	-0.213
Z_7 对管理者的培训频率	0.870	0.400	-0.040	-0.124	0.158	-0.133
Z_8 风险识别与评估频率	0.611	0.183	0.321	0.074	0.313	0.043
Z_9 是否制定风险应急管理措施	0.550	0.125	0.218	0.011	0.425	0.176
Z_{10} 高管的风险态度和意识	0.173	-0.188	0.034	-0.106	0.852	0.704
Z_{11} 员工的文化素质和技能	0.307	-0.074	0.162	-0.028	0.671	0.483
因子命名	F_1 企业内部管理因子		F_2 企业基本特征因子		F_3 员工素质因子	
方差贡献率（%）	35.706		15.088		8.359	
累计方差贡献率（%）	35.706		50.795		59.154	
提取方法：主成分。旋转法：具有 Kaiser 标准化的正交旋转法。						
a. 旋转在 5 次迭代后收敛。						

F_1：企业内部管理因子。包括企业是否有风险管理部门、企业对管理者的培训频率、企业对普通员工的培训频率、企业对食品供应链风险进行识别与评估频率、企业是否制定风险应急管理措施。这些因素代表企业对食品供应链风险的制度保障。一个重视食品安全风险的企业，才会建立相应的管理机构和管理制度。

F_2：企业基本特征因子。包括企业法人代表文化程度、企业规模、企业是否有跨国业务、企业认证体系数目。这些因素在一定程度上影响了食品企业实施供应链风险管理的动力和能力。通常，规模大的企业有更多的资金和人力资源开展食品安全风险管理，包括申请更多的质量体系认证，以向市场传递企业产品具有较高质量的良好信号。此外，具有跨国业务的食品企业，迫于来自境外供应商或客户施加的压力，也会更有动力加强食品安全风险管理。

F_3：员工素质因子。包括高管的风险态度和意识、员工的文化素质和技能。这些因素代表企业人力资源的整体质量。企业高管的风险态度越保守，风险意识越强，普通员工的文化素质越高，技能越强，企业制定的内部风险管理制度就越容易得到员工的理解、认同、支持和执行，企业风险管理的效果就会越好。反过来，对于因受资源限制而无法给予风险管理足够的组织机构保障和制度保障的企业，较高的整体员工素质可以起到一定的弥补作用。

由因子得分矩阵，得到三个因子得分函数分别为

$$F_1 = -0.072Z_1 + 0.088Z_2 - 0.163Z_3 - 0.004Z_4 + 0.218Z_5 + 0.420Z_6 + 0.400Z_7 + 0.183Z_8 + 0.125Z_9 - 0.188Z_{10} - 0.074Z_{11}$$

$$F_2 = 0.290Z_1 + 0.344Z_2 + 0.376Z_3 + 0.388Z_4 + 0.020Z_5 - 0.078Z_6 - 0.124Z_7 + 0.074Z_8 + 0.011Z_9 - 0.106Z_{10} - 0.028Z_{11}$$

$$F_3 = 0.028Z_1 - 0.228Z_2 + 0.090Z_3 - 0.104Z_4 - 0.022Z_5 - 0.213Z_6 - 0.133Z_7 + 0.043Z_8 + 0.176Z_9 + 0.704Z_{10} + 0.483Z_{11}$$

3.3.3 多元线性回归分析

根据上文的因子分析结果，进一步以三个因子为解释变量，以“企业食品供应链安全风险管理整体水平”为被解释变量，进行多元线性回归分析，结果见表3－13。共线性统计量 VIF 等于1，小于5，说明自变量间不存在高度共线性。三个因子均在1%的显著性水平上与企业食品供应链风险管理水平存在显著的正相关关系。调整的 R^2 值为0.419，说明模型的整体解释力尚可，但也还有其他影响因素尚待挖掘。最后得到的回归方程如下：

Y（食品供应链风险管理水平）＝3.574＋0.425F_1（企业内部管理因子）＋0.275F_2（企业基本特征因子）＋0.144F_3（员工素质因子）

表3－13 多元回归系数

系数[a]

模型	非标准化系数		标准系数	t	Sig.	相关性			共线性统计量	
	B	标准误差	试用版			零阶	偏	部分	容差	VIF
（常量）	3.574	0.030		120.366	0.000					
企业内部管理因子	0.425	0.030	0.525	14.262	0.000	0.524	0.569	0.525	1.000	1.000
企业基本特征因子	0.275	0.030	0.341	9.271	0.000	0.343	0.410	0.341	1.000	1.000
员工素质因子	0.144	0.030	0.178	4.831	0.000	0.173	0.228	0.178	1.000	1.000

a. 因变量：Y 食品供应链风险管理水平

3.3.4 稳健性检验

为了检验上述回归分析结果的稳定性，进一步使用调查问卷中另一个能够代表企业食品供应链风险管理水平的变量——企业食品供应链风险管理所处的阶段作为新的因变量 Y_0，进行多元回归分析。首先，将 Y 与 Y_0 做相关性检验，发现在1%的显著性水平下两个因变量的 Spearman 相关系数为0.612，具有较强的相关性。其次，将 Y_0 对原始因素 Z_1 至 Z_{11} 做方差检验，结果均为显著，说明这些因素同样对 Y_0 有影响。最后，用三个因子对 Y_0 做多元回归分析，并将所得结果与第 5 部分的分析结果进行对比，得到表 3－14，发现在以 Y_0 作为因变量的情况下，三个因子同样通过了显著性检验，调整 R^2 为0.385，模型整体解释力略低一些。但是从影响系数看，两次回归分析的结果非常相近，说明本研究的回归模型通过了稳健性检验。

表 3－14 回归结果比较

模型	非标准化系数 B		T 检验值		sig.	共线性统计量	
	Y	Y0	Y	Y0	Y/Y0	容差：Y/Y0	VIF：Y/Y0
（常量）	3.574	1.799	120.366	69.237	0		
企业内部管理因子	0.425	0.318	14.262	12.219	0	1	1
企业基本特征因子	0.275	0.253	9.271	9.723	0	1	1
员工素质因子	0.144	0.143	4.831	5.49	0	1	1

3.3.5 结论和局限性

本部分通过设计调查问卷，获取食品生产和加工企业一手数据，对我国食品企业供应链风险管理水平的影响因素进行了实证分析。结果显示，企业食品供应链风险管理水平的影响因素主要来自企业内部管理、企业基本特征和员工素质。从影响程度看，企业内部管理因素的影响作用最大，其次是企业基本特征因素，然后再是员工素质因素。说明不论企业规模如何，也不论企业员工的整体素质如何，当前最能够提升我国食品供应链风险管理水平的途径是加强企业内部风险管理制度建设和执行落实。

通过因子分析还发现，在企业内部管理因子中，企业对普通员工的培训频率、企业对管理者的培训频率和企业对食品供应链风险进行识别与评

估的频率因子载荷较大，是最能反映企业内部管理因子的三大因素，说明这三个因素对食品供应链风险管理水平有很大影响。

值得注意的是，企业对普通员工培训的频率影响供应链安全风险的程度高于对管理者培训的频率影响程度，这在一定程度上反映了食品生产和加工企业的特殊性。很多研究强调内部管理中高管的重要性，但是对食品生产加工企业而言，特别是对于小微民营食品企业而言，由于高管人员数量有限，也没有足够的资金实力维持庞大的质检、监督方面的中层管理队伍，因此采购原材料的质量、生产加工的质量、包装的质量等在很大程度上取决于各环节一线普通员工或操作人员对企业食品供应链风险管理制度的遵守执行，以及他们的个人文化素质、道德水准、责任意识和工作技能。在实地调研和访谈中我们发现，很多企业只配备了 1 至 2 名质检或监督人员，根本不能很好地执行企业风险管理方面的制度规定，往往只能流于形式。因此，食品生产加工企业应该重视对普通员工的培训，一方面通过培训帮助普通员工掌握更多的食品供应链风险管理方面的知识和技能，培养其食品安全风险意识和责任意识；另一方面，也能使普通员工在内心产生被企业重视的自豪感，培养他们的主人翁意识，使他们能够自觉遵守和执行企业的风险管理制度，认同企业价值观，由此逐步建立一种良好的企业风险文化、质量文化，直至达到“无为而治”的管理境界。

综合以上三点可以看出，对食品供应链风险管理最重要的是建立专门的风险管理部门，制定有效的企业风险管理制度，特别是要加强对管理者和普通员工的培训，使制度得到理解和执行，而不是用来应付检查，束之高阁。企业规模等基本特征对食品供应链风险管理水平也具有重要影响，因为规模越大的企业，越有能力对食品安全风险管理提供机构保障、人员保障和资金保障。因此，政府应该把更多心思花在扶持小微食品生产加工企业上，包括给予这些企业更多的资金支持、政策支持和技术与信息支持等。在当前新常态下的新一轮经济体制改革背景下，政府简政放权和职能转型是世界潮流和大势所趋。在食品质量安全监管方面，政府要改变一贯以来例行公事式的定期检查和心血来潮式的突击检查，既要高举“惩罚之手”，还要伸出“扶持之手”，鼓励和支持并购重组，优化资源配置，帮助小微型企业不断发展壮大，使企业有能力也有动力主动加强食品供应链风险管理。另外，员工素质也是不容忽视的影响食品供应链风险管理水平的重要因素。在信息时代和知识经济时代，高素质的员工队伍，高质量的人力资源，将成为企业最重要的核心竞争力。因此，从长远利益考虑，食品生产加工企业应重视员工招聘和继续培训，不应只考虑成本问题。

本部分的实证研究在量表设计、样本选择和模型构建方面还存在一定的缺陷和不足。如量表设计方面缺少企业治理结构特征、所处食品供应链的结构特征以及具体经营范围等方面的变量。样本企业的地域范围有限，可能造成选样偏误，遗漏了区域经济环境特征等重要影响因素，未来研究可以在这些方面进一步改进和完善。

3.4 本章小结

本章首先以收集到的2009年到2013年发生的食品安全事件为分析对象，以食品供应链环节为主线，以食品安全事件涉及的食品种类、企业规模以及食品安全事件可能原因为要素，对上述食品安全事件进行了描述性统计分析，发现食品安全事件的高发区在食品供应链加工环节，而肉及肉制品则是发生食品安全事件最多的食品；大中型食品企业是发生食品安全事件比例最高的企业，危害物、其他元素超标是引发食品安全事件最多的因素；同时从食品供应链的食品供应环节、食品流通环节、食品加工环节、食品消费环节和食品回收环节分别提出了加强食品供应链各环节食品安全监管的建议。其次，利用435份食品生产企业的调查问卷数据，对我国食品供应链风险管理现状进行了较为全面的分析，结果显示：80%以上企业的食品供应链风险管理水平处于初级阶段或发展完善阶段，近半数企业的食品供应链风险管理水平仅为“一般”或更差水平，提高食品供应链风险管理水平已经成为当务之急。最后，利用调查问卷数据，对我国企业食品供应链风险管理水平的影响因素进行了实证分析。研究发现，企业内部管理制度、企业规模等基本特征和员工素质是影响食品供应链风险管理水平的三大因素，因而企业应该加强内部质量安全风险管理制度建设，重视员工培训和对食品供应链风险进行系统性识别和评估；政府应该加强对众多小微民营食品企业的扶持，帮助其发展壮大，使其有能力、有动力主动实施有效的食品供应链风险管理。

4

基于高管行为视角的食品供应链风险形成的实证研究

4.1 理论分析与研究假设

1. 高阶理论

企业高管包括CEO、总经理、副总经理以及直接向他们汇报的高级经理。Hambrick等（1984）提出的“高阶理论”（又称“高层梯队理论”）认为，高层管理者属于企业的战略制定与执行层，负责整个企业的组织与协调，对企业经营管理拥有很大的决策权与控制权。① 企业作为替代“市场”的资源配置形式，最大特点是充分利用了“人”这种最具有能动性的特殊资源。高管在企业的主要职责是制定战略和监督战略的执行。因此，高管需要具备良好的环境认知能力、敏锐的环境应变能力和果断的决策能力，能够从复杂的环境中准确地把握变化并及时做出与环境相适应的战略决策。根据系统管理理论，企业是由人、物资、机器和其他资源组成的一体化系统，其成长和发展同时受到这些组成要素的影响，在这些要素的相互关系中，人是主体且是主动的，其他要素则是被动的。通过梳理企业家学派、结构学派和权力学派等各大战略管理学派观点不难发现，这些学派都强调决策主体在战略决策过程中的作用，高管作为企业战略决策主体，在战略决策中的核心作用是毋庸置疑的。②

① Hambrick D C, Mason PA. Upper Echelons: the Organization as a Reflection of its Top Managers [J]. *Academy of Management Review*, 1984, 9 (2): 193-206.

② 陈娟，刘永胜，肖为群. 食品供应链安全风险形成的微观机理——基于计划行为理论的实证分析［J］. 中国流通经济，2015（12）：67-75.

食品供应链风险行为包括可能导致食品供应链风险的各种经营性、管理性和操作性的违规违法行为，可以进一步划分为高管风险行为和普通员工风险行为（分别对应第2章阐述的食品供应链企业风险行为和食品供应链企业员工风险行为）两个层次。高管风险行为主要发生在企业的战略制定、管理架构设计和重大经营管理决策等领域，普通员工（主要包括基层管理人员和一线员工）风险行为则主要发生在日常的生产经营管理活动中。从二者的影响力和相互关系上看，高管风险行为一定程度上决定了企业的战略、方向和道路，因此其影响是全局性、根本性和长远性的，即一步走错，可能全盘皆输。因此，高阶理论认为，高管行为就代表了企业行为。但是这并不意味着高管之外普通员工的风险行为就不重要、不值得研究。毋庸置疑，在一个企业组织中，高管因其所处的重要地位和拥有的权威，能够对普通员工施加重大影响，但这并不代表好的高管行为就一定能催生好的普通员工行为，差的高管行为就一定导致差的普通员工行为。在什么情况下二者保持一致或发生冲突，恰恰是一个值得深入研究的问题。

本部分首先从高管行为视角解释食品供应链风险的形成，在接下来的第5章将从普通员工视角展开进一步的分析。此外，本章的研究逻辑是高管如何在个人风险认知和供应链制度环境的作用下，发生风险行为，并进一步通过影响普通员工的风险认知，而促使普通员工发生风险行为，最终高管和普通员工两个层面的风险行为集合成食品供应链风险行为，并产生相应的经济与社会后果。因此，虽然是从高管行为视角展开研究，但在研究框架中纳入了普通员工风险认知，同时食品供应链风险行为包括了战略层面上的高管风险行为和战术与操作层面上的普通员工风险行为。

2. 计划行为理论

Ajzen（1985）① 在理性行为理论（Fishbein 和 Ajzen，1975②）的基础上，提出了计划行为理论。该理论认为：态度和主观规范决定了人的行为意向，由行为意向可以合理推断人的行为。该理论不考虑外界因素的影响，假设“个人所采取的行为完全由个人的意志力控制”。然而，在现实

① Ajzen I. From intentions to actions：A theory of planned behavior［A］. Kuhl J & Beckmann J. Action－control：From cognition to behavior［C］. Heidelberg：Springer，1985. 11－39.

② Fishbein M and Ajzen I. Belief，Attitude，Intention and Behavior：An Introduction to Theory and Research［M］. Reading，MA：Addision－Wesley Publish Company，1975. 332－334.

生活中，个人行为很难不受外界影响和资源限制。计划行为理论弥补了这一缺陷，在态度、主观规范的基础上加入了感知的行为控制因素。感知行为控制是个人对实施某一行为感到容易或困难的程度，由控制信念和感知的便利条件共同决定。控制信念来源于个人对所采取的行为受资源、机会或障碍的影响程度的主观判断。理性行为理论和计划行为理论都假定人是理性的，但是计划行为理论在考虑风险态度、主观规范等个体心理层面因素的基础上，还考虑了个体所处情境和环境对其行为的影响。一般而言，态度和主观规范越正向且感知行为控制越强时，行为意向越强。①

计划行为理论已经被广泛地用于分析和预测特定情境下个人、群体和企业的行为（如 Robert，1993②；Sommer，2011③；Kautonen 等，2013④；李伯州等，2014⑤；冯臻，2014⑥；赵建欣等，2007⑦；李乃文等，2011⑧）。

下面运用计划行为理论对食品供应链企业高管风险行为进行理论解释。影响食品供应链企业高管风险行为的因素主要有高管自身的食品供应链风险态度、主观规范和感知风险行为控制。高管自身食品供应链风险态度取决于其对采取食品供应链风险行为所带来结果的信念和对该结果重要程度的估计。如果认为结果有利（通常是指经济上合算，即风险行为产生的边际收益大于边际成本），就会对风险行为持积极态度，否则会对风险行为持消极态度。例如，实地访谈中，当被询问是否愿意扩大自有种养殖基地以控制原料质量、是否愿意构建食品安全可追溯体系时，很多高管持

① 陈娟，刘永胜，肖为群．食品供应链安全风险形成的微观机理——基于计划行为理论的实证分析［J］．中国流通经济，2015（12）：67－75.

② Robert E. Investment decisions and the theory of planned behavior［J］. Journal of Economic Psychology，1993，14（2）：337－375.

③ Sommer L. The theory of planned behavior and the Impact of past behavior［J］. International Business & Economics Research Journal，2011，10（1）：91－110.

④ Kautonen T，Van Gelderen M and TornikoskiE T. Predicting Entrepreneurial Behaviour：A Test of the Theory of Planned Behaviour［J］. Applied Economics，2013，45（6）：697－707.

⑤ 李柏洲，徐广玉，苏屹．中小企业合作创新行为形成机理研究——基于计划行为理论的解释架构［J］．科学学研究，2014，32（5）：777－786.

⑥ 冯臻．企业社会责任行动实施过程影响因素实证研究——基于计划行为理论视角［J］．企业经济，2014（4）：48－51.

⑦ 赵建欣，张忠根．基于计划行为理论的农户安全农产品供给机理探析［J］．财贸研究，2007（6）：40－45.

⑧ 李乃文，马跃，牛莉霞．基于计划行为理论的矿工故意违章行为意向研究［J］．中国安全科学学报，2011（10）：3－9.

否定态度。

主观规范取决于“他人信念”，即与个人有直接利益关系的重要人物对自己行为的认可或者希望与他人意见和行为保持一致的动机。对于食品供应链企业高管而言，“他人”可能包括团队中的其他成员或同行业类似企业的高管。实地访谈中，当被询问供应商验厂审计、原材料抽检、食品添加剂使用等情况时，很多高管都声称符合法规要求、与行业惯例保持一致或在同行业中做得较好等。

感知风险行为控制与个人所感受到的内外部环境有关。对食品供应链企业高管而言，内部环境主要指食品供应链企业内部管理制度，包括企业在食品供应链风险管理方面的一系列机构设置和制度安排，以及长期形成的企业食品安全文化等；外部环境则包括食品供应链的复杂度、透明度和依赖度等结构特征和政府监管力度。一般来说，内部管理制度越严格，供应链结构越复杂，政府监管力度越大，感知风险行为控制越弱，实施食品供应链风险行为的意向就越弱。①

此外，感知风险行为控制还与食品供应链企业高管的能力和行事风格有关。研究表明，高管并不总是有足够的知识、能力和经验做出高明的决策，而是经常运用启发式偏差和框架效应的思维方式简化其决策（Tversky 和 Kahneman，1974②；Bateman 和 Zeithaml，1989③；Zajac 和 Bazerman，1991④）。启发式偏差包括可得性偏差、代表性偏差、锚定与调整偏差，具体表现为直觉推断和过度自信。Esenberg（1984）通过研究发现，高管很少使用“理性”方法思考，表现为越是遇到棘手的风险问题，越过度自信，越是依赖直觉推断。⑤ 管理者过度自信的证据在国内的相关研究中也

---

① 陈娟，刘永胜，肖为群．食品供应链安全风险形成的微观机理——基于计划行为理论的实证分析［J］．中国流通经济，2015（12）：67－75.

② Tversky A and Kahneman D. Judgment under Uncertainty：Heuristics and Biases［J］. *Science*，1974（9）：1124－1131.

③ Bateman T S，Zeithaml C P. The psychological context of strategic decisions：A model and convergent experimental findings［J］. *Strategic Management Journal*，1989，10（1）：59－74.

④ Zajac E J，Bazerman M H. Blind Spots in Industry and Competitor Analysis：Implications of Interfirm（Mis）Perceptions for Strategic Decisions［J］. *The Academy of Management Review*，1991，16（1）：37－56.

⑤ Isenberg D J. How Senior Managers Think Intuition in Managerial Decision Making［J］. *Hard Business Review*，1984（6）：80－91.

有发现（吕文栋，2014①；陈夙等，2014②；余明桂等，2013③；姜付秀等，2009④）。因而，食品供应链企业高管在采购、生产、质量控制等关乎食品安全的重要决策中，可能会采取直觉推断思维方式并表现出过度自信，凭以往经验（如违法违规经营很少被处罚或处罚很轻）和对未来结果非理性的预期（如违规经营被发现的概率很低）进行抉择，进而产生风险行为，形成食品供应链风险行为后果（简称“风险行为后果”）。

在本部分的研究中，将上述风险态度、主观规范和感知风险行为控制三个要素综合为风险认知。风险认知高，代表在态度上重视食品供应链风险，有很强的正向主观规范（即非常希望其行为得到社会的正面认可），感知风险行为控制较弱（表现为敬畏法律法规和正视自身能力不足）。并且，食品供应链制度环境影响高管的安全风险认知，同时会直接导致高管风险行为，进而形成风险行为后果（即食品供应链风险）。综合上述分析，提出假设1和假设2。

假设1：食品供应链制度环境越宽松，高管风险认知水平越低，实施风险行为的意向越强，形成风险行为后果的可能性越大。

假设2：食品供应链制度环境越宽松，高管实施风险行为的意向越强，形成风险行为后果的可能性越大。

3. 高管风险认知与普通员工风险认知：参照系理论

根据行为经济学中的参照系理论，人们对事物、问题等进行分析判断时，通常会选择参照标准作为评判依据。大量研究表明，人们通常不会过多地留意所处环境的特征，而是对自己的现状与参照标准之间的差别更为敏感（Kahneman 等，1991⑤）。锚定效应是解释这一现象的心理学基础。研究表明，在消费者决策、金融市场中的投资者行为和企业行为、企业高

① 吕文栋．管理层风险偏好、风险认知对科技保险购买意愿影响的实证研究［J］．中国软科学，2014（7）：128－138.

② 陈夙，吴俊杰．管理者过度自信、董事会结构与企业投融资风险——基于上市公司的经验证据［J］．中国软科学，2014（6）：109－116.

③ 余明桂，李文贵，潘红波．管理者过度自信与企业风险承担［J］．金融研究，2013（1）：149－163.

④ 姜付秀，张敏，陆正飞，等．管理者过度自信、企业扩张与财务困境［J］．经济研究，2009（1）：131－143.

⑤ Kahneman D，Tversky A. Loss Aversion in Riskless Choice：A Reference－Dependent Model［J］．*Quarterly Journal of Economics*，1991，106（4）：1039－1061.

管薪酬决定、审计师职业判断和政府监管等个人、企业和政府的决策行为中普遍存在锚定效应（Simonson 等，2004①；许年行等，2007②；杨明增等，2007③；郝旭光等，2014④）。

参照系理论可以用来解释食品供应链企业高管风险认知对普通员工风险认知的影响和作用。目前，我国食品加工制造企业中，中小微型民营企业占绝大多数。这些企业大多从当地招聘从事中低层管理和一线生产操作的普通员工。他们的文化程度和综合素质普遍较低，进入企业后需要进行针对性的培训、引导、指点和鼓励才能满足工作岗位要求。他们会以企业高管的一言一行作为初入企业时的第一参照。如果他们看到或感受到企业高管（层）有良心、对社会负责任，始终将食品安全放在首位，那么就会在态度和行为方面不自觉地朝着这样一个好的参照去努力，让自己的行为举止与企业形象相符，久而久之就会养成良好的食品安全操作习惯。好的行为习惯一旦被锚定，就会固化为意识上的食品安全认知。反之，如果普通员工看到或感受到的是高管（层）并不重视食品安全，而是唯利是图，出了问题就推卸责任，那么在这种坏参照的影响下，这些员工会逐渐变得态度上消极被动，行为上不负责任、违背良心，甚至违法违规操作，酿成重大食品安全事故。在这种情况下，普通员工的食品安全认知很难被培养出来，风险行为会随时产生，使企业处于很大的食品供应链风险隐患之中，即便是有外部的严格监管，也难以有效防控食品供应链风险。综上分析，提出假设 3。⑤

假设 3：食品供应链企业高管对食品供应链风险认知水平越高，普通员工对食品供应链风险认知水平也就较高，其实施风险行为的意向越弱，那么形成风险行为后果的可能性越小。

---

① Simonson I，Drolet A. Anchoring effects on consumers' willingness – to – pay and willingness – to – accept [J]. *Journal of Consumer Research*, 2004, 13: 681 – 690.

② 许年行，吴世农．我国上市公司股权分置改革中的锚定效应研究［J］．经济研究，2007（1）：114 – 125.

③ 杨明增，张继勋．审计判断中的锚定效应研究［J］．审计研究，2007（4）：43 – 47.

④ 郝旭光，佟薇．中国证券监管者心理账户、过度自信及锚定效应的关联性研究［J］．北京工商大学学报（社会科学版），2014，29（1）：102 – 110.

⑤ 陈娟，刘永胜，肖为群．食品供应链安全风险形成的微观机理——基于计划行为理论的实证分析［J］．中国流通经济，2015（12）：67 – 75.

4. 概念框架

根据上述理论分析与提出的全部假设，构建本章研究的概念框架，如图4-1所示。

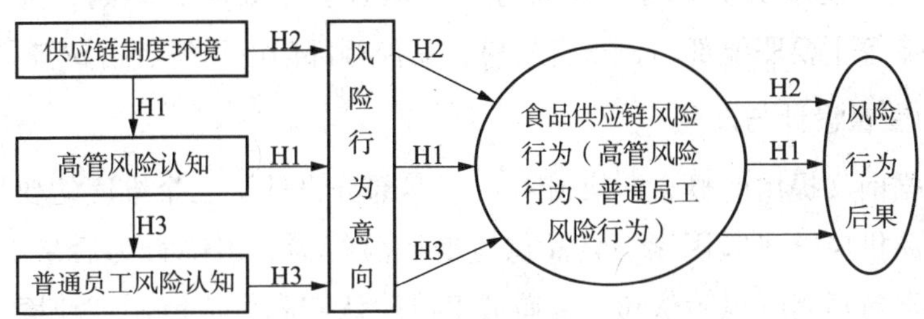

图4-1 基于高管行为的食品供应链风险形成研究的概念框架

4.2 数据获取与变量设计

1. 数据来源和研究设计

2014年6月至10月，课题组对北京、上海、太原、秦皇岛、唐山等地的食品加工制造企业进行了实地调研和问卷调查。由于相关研究领域缺少成熟的问卷作为参考，因此首先联系了北京和河南永城的四家食品加工制造企业，对这些企业的管理人员进行了深度访谈，探索性地了解食品供应链风险因素、行为表现和经济与社会后果，设计测量题项，同时参考安玉发等（2014）① 的研究成果，形成初步调查问卷。随后，针对问卷的结构、形式和内容，包括题项的文字表达等咨询了相关领域理论界和实务界的三位专家，请他们进行审核，根据专家审核意见对调查问卷进行修改和完善。接着，请北京地区的三家食品加工制造企业的管理人员进行问卷预答，根据对预答问卷的分析和预试者提供的意见，再次对问卷进行修改和完善，最后正式发放，发放对象包括样本企业的高层管理者和中层管理者。问卷调查内容涉及企业基本情况、企业风险管理机构设置、制度建设、风险管理战略、供应链风险行为、影响因素和经济与社会后果等多个方面，采用纸质问卷和电子问卷两种形式，共发放问卷459份，回收441

① 安玉发，任燕，刘畅，等. 供应链主体食品安全控制行为与政府监管研究［M］. 北京：中国农业出版社，2014：155-179.

份，其中414份有效，有效率达到90%，情况良好。本部分实证研究即以414份有效问卷为样本。从问卷填答者的职位和所在职能部门的分布来看，约31%的填答者为法人代表、经理等企业高管；69%的填答者为各职能部门负责人、技术负责人等中层管理者。填答者主要来自采购、生产、销售、物流等主要职能部门，来自质检、品控等部门的填答者占36%。

2. 变量设计与测量

根据前文提出的概念框架图4-1，本部分设计了三个维度的变量，分别是食品供应链风险因素、食品供应链风险行为和风险行为后果。其中，风险因素包括高管风险认知、普通员工风险认知和供应链制度环境三个子因素。表4-1列出了以上三个变量的测量题项数。测量题项采用李克特5点量表，食品供应链风险因素和风险行为后果题项的评分从“1-完全不同意”到“5-非常同意”，食品供应链风险行为题项的评分从“1-风险很小”到“5-风险非常大”。

表4-1 研究变量和测量题项

变量	子变量	测量题项
食品供应链风险因素（Risk Factor，RF）	高管风险认知	5
	普通员工风险认知	4
	供应链制度环境	3
食品供应链风险行为（Risk Behavior，RB）		7
风险行为后果（Risk Consequence，RBC）		7

4.3 假设检验的结果

1. 信度与效度检验

本部分的数据分析采用SPSS22.0和AMOS21.0软件。表4-2显示了各变量测量题项的标准化因素负荷量，以及各变量所组成构面的Cronbach's Alpha值、组成信度和平均方差萃取量。可以看出，所有变量的测量题项的标准化因素负荷量均在0.7以上，绝大多数大于0.8，说明测量变量具有较好的聚合效度，全部通过了聚合效度的检验。各构面的Cronbach's Alpha值和组成信度均大于0.9，平均方差萃取量均大于0.7，说明量表具有较好的信度。进一步通过验证性因子分析（CFA）以检验构

面的结构效度，结果显示模型具有可接受的结构效度（卡方/自由度 = 2.903，GFI = 0.874，AGFI = 0.844，CFI = 0.954，IFI = 0.954，RMSEA = 0.067）。

表 4-2　信度和效度

构面	测量题项	标准化因素负荷量	Cronbach's Alpha	组成信度	平均方差萃取量
高管风险认知	高管个人风险意识淡薄，不重视食品安全风险管理，没有将风险管理上升到战略高度	0.82	0.939	0.937	0.749
	高管虽然重视风险，但风险管理能力有限	0.91			
	高管认为风险管理活动增加成本负担，迫于成本压力，削减员工风险管理培训开支	0.93			
	高管没有把风险管理上升到战略高度	0.79			
	高管招聘员工时任人唯亲，不注重学历和素质	0.87			
普通员工风险认知	普通员工文化素质低，不懂食品安全相关知识	0.87	0.907	0.912	0.723
	普通员工认为食品安全是企业高层的事，与自己无关，被动接受监督，质量安全控制的主动意识不强	0.90			
	普通员工责任意识不强，道德品质存在问题	0.89			
	普通员工认为政府只监管高管，违法违规不会被检查到，很容易过关，有侥幸心理	0.73			
供应链制度环境	供应链可追溯程度低，出现食品质量安全问题难以追查到具体企业或个人	0.90	0.933	0.937	0.788
	供应链上下游企业之间缺少合作意识	0.93			
	供应链上下游企业不愿意共享信息，担心日后承担食品质量安全方面的责任	0.94			

续表

构面	测量题项	标准化因素负荷量	Cronbach's Alpha	组成信度	平均方差萃取量
食品供应链风险行为	采取废料回收再利用	0.83			
	企业很少或从不与供应链上下游企业联合开展食品安全方面的员工培训、知识竞赛等活动	0.80			
	储存环境控制不当引发原材料污染	0.86			
	缺少产品生产过程质量实时控制	0.88			
	生产加工环境没有执行卫生标准	0.84	0.949	0.950	0.732
	企业很少或几乎不对员工进行食品安全风险方面的培训、开展评优评奖活动，也很少或几乎没有因为员工违反安全方面的操作规定和制度而实施处罚甚至开除	0.95			
	企业很少或几乎不参与行业或政府部门主导的食品质量与安全方面的标准制定	0.82			
食品供应链风险行为后果	使企业市场份额、收入、利润和股价受到影响	0.85			
	使企业消耗大量人力财力应对媒体或公众施加的压力	0.89			
	使企业的声誉受到影响	0.94			
	使企业的供应链上下游关系恶化	0.90	0.962	0.964	0.791
	使企业成为主管部门监管的重点	0.91			
	使企业失去员工对企业的荣誉感、归宿感和忠诚度	0.90			
	相关管理者职务晋升受到影响	0.83			

此外，还采用哈门氏单因子法（Harman's one single factor）检验量表各个构面之间是否存在共同方法变异的问题。共同方法变异是一种系统误差，是由于数据来源单一或同样的评分者、同样的测量环境、项目语境以及项目本身特征所造成的预测变量与效标变量之间人为的共变。哈门氏单因子检定法是目前最为广泛使用的用于检验量表是否有共同方法变异的统计技术。其方法是对所有题项进行因子分析（Andersson 等，1997①；Aula-

① Andersson L M, Bateman T S. Cynicism in the workplace: Some causes and effects [J]. *Journal of Organizational Behavior*, 1997, 18 (5): 449-469.

kh 等，2000[①])，如果得到的第一个主成分的单独变异解释能力超过 50%，则说明存在共同方法变异的问题。按照上述方法，我们将全部 26 个题项的得分输入 SPSS 中进行因子分析，采用主轴因子法按初始特征值大于 1 抽取主成分，结果显示提取的 4 个主成分总解释能力达到 78.455%，其中得到的第 1 个主成分的单独解释能力为 22.366%，低于 50%。因此，本书所用的问卷量表不存在共同方法变异的问题。

2. 各构面间的相关系数

表 4－3 给出了各个构面之间的相关系数，除供应链制度环境与高管风险认知、高管风险认知与普通员工风险认知之间的相关系数略高外，其他相关系数均小于 0.5。进一步结合方差膨胀因子（Variance Inflation Factors，VIF）的检验结果，显示所有的 VIF 值均不大于 10（Neter 等，1990[②]），说明模型不存在严重的多重共线性的问题。

表 4－3　各构面间的相关系数

构面	风险后果	食品供应链风险行为	供应链制度环境	高管风险认知	普通员工风险认知
风险行为后果	1.000				
企业风险行为	0.208	1.000			
供应链环境因素	0.212	－0.051	1.000		
高管风险认知	0.386	－0.018	0.603	1.000	
普通员工风险认知	0.275	－0.073	0.479	0.705	1.000

3. 假设的验证

运用 AMOS21.0 软件，对样本数据进行 SEM 检验。根据 Aiken 和 West (1991)[③] 的建议，对所有测量变量进行了中心平均值的处理（即将原数据减去均值再除以标准差），以缓解多重共线性的问题，检验结果见表 4－4。供应链制度环境因素显著正向影响高管风险认知（$\beta = 0.67$，$p < 0.001$）。高管风险认知显著正向影响普通员工风险认知（$\beta = 0.79$，$p < 0.001$）。供

① Aulakh P S，Gencturk E F. International principal－agent relationships－control，governance and performance [J]. *Industrial Marketing Management*，2000，29 (6)：521－538.

② NeterJ，WassermanWandKunter M H. AppliedLinearStatisticalModels：regression，analysis of variance，and experimentaldesigns [M]. Boston：IRWIN Homewood，1990：406－409.

③ AikenLSand WestS G. MultipleRegression：Testing and Interpreting Interactions [M]. Newhury Park：Sage publications，Inc.，1991：28－35.

应链制度环境、高管风险认知和普通员工风险认知均与食品供应链风险行为存在显著的负相关关系（$\beta = -0.07$，$p < 0.05$；$\beta = -0.186$，$p < 0.01$；$\beta = -0.15$，$p < 0.01$）。同时，风险行为后果和食品供应链风险行为之间具有显著的正相关关系（$\beta = 0.334$，$p < 0.001$）。因此，理论模型中提出的所有3个假设都得到了数据的支持。

表4-4　结构方程模型检验结果

路径描述			Estimate	S. E.	C. R.
高管风险认知	←	供应链制度环境	0.666***	0.044	15.21
普通员工风险认知	←	高管风险认知	0.788***	0.048	16.553
食品供应链风险行为	←	普通员工风险认知	-0.15**	0.05	-2.983
食品供应链风险行为	←	供应链制度环境	-0.074*	0.036	-2.048
食品供应链风险行为	←	高管风险认知	-0.186**	0.058	-3.21
风险行为后果	←	食品供应链风险行为	0.334***	0.079	4.232

注：***为$p < 0.001$；**为$p < 0.01$；*为$p < 0.05$。

4.4　结论与启示

1. 结论

本章运用高阶理论、参照系理论对高管行为作为企业行为的代表，以及高管行为与普通员工行为的关系进行了理论阐释，并根据计划行为理论构建结构方程模型，对供应链制度环境、高管风险认知、普通员工风险认知与食品供应链风险行为、食品供应链风险行为后果（即食品供应链风险）之间的关系进行了实证分析和检验。与相关领域的现有文献相比，提供了新的理论研究视角和经验证据，是对现有食品供应链风险管理文献的有益补充。研究发现：供应链制度环境不仅直接影响食品供应链风险行为，而且通过作用于高管风险认知间接影响食品供应链风险行为。高管风险认知显著影响普通员工风险认知。高管风险认知和普通员工风险认知均显著影响食品供应链风险行为，而食品供应链风险行为与食品供应链风险行为后果（即食品供应链风险）存在显著正向关系。从影响程度看，高管风险认知对食品供应链风险行为的影响程度最高，其次是普通员工风险认知，然后才是供应链制度环境。

研究结果表明：当前我国食品供应链风险的形成主要是企业高管和普通员工的风险行为导致的，而企业高管和普通员工风险行为集合形成的食品供应链风险行为主要受高管风险态度和意识、风险管理能力和水平，以及对构建食品安全文化的重视程度等风险认知因素的影响。相比之下，供应链制度环境并不是导致食品供应链风险的主因，其对食品供应链风险行为的影响是通过高管风险认知进行传递的。[①] 这些结论对于学术界研究食品供应链风险管理问题、食品供应链企业加强供应链安全风险管理，以及政府部门监管食品安全等具有一定的借鉴意义和参考价值。

2. 启示

根据上述结论，得到如下四点启示。

第一，今后对食品安全、食品供应链风险管理等问题的研究应该更多关注特定制度环境下相关利益主体的认知、态度和行为等心理因素。现有研究对食品供应链风险因素侧重于技术和制度层面，在安全监管方面更多地强调政府的作用。然而，统计数据表明，我国食品、药品、煤矿等领域的安全事件大致符合“2∶8”原则，即大约 80% 的事故是人的不安全行为或风险行为导致的。但是学术研究中大量见到的影响因素是技术不过关、制度不严格、监管不到位等非行为因素。典型事实与理论研究之间的反差应引起学术界的重视。在研究制度性因素对食品供应链风险形成的影响时应该结合制度作用对象的个体认知。在一定历史条件和社会经济背景下，制度应该与其作用对象的认知水平具有一定的匹配性，制度过于超前或落后于作用对象的认知水平，将导致“软约束”“空激励”，甚至“负激励”。本章以食品加工制造企业为研究对象，发现了高管、普通员工风险认知与供应链制度环境因素对食品供应链风险的影响证据，未来研究还可分别以其他食品供应链利益主体为研究对象，包括政府部门、行业组织和消费者等，探索个体认知与制度因素之间的相互作用及其对食品供应链风险的影响。[①]

第二，高管（层）在企业中的特殊地位，使其风险行为成为企业风险行为的核心和基础，因而本书用高管风险行为代替企业风险行为。高管的风险行为选择以及决策中的风险取向必然影响食品供应链风险行为，作为

① 陈娟，刘永胜，肖为群．食品供应链安全风险形成的微观机理——基于计划行为理论的实证分析［J］．中国流通经济，2015（12）：67－75.

导向，也必然影响置身企业情境中的普通员工的风险行为。因此，高管的风险态度和意识、管理风格和一言一行将成为下属管理人员和一线员工的重要参照系，从而对普通员工的风险认知和行为习惯产生重要影响。因此，针对当前我国食品行业以中小微型企业为主的现状，有关各方更应该重视高管个人因素对食品供应链风险管理的影响和作用。高管应加强自身修养，注重企业长期发展，避免盈利驱动下的短视行为，培养高度的社会责任感和使命感，将食品安全作为企业安身立命之根本，以个人魅力感染和带动下属，领导企业营造良好的食品安全文化。①

第三，2015 年 10 月 1 日新修订的《食品安全法》已开始实行。尽管有“最严谨的标准，最严格的监管，最严格的处罚和最严肃问责的要求”，但这部“严刑峻法”依然受到尖锐批评，其中一个突出问题就是过于强调政府监管，而促进企业主动作为的办法较少。事实上，我国政府，特别是地方政府的实际监管能力有限，监管成本不断攀升，因此政策在实际运行中并不能较好地达到预期效果。为此，一些专家提出：厘清政府市场边界，改变长期以来以行政手段为主的监管理念和发证、检查、处罚这种简单的线性监管模式，让企业主动承担起第一责任。本章的研究可以说是对上述问题的呼应，并提供了实证支撑证据，具有一定的政策启示作用。①

第四，从长期来看，食品供应链风险治理的趋势是多方共同治理。但是当前来看，在政府监管资源和能力有限的情况下，一个比较有效的解决支点是提升企业高管的风险认知水平，促使他们做出理性的风险管理行为和决策。根据赫伯特·西蒙（1988）的研究，因受制于环境、时间和有限的认知，决策者只是具备有限理性的社会人，而不是完全理性的经济人。②因此，需要外部提供一些适当的“助推”或是“刺激”，利用或是改变他们行为中的锚定效应、认知偏差、风险偏好等固有行为模式，帮助决策者优化行为选择，提高决策效率和效果。这正是政府实施干预的理论根基。但是，政府怎样实施干预是另一个需要深入研究的重大问题。至少现在看来，我国政府一贯以来“家长式”的直接干预和“救火式”的事后干预，都是不成功的。②

---

① 陈娟，刘永胜，肖为群．食品供应链安全风险形成的微观机理——基于计划行为理论的实证分析［J］．中国流通经济，2015（12）：67－75．

② ［美］赫伯特·西蒙·管理行为——管理组织决策过程的研究［M］．北京：北京经济学院出版社，1988：78－106．

需要指出的是，本章在量表设计、样本选择和模型构建方面还存在一定的缺陷和不足。例如，样本企业主要来源于京津冀地区；在构建 SEM 时，未将企业规模、所有制性质、所处的成长周期、治理结构等企业特征因素，以及性别、年龄、受教育程度等个体特征因素作为控制或调节变量纳入实证研究中，而这些可能是影响企业食品供应链风险管理能力、资源和水平，以及员工风险认知水平的重要因素。此外，本次问卷调查的对象为企业高管和中层管理者，研究中普通员工的风险感知评分是通过管理者代为回答的，所得数据可能存在偏误。① 在接下来第 5 章的研究中，针对被调查企业的基层管理人员和一线普通员工进行了补充问卷调查，并根据研究目的调整了问卷题项。具体研究过程详见第 5 章。

4.5 本章小结

本章构建了包含食品供应链制度环境因素、食品供应链风险行为和食品供应链风险行为后果（即食品供应链风险）的 SEM，利用对食品加工制造企业的调查问卷数据，运用 AMOS 软件，实证检验了上述变量之间的关系和相互影响。研究发现：当前影响我国食品供应链风险行为和风险行为后果的主要因素是高管和普通员工的风险认知水平，供应链制度环境因素借由个人风险认知而作用于食品供应链风险行为和风险行为后果。政府需要从外部提供适当的“助推”或是“刺激”，以推动高管做出有益的行为选择。而外部“助推”和“刺激”仅靠直接干预和事后惩罚难以起到良好的成效，因此政府的监管思路应该转向加强对食品安全信息的管制，同时进一步支持和鼓励对食品可追溯技术的研发和应用，从而缩短食品供应链上下游企业之间、食品企业与最终消费者之间的地理空间距离和信息传递时间，破解食品安全监管中的信息不对称问题，借助市场机制和先进技术手段防控食品供应链风险。

① ［美］赫伯特·西蒙·管理行为——管理组织决策过程的研究［M］. 北京：北京经济学院出版社，1988：78－106.

5 基于普通员工行为视角的食品供应链风险形成的实证研究

5.1 理论基础与研究假设

1. 计划行为理论

计划行为理论自问世以来，被国内外学者广泛用于分析和预测各种组织与个人行为。在运用计划行为理论研究食品安全的现有文献方面，方凯等（2013）研究了在“公司+合作社+农户”模式下农户参与质量可追溯体系意愿的影响因素，发现对农户参与意愿有显著影响的因素为行为态度、主观规范和感知行为控制，并且主观规范对其影响最大。① 叶俊焘和胡亦俊（2010）利用对山东75位蔬菜批发市场供应商质量安全可追溯体系供给水平的调查，研究发现与行为态度和主观规范相关的因素均显著正向影响供给水平，且影响强度最高。文化程度、经营规模、收入比例和培训情况等与感知行为控制相关的因素也显著正向影响供给水平，但影响强度比较低。② 此外，赵建新和张忠根（2009）③、陈雨生等（2009）④、张婷

---

① 方凯，王厚俊，单初．“公司+合作社+农户”模式下农户参与质量可追溯体系的意愿分析［J］．农业技术经济，2013（6）：63-72.

② 叶俊焘，胡亦俊．蔬菜批发市场供应商质量安全可追溯体系供给行为研究［J］．农业技术经济，2010（8）：19-27.

③ 赵建欣，张忠根．农户安全蔬菜供给决策机制实证分析［J］．农业技术经济，2009（5）：31-38.

④ 陈雨生，乔娟，赵荣．农户有机蔬菜生产意愿影响因素的实证分析——以北京市为例［J］．中国农村经济，2009（7）：20-30.

(2012)[①]、江激宇等（2012）[②]、王建华等（2014）[③] 分别研究了农户安全蔬菜供给决策机制、农户有机蔬菜生产意愿影响机制、农户绿色蔬菜生产行为影响因素、农户蔬菜质量安全控制意愿的影响因素和农户农药残留认知及其行为意愿影响因素等。尽管具体的研究模型不尽相同，但这些研究均提供了支持计划行为理论的经验证据。

文献分析发现，食品供应链上游农户或供应商的风险行为被给予了较多的关注，而对供应链中部的食品加工制造企业的风险行为，特别是这些企业员工的风险行为，学术界的关注度还远远不够。我们认为，计划行为理论同样适用于分析和研究食品加工制造企业普通员工的风险行为。在涉及食品安全的管理活动和操作流程中，普通员工是否严格执行管理制度和遵循食品安全生产操作规范，与员工的食品供应链风险态度、主观规范和感知风险行为控制息息相关。普通员工的食品供应链风险态度取决于他们对采取有损食品供应链安全的风险行为所带来结果的信念以及对这种结果重要程度的估计。如果认为结果有利，就会对风险行为持积极态度，否则会对风险行为持消极态度。主观规范同样取决于信念，但不同的是，取决于他人（通常指有直接利益关系的人）对自己行为的认可或者希望与他人意见和行为保持一致的动机。如果员工认为实施有损食品供应链安全的风险行为（如放宽原材料抽检、超量使用食品添加剂）符合周围人的期望，或被上级领导所默许，那么就会倾向于采取这样的行为。员工感知风险行为控制与企业所处的外部监管环境、内部风险管理制度，以及长期形成的食品安全文化有很大关系。外部监管越严格，内部管理越规范，质量缺陷低容忍的食品安全文化扎根越深，那么员工感知风险行为控制就越弱，实施风险行为的意向也就越弱。有鉴于此，这里应用并拓展计划行为理论，通过对食品供应链风险行为产生过程的实证研究，说明食品供应链风险形成的微观机理。由于在问卷调查中无法直接测量和获取风险行为层面的数据，因此本部分用风险行为意向变量替代行为变量。这一做法被普遍应用

---

① 张婷．农户绿色蔬菜生产行为影响因素分析——以四川省512户绿色蔬菜生产农户为例［J］．统计与信息论坛，2012（12）：88－95．

② 江激宇，柯木飞，张士云等．农户蔬菜质量安全控制意愿的影响因素分析——基于河北省藁城市151份农户的调查［J］．农业技术经济，2012（5）：35－42．

③ 王建华，马玉婷，晁熳璐．农户农药残留认知及其行为意愿影响因素研究——基于全国五省986个农户的调查数据［J］．软科学，2014（9）：134－138．

于交通违章、煤矿安全生产、会计造假等敏感行为的研究中。

在本书中，食品供应链风险行为是指可能导致食品供应链安全风险的管理和操作行为。可以认为，食品供应链风险行为是食品供应链企业高管和普通员工风险行为的集合表现。其中高管是食品供应链企业的决策制定者，如果把企业比喻成有思想、有行动的“人”，那么高管的作用相当于企业的“大脑”，而普通员工则是企业决策的执行者，是企业的“四肢”，他们在企业组织目标的实现过程中同样发挥着重要作用。因此，如果要研究企业的行为，普通员工是不可忽视的主体。正因如此，本部分关注普通员工的管理和操作行为。普通员工界定为除董事长、总经理、副总经理之外的中低层管理人员和操作人员。

2. 研究假设

(1) 主观规范与食品供应链风险行为意向

计划行为理论中的主观规范是指重要的他人或团体对个体实施某特定行为所施加的压力，这种压力将会对个体的行为态度产生影响。后来的研究者如Cialdini 等 (1991)① 将主观规范进一步划分为个体规范（Personal Norm）、示范性规范（Descriptive Norm）和指令性规范（Injunctive Norm）。其中，个体规范对与道德有关的行为有较好的解释力（Harrison，1995)②。指令性规范是指政府颁发的法律、法规，实施的政策或表达的政策倾向，以及组织的制度等对个体实施特定行为所产生的压力。示范性规范是指在周围人际环境中，自己看重的人和团队对个体实施特定行为所产生的压力。

食品行业被称为“良心”行业。对于我国大量存在的生产自动化程度不高的小微型食品生产加工企业而言，很多生产操作程序是由人工完成的。在监督有限的情况下，操作层的普通员工是否尽心尽职地工作，很大程度上受个人良心或道德感的支配。中国社会普遍崇尚儒家思想，重视家庭，顺从父母，人际关系上表现为高权力距离特征，主要体现为晚辈对长辈、位低者对位高者的尊重和服从。地位较低的普通员工，通常不会主动关注国家的法律法规和各种政策，即便是对所在企业内部制度规范的了

---

① Cialdini R B，Kallgren C A，Reno R. A focus theory of normative conduct：a theoretical refinement and reevaluation of the role of norms in human behavior［J］. *Advances in Experimental Social Psychology*，1991，24：201－234.

② Harrison D A. Volunteer Motivation and AttendanceDecisions：Competitive Theory Testing in Multiple Samples from a Homeless Shelter［J］. *Journal of Applied Psychology*，1995，80（3)：371－385.

解，也主要是靠领导的上传下达和身边同事的耳濡目染。对食品生产加工企业里处于中低管理层和操作层的员工而言，上级领导和周围同事的食品供应链风险行为是他们的重要参照系。因此，本部分采用主观规范中的个体规范（内在规范）和示范性规范（外在规范），并提出如下假设。

假设1a：普通员工在食品安全方面的个体规范越强烈，即主观和内在心理上非常重视亲朋、领导、同事等对自己行为的认可和支持程度，并且认为他们强烈反对其从事有损食品供应链安全的风险行为，那么其实施食品供应链风险行为的意向就越弱。

假设1b：示范性规范对普通员工食品供应链风险行为意向具有正向影响，即上级领导和身边同事越是在态度和行为上表现出对食品供应链风险行为的偏好或倾向，那么普通员工对做出食品供应链风险行为的态度越积极，实施食品供应链风险行为的意向也就越强烈。

（2）行为态度在主观规范与风险行为意向之间的中介作用

行为态度是人们持有的对做出特定行为所产生后果的正面或负面预期，取决于个体对行为结果的主要信念以及对结果重要程度的估计。心理学研究普遍认为，态度是基于认知的心理反应倾向，具有认知、情感和行动三种成分。可见，个体对特定行为的认知，即主观规范，不仅直接影响个体实施该特定行为的意向，并且通过行为态度的中介和传递作用间接影响行为意向。个体首先在心理和认知上形成赞成或偏好某种特定行为的暗示，然后对行为结果形成正面预期，持有积极态度，并逐渐形成强烈的行为意向，最后一旦条件允许或时机成熟，就付诸行动。尽管在计划行为理论中并没有说明态度是中介变量，但态度确实对主观规范和知觉行为控制存在中介作用，并且黄义俊等（2006）① 在应用计划行为理论对女性创业问题进行研究时证实了这一点。据此提出如下假设。

假设2：个体规范和示范性规范通过风险行为态度的中介作用间接影响普通员工的食品供应链风险行为意向。同时，风险行为态度正向影响风险行为意向。即普通员工越是对实施食品供应链风险行为的结果持有正面的预期（如实施食品供应链风险行为可以让自己工作上偷懒、更轻松；或是因为减少了程序可以给企业节省成本，进而带来个人利益，等等），其

---

① 黄义俊，郑时宜，刘德芳．以计划行为理论探讨女性创业之意向——飞雁学员之实证研究［A］．创新、整合与应用研讨会［C］．高雄：树德科技大学出版社，2006：46－55.

实施食品供应链风险行为的意向就越强烈。

（3）过去行为与食品供应链风险行为意向

计划行为理论提供了一个分析和预测个体与组织行为的一般框架，Ajzen（1985）建议在应用计划行为理论的分析框架进行不同领域的研究时，可以加入其他变量来提高预测能力①。很多文献都使用了过去行为这个变量（Goles 等，2008②；Forward，2009③；Maurer 等，2003④；李乃文等，2011⑤），用来了解过去行为是否影响未来行为意愿。这些研究发现，当行为者从过去行为中感觉获得了利益，则他在态度上会更偏爱该行为，从而会增加他重复该行为的意向。尤其是对处于中低管理层和操作层的员工，在企业内外部环境没有发生巨大变化的情况下，他们倾向于按照习惯或一贯的做法按部就班地工作。因此，食品生产加工企业的普通员工如果在过去曾经甚至习惯性地发生过食品操作不合规甚至违规等食品供应链风险行为，并且没有受到处罚或者受到的处罚较轻，那么态度上对实施类似行为将会形成路径依赖，进而在当前或未来实施类似行为的意向就会越强烈，实施这类行为的可能性也就会越大。据此提出如下假设。

假设3：普通员工过去的风险行为正向影响他们当前和未来的风险行为意向。

（4）感知风险行为控制的调节作用

根据计划行为理论，尽管在很多情形下，主观规范和态度足以决定行为意图，然而，如果个体认为因缺乏能力、资源或时间而难以控制行为，那么无论主观规范或态度如何，他的行为意图都会降低。如一个有三十多年抽烟恶习的人，非常希望戒烟（态度积极），而且知道亲朋好友、同事

---

① Ajzen I. From intentions to actions: A theory of planned behavior [A]. Kuhl J & Beckmann J. Action – control: From cognition to behavior [C]. Heidelberg: Springer, 1985: 11 – 39.

② Goles T, Jayatilaka B, George B, et al. Soft lifting: Exploring determinants of attitude [J]. *Journal of Business Ethics*, 2008, 7 (4): 481 – 499.

③ Forward S E. The theory of planned behavior: The role of descriptive norms and past behavior in the prediction of drivers' intentions to violate [J]. *Transportation Research Part F*: Traffic Psychology and Behavior, 2009, 12 (3): 198 – 207.

④ Maurer T J, Weiss E M, Barbeite F G. A model of involvement in work – related learning and development activity: The effects of individual, situational, motivational, and age variables [J]. *Journal of Applied Psychology*, 2003, 88 (4): 707 – 724.

⑤ 李乃文，马跃，牛莉霞. 基于计划行为理论的矿工故意违章行为意向研究 [J]. 中国安全科学学报，2011 (10): 3 – 9.

这些对他而言重要的人也赞同他戒烟，他也想做成这件事情让他们高兴（主观规范），但经过一段时间的尝试之后，他意识到抽烟的习惯已经根深蒂固，欲罢不能，于是失去了信心，觉得自己没有能力成功戒烟（感知行为控制低）。因此，尽管有积极的态度和正面的主观规范，这个人可能还是会放弃戒烟。

在食品供应链风险这个问题上，假设某个普通员工对实施食品供应链风险行为具有正面的态度，即认为实施有损食品供应链安全的风险行为是不道德的，长期将会给企业和个人带来经济上和声誉上的损失，也会给自己造成良心不安。同时，他也知道亲朋好友不希望他发生食品供应链风险行为。而且，他身边人给他树立了很好的榜样。按理，在这种情况下，他实施风险行为的意向应该是比较弱的。然而，如果他感觉到自己实施风险行为很容易，没有监督，没有惩罚或惩罚较轻，而且省时省力，那么他很有可能还是会实施这些风险行为。此时，态度和主观规范对行为意向的影响就被削弱了。由此提出如下假设。

假设4a：普通员工的主观规范对其食品供应链风险行为意向的影响，包括通过风险行为态度中介作用的影响，将受其感知风险行为控制的负向调节。感知风险行为控制越强，主观规范对风险行为态度和风险行为意向的作用越弱。

假设4b：普通员工过去的风险行为对其食品供应链风险行为意向的影响受其感知风险行为控制的负向调节。感知风险行为控制越强，过去风险行为对风险行为意向的作用越弱。

根据上述理论分析和提出的研究假设，形成本章研究的分析框架，如图5－1所示。

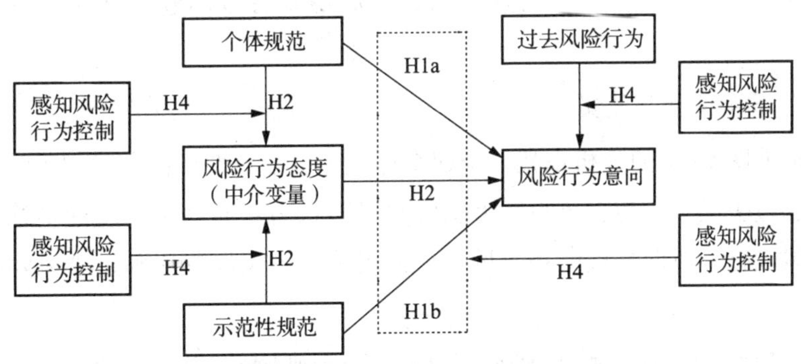

图5－1　基于普通员工行为视角的食品供应链风险形成分析框架

5.2 数据来源与变量描述

1. 问卷设计与数据采集

本书所用数据来源于2015年6月至2015年8月期间由课题组针对北京、上海、太原、葫芦岛、唐山等地食品加工制造企业的普通员工开展的问卷调查。

在调查问卷设计方面，遵循了 Ajzen（1985）① 关于如何根据计划行为理论进行问卷设计的指导性建议，同时借鉴了国内外计划行为理论文献常用的指标和测量题项。国内外计划行为理论文献常用的指标包括主观规范、感知行为控制、行为态度、行为意向和行为等变量，每个变量采用若干题项进行测量。本章根据研究需要和研究的具体问题，将主观规范分为个体内在规范和示范性规范，增加了过去风险行为变量，由于食品供应链风险行为无法直接测量，因此舍弃了风险行为变量，仅用风险行为意向变量。此外，调查问卷还涉及被调查者性别、年龄、婚姻状况、学历、工作年限、宗教信仰等人口统计学指标。在发放正式调查问卷前，首先选择北京地区若干食品加工制造企业，随机选择20名一线普通员工进行了预测试。根据预测试样本的填答情况，考虑到食品安全问题的敏感性，对一些题项的措辞进行了润色，又聘请三位相关领域的理论界和实务界专家对问卷进行了审核。最后，适当打乱问卷题项的排列顺序，形成了正式调查问卷。所有测量题项采用10分的打分量表，从“1－完全不同意”到“10－非常同意”。采用纸质问卷和电子问卷两种形式，共发放450份问卷，回收450份，剔除有缺失项的样本后，最后得到有效问卷359份，有效率为80%。

2. 研究变量与测量

根据图5－1的分析框架，构建个体规范、示范性规范、感知风险行为控制、过去风险行为、风险行为态度和风险行为意向六个维度的指标。其中，风险行为意向是被解释变量，个体规范、示范性规范和过去风险行为

① Ajzen I. From intentions to actions: A theory of planned behavior [A]. Kuhl J & Beckmann J. Action－control: From cognition to behavior [C]. Heidelberg: Springer, 1985. 11－39.

是解释变量，风险行为态度为中介变量，感知风险行为控制是调节变量。研究变量及其测量见表5－1。

表5－1　研究变量和测量题项

变量	测量题项
个体规范 SB	SB1：我的亲人强烈反对我在从事食品行业相关工作中漫不经心、不负责任，甚至不合规操作
	SB2：我的好友强烈反对我在从事食品行业相关工作中漫不经心、不负责任，甚至不合规操作
	SB3：我的领导和同事会鄙视我，如果我在从事食品行业相关工作中漫不经心、不负责任，甚至不合规操作
示范性规范 EB	EB1：在工作中，我发现我的上级也会实施一些可能影响食品质量安全的生产和管理行为
	EB2：在工作中，我发现我的同事也会实施一些可能影响食品质量安全的生产和管理行为
感知风险行为控制 PBC	PBC1：我相信就算我偷懒，或者因为心情不好等情绪上的原因，工作上漫不经心、不负责任，甚至不合规操作，也不会被领导发现
	PBC2：我认为，即使做得不好被领导发现了，也顶多被批评几句，不会对我造成实质性的影响（如不会影响到我的工资、奖金、福利和晋升）
	PBC3：我认为，即使表现不好被现在的单位开除了，我也不难在其他食品企业或非食品企业找到新工作
	PBC4：在工作中，我有资源（时间、时机、工具）不完全履行操作程序和遵守相关要求
	PBC5：对我而言，偷懒、不按规定操作比较容易做到
过去风险行为 PB	PB1：我以前工作中曾经不按规定程序和要求操作
	PB2：工作中会不自主地发生一些习惯性的不合规操作行为
风险行为态度 AT	AT1：工作中漫不经心、不按规定程序和要求操作会损害食品质量，危及食品质量安全
	AT2：我如果不按照规定程序和要求进行生产操作，可能会受到处罚
	AT3：我如果不按照规定程序和要求进行生产操作，会使我良心不安
风险行为意向 BI	BI1：在今后的工作中，我有可能不按操作规则进行工作
	BI2：在今后的工作中，我有可能减少操作程序
	BI3：在今后的工作中，我有可能违反操作制度

5.3 样本描述性统计分析

被调查人员性别比例比较均衡，女性略多于男性；年龄主要集中在30~40岁，即中年人为主；已婚占80%；专科及以下学历的样本超过一半，但是本科学历的人数也占到了约44%。被调查人员主要为操作人员、辅助管理人员和一般管理人员，即操作人员和较低层次的管理人员，在本部分均被归为普通员工。被调查人员工作年限10年以内的占81%，主要来自企业的生产部门和销售部门，占72%；有宗教信仰的样本仅占6.96%。具体见表5-2。

表5-2 样本人口统计学变量描述性统计分析

控制变量	定义	数值	样本数或频率	比率或频率（%）
性别	男性	1	170	47.35
	女性	2	189	52.65
年龄	20~30岁	1	85	23.68
	31~40岁	2	186	51.81
	41~50岁	3	74	20.61
	51岁以上	4	14	3.90
婚姻状况	已婚	1	289	80.50
	未婚	2	70	19.50
学历	专科及以下	1	189	52.65
	本科	2	157	43.73
	研究生	3	13	3.62
岗位	普通员工	1	116	32.31
	辅助管理人员	2	106	29.53
	一般管理人员	3	137	38.16
工作年限	5年以内	1	146	40.67
	6~10年	2	147	40.95
	10~20年	3	54	15.04
	20年以上	4	12	3.34

续表

控制变量	定义	数值	样本数或频率	比率或频率（%）
工作部门	采购部门	1	55	15.32
	生产部门	2	154	42.90
	销售部门	3	105	29.25
	物流部门	4	26	7.24
	其他	5	19	5.29
宗教信仰	有	1	25	6.96
	无	2	334	93.04

5.4 假设检验

根据图5－1的分析框架，构建SEM，数据处理和分析使用SPSS22.0和AMOS21.0软件，所有数据进行了均值方差标准化处理。对数据进行多元正态性检验，结果见表5－3。所有变量综合的临界比值为51.924，接近可接受水平50，说明数据基本不存在严重的多元非正态问题，基本符合模型对数据分布的要求。

表5－3 样本数据多元正态性检验结果

观测变量	最小值	最大值	偏度	临界比	峰度	临界比
ZEB2	-1.484	2.55	0.456	3.528	-0.333	-1.288
ZEB1	-1.467	2.29	0.216	1.673	-0.713	-2.759
ZPB1	-1.359	2.003	0.136	1.05	1.243	-4.807
ZPB2	-1.534	2.005	-0.017	-0.128	-1.193	-4.614
ZBI3	-1.264	2.356	0.272	2.103	-1.01	-3.906
ZBI2	-1.304	2.331	0.237	1.832	-1.02	-3.944
ZBI1	-1.349	2.463	0.161	1.249	-1.146	-4.431
ZAT4	-0.841	1.921	0.843	6.519	-0.757	-2.929
ZAT3	-0.983	1.763	0.609	4.707	-1.063	-4.11
ZAT1	-0.999	1.899	0.76	5.877	-0.7	-2.707
ZSB3	-1.163	1.989	0.622	4.815	-0.775	-2.996
ZSB2	-1.182	1.848	0.526	4.068	-0.857	-3.313
ZSB1	-1.124	1.884	0.605	4.677	-0.805	-3.114
Multivariate					108.24	51.924

1. 信度与效度检验

如表5－4所示，各个构面的Cronbach's Alpha值大于0.8，组成信度大于0.8，平均方差萃取量大于0.5，说明所有变量都具有良好的信度和效度。聚合效度用于测度变量的同一性，可以用标准化因子载荷加以判别。[①]由于个体规范、示范性规范、过去风险行为、风险行为态度和风险行为意向这5个构面的因子载荷都高于0.60，因而这5个因子全部通过了聚合效度检验。需要说明的是，表5－4中没有出现感知风险行为构面，这是因为本部分将感知风险行为作为调节变量，并采用群组比较法检验调节效应（详见后文的调节效应检验部分），因此感知风险行为控制变量没有出现在SEM路径图中。但是，SPSS可靠性分析结果显示，感知行为控制构面的Cronbach's Alpha值为0.765，属于可接受的水平，说明感知行为控制构面的测量模型具有较好的信度。

表5－4 信度和效度

构面	指标	标准化因素负荷量	Cronbach's Alpha	组成信度	平均方差萃取量
个体规范	我的亲人强烈反对我在从事食品行业相关工作中漫不经心、不负责任，甚至不合规操作	0.818	0.883	0.889	0.729
	我的好友强烈反对我在从事食品行业相关工作中漫不经心、不负责任，甚至不合规操作	0.932			
	我的领导和同事会鄙视我，如果我在从事食品行业相关工作中漫不经心、不负责任，甚至不合规操作	0.806			
示范性规范	在工作中，我发现我的上级也会实施一些可能影响食品质量安全的生产和管理行为	0.890	0.883	0.883	0.790
	在工作中，我发现我的同事也会实施一些可能影响食品质量安全的生产和管理行为	0.887			

① 陈娟，刘永胜，肖为群．食品供应链安全风险形成的微观机理——基于计划行为理论的实证分析［J］．中国流通经济，2015（12）：67－75.

续表

构面	指标	标准化因素负荷量	Cronbach's Alpha	组成信度	平均方差萃取量
过去风险行为	我以前工作中曾经不按规定程序和要求操作	0.965	0.956	0.956	0.916
	工作中会不自主地发生一些习惯性的不合规操作行为	0.949			
风险行为态度	工作中漫不经心、不按规定程序和要求操作会损害食品质量，危及食品质量安全	0.814	0.878	0.879	0.707
	我如果不按照规定程序和要求进行生产操作，可能会受到处罚	0.838			
	我如果不按照规定程序和要求进行生产操作，会使我良心不安	0.870			
风险行为意向	在今后的工作中，我有可能不按操作规则进行工作	0.950	0.949	0.950	0.863
	在今后的工作中，我有可能减少操作程序	0.915			
	在今后的工作中，我有可能违反操作制度	0.920			

利用AMOS21.0进行验证性因子分析（CFA），以检验构面的结构效度。结果显示：模型卡方/自由度指标接近可接受水平（小于等于3），其他配适度指标均在理想值和可接受水平的范围（卡方/自由度＝3.068，GFI＝0.932，AGFI＝0.889，CFI＝0.972，IFI＝0.972，TLI＝0.961，RMSEA＝0.076，SRMR＝0.0351），说明模型配适度良好，具有较好的结构效度。

本书还利用哈门氏单因子法（Harman's one single factor）检验构面是否有共同方法变异的问题。哈门氏单因子检定法是目前最为广泛使用的用于检验量表是否有共同方法变异的统计技术。一般的做法是对所有题项进行因子分析（Andersson 等，1997①；Aulakh 等，2000②；Greene 等，

① Andersson L M，Bateman T S. Cynicism in the workplace：Some causes and effects［J］. *Journal of Organizational Behavior*，1997，18（5）：449－469.

② Aulakh P S，Gencturk E F. International principal－agent relationships－control，governance and performance［J］. *Industrial Marketing Management*，2000，29（6）：521－538.

1973①；Organ 等，1981②；Schriesheim，1979③)，如果得到的第一个主成分的单独变异解释能力超过50%，则说明存在共同方法变异的问题。按照上述方法，本书将全部 18 个题项（包括感知行为控制构面的 5 个题项）输入 SPSS 中进行因子分析，采用主轴因子法按初始特征值大于 1 抽取主成分，结果显示提取的 3 个主成分总解释能力达到 75. 545%，得到的第 1 个主成分的解释能力为 31. 693%，低于 50%。这说明所用问卷不存在共同方法变异的问题。

2. 各构面间的相关系数

表 5 -5 给出了各构面间的相关系数。

表 5 -5　各构面间的相关系数

构面	风险行为意向	风险行为态度	感知行为控制	主观规范	过去行为	外在规范
风险行为意向	1. 000					
风险行为态度	0. 364	1. 000				
感知行为控制	0. 402	0. 712	1. 000			
主观规范	0. 109	0. 555	0. 407	1. 000		
过去行为	0. 748	0. 119	0. 092	0. 034	1. 000	
外在规范	0. 564	0. 413	0. 556	0. 213	0. 490	1. 000

从各构面之间的相关系数看，除了风险行为态度与感知风险行为控制，以及过去风险行为与风险行为意向之间的相关系数较高外，其他构面之间的相关系数均在合理范围。进一步结合方差膨胀因子（Variance Inflation Factors，VIF）的检验结果，所有的 VIF 值均不大于 10（Neter 等，1990④)，说明模型不存在严重的多重共线性的问题。⑤

① Greene C N，Organ D W. An evaluation of causal models linking the perceived role with job satisfaction [J]. *Administrative Science Quarterly*，1973，18 (1)：95 -103.

② Organ D W，Greene C N. The effects of formalization on professional involvement：A compensatory process approach [J]. *Administrative Science Quarterly*，1981，26 (2)：237 -252.

③ Schriesheim C A. The similarity of individual directed and group directed leader behavior descriptions [J]. *Academy of Management Journal*，1979，22 (2)：345 -355.

④ Neter J，Wasserman W and Kunter M H. Applied Linear Statistical Models：regression，analysis of variance，and experimental designs [M]. Boston：IRWIN Homewood，1990. 406 -409.

⑤ 陈娟，刘永胜，肖为群. 食品供应链安全风险形成的微观机理——基于计划行为理论的实证分析 [J]. 中国流通经济，2015 (12)：67 -75.

3. SEM 变量间回归系数表与模型拟合

表 5－6 说明，主观规范中的示范性规范对风险行为意向的标准化路径系数为 0.161，并且达到 1% 的统计显著性水平，而个体规范对风险行为意向不存在统计上的显著影响。据此，本书假设 1b 得到支持，而假设 1a 未得到支持。过去风险行为对风险行为意向的标准化路径系数为 0.643，并且达到 1% 的统计显著性水平，据此假设 3 得到支持。

表 5－6　SEM 变量间回归系数

路径				非标准化系数	标准误	临界比	标准化路径系数	P 值
结构模型	风险行为态度	←	个体规范	0.757	0.059	12.849	0.761	***
	风险行为态度	←	示范性规范	0.152	0.041	3.725	0.166	***
	风险行为意向	←	风险行为态度	0.296	0.093	3.187	0.254	0.001
	风险行为意向	←	过去风险行为	0.631	0.044	14.224	0.643	***
	风险行为意向	←	示范性规范	0.172	0.053	3.25	0.161	0.001
	风险行为意向	←	个体规范	-0.044	0.088	-0.495	-0.038	0.62
测量模型	ZSB1	←	个体规范	1			0.819	
	ZSB2	←	个体规范	1.139	0.052	21.825	0.932	***
	ZSB3	←	个体规范	0.985	0.059	16.811	0.806	***
	ZAT1	←	风险行为态度	1			0.815	
	ZAT2	←	风险行为态度	1.028	0.058	17.802	0.838	***
	ZAT3	←	风险行为态度	1.068	0.058	18.516	0.87	***
	ZBI1	←	风险行为意向	1			0.951	
	ZBI2	←	风险行为意向	0.963	0.03	32.231	0.915	***
	ZBI3	←	风险行为意向	0.968	0.029	33.308	0.92	***
	ZPB2	←	过去风险行为	1			0.966	
	ZPB1	←	过去风险行为	0.982	0.03	32.676	0.948	***
	ZEB1	←	示范性规范	1			0.89	
	ZEB2	←	示范性规范	0.997	0.061	16.28	0.887	***

注：* 表示 P 值小于 0.05，拟合结果显著；** 表示 P 值小于 0.01，拟合结果显著；*** 表示 P 值小于 0.001，拟合结果显著。

4. 中介效应检验

SEM 中，检验中介效应的方法通常有三种：逐步因果法（Baron 和

Kenny，1986）①、Sobel 检验（Sobel，1982②，1986③）和信赖区间法（Bootstrapping）（Bollen 和 Stine，1990④；Lockwood 和 MacKinnon，1997⑤），其中 Bootstrapping 方法的检验力最强（Hayes，2009）⑥。因此，本部分采用信赖区间法检验“风险行为态度”的中介效用是否存在，结果如表 5－7 所示。

表 5－7　风险行为态度的中介效应检验

变量	总效应、间接效应与直接效应	点估计值	标准误 SE	Z	Bootstrapping			
					Bias－corrected 95%置信区间		Percentile 95%置信区间	
					95%		95%	
					Lower	upper	Lower	upper
示范性规范→风险行为意向	总效应	0.217	0.068	3.191	0.097	0.363	0.100	0.370
示范性规范→风险行为意向	间接效应	0.045	0.022	2.045	0.012	0.108	0.007	0.094
示范性规范→风险行为意向	直接效应	0.172	0.069	2.493	0.053	0.329	0.055	0.331
个体规范→风险行为意向	总效应	0.18	0.055	3.273	0.078	0.290	0.074	0.287
个体规范→风险行为意向	间接效应	0.224	0.099	2.263	0.047	0.444	0.042	0.432
个体规范→风险行为意向	直接效应	－0.044	0.119	－0.370	－0.294	0.183	－0.294	0.183

信赖区间法通过观察信赖区间是否包含 0，判断各种效应是否存在；如果不包含 0，说明相应的效应存在。具体检验步骤是：首先检验总效应是否存在，若存在，表示可能存在中介效应；若不存在，则说明也不存在

① Baron R M，Kenny D A. The moderator－mediator variable distinction in social psychological research：Conceptual，strategic，and statistical considerations［J］. *Journal of Personality and Social Psychology*，1986，51（6）：1173－1182.

② Sobel M E. Aysmptotic confidence intervals for indirect effects in structural equation models［A］. In S. Leinhardt（Ed.），Sociological Methodology［C］. San Francisco：Jossey－Boss，1982. 290－212.

③ Sobel M E. Some new results on indirect effects and their standard errors in covariance structure models［A］. In N. Tuma（Ed.），Sociological Methodology［C］. Washington，DC：American Sociological Association，1986. 159－186.

④ Bollen K A & Stine R. Direct and indirect effects：Classical and bootstrap estimates of variability［J］. *Sociological Methodology*，1990，20：115－140.

⑤ Lockwood C M & MacKinnon D P. Bootstrapping the standard error of the mediated effect［A］. Proceedings of the 23rd Annual Meeting of the SAS Users Group International［C］. Cary，NC：SAS Institute，Inc.，1997. 997－1002.

⑥ Hayes A F. Beyond Baron and Kenny：Statistical Mediation Analysis in the New Millennium［J］. Communication Monographs，2009，76（4）：408－420.

中介效应。其次检验间接效应，若信赖区间不包含0，说明存在中介效应。最后检验直接效应，如果小于总效应，并且显著，说明模型为部分中介效应；如果不显著，则为完全中介效应。此外，如果直接效应与间接效应之和小于总效应，则为压抑效应（Suppression）。

表5-7显示，示范性规范到风险行为意向路径的总效应和间接效应均存在，直接效应点估计值为0.172，小于总效应的点估计值0.217，并且直接效应显著，说明示范性规范对风险行为意向为部分中介效应，个体规范到风险行为意向路径的总效应和间接效应均存在，但是直接效应的信赖区间包括0，不显著，且点估计值为负，说明个体规范对风险行为意向为完全中介效应。结合表5-6所揭示的个体规范和示范性规范均在1%的统计显著性水平上对风险行为态度具有影响，据此，假设2得到支持。

5. 调节效应检验

采用群组比较法检验感知风险行为控制变量的调节效应。首先，计算感知风险行为控制变量5个测量题项的平均分，按平均分从低到高排序。然后，根据27%和73%分位数，将样本分为三个区间。最低分到27%分位数区间为感知风险行为控制低分组，73%分位数到最高分区间为感知风险行为控制高分组。原假设为两个群组的所有SEM路径系数在统计上没有显著差异。在AMOS中分别对低分组和高分组执行SEM，并进行群组间的模型比较。模型比较结果见表5-8。感知风险行为控制高分组和低分组的SEM统计结果见表5-9和表5-10。

P值显著，拒绝原假设，说明感知风险行为控制高分组和低分组在模型路径参数上存在统计上的显著差异，感知风险行为控制变量的调节效应存在，据此假设4得到支持。

表5-8 感知风险行为控制群组间的模型比较结果

Model	DF	CMIN	P	NFI Delta-1	IFI Delta-2	RFI rho-1	TLI rho2
moderator	6	42.736	0.000	0.017	0.018	0.014	0.015

表5-9 SEM变量间回归系数（感知风险行为控制高分组）

			Estimate	S. E.	C. R.	P	Label
风险行为态度	←	个体规范	0.28	0.107	2.624	0.009	High6
风险行为态度	←	示范性规范	0.055	0.083	0.667	0.505	High4

续表

			Estimate	S. E.	C. R.	P	Label
风险行为意向	←	行为态度	-0.027	0.172	-0.158	0.875	High1
风险行为意向	←	过去风险行为	0.346	0.096	3.616	***	High5
风险行为意向	←	示范性规范	0.252	0.08	3.143	0.002	High2
风险行为意向	←	个体规范	-0.04	0.091	-0.442	0.658	High3

表 5-10　SEM 变量间回归系数表（感知风险行为控制低分组）

			Estimate	S. E.	C. R.	P	Label
风险行为态度	←	个体规范	0.876	0.089	9.813	***	Low6
风险行为态度	←	示范性规范	0.345	0.116	2.986	0.003	Low4
风险行为意向	←	行为态度	0.342	0.187	1.828	0.068	Low1
风险行为意向	←	过去风险行为	0.689	0.086	8.029	***	Low5
风险行为意向	←	示范性规范	0.001	0.132	0.006	0.995	Low2
风险行为意向	←	个体规范	-0.044	0.185	-0.24	0.811	Low3

比较表 5-9 和表 5-10，对感知风险行为控制高分组和低分组，个体规范对风险行为态度、过去风险行为对风险行为意向均存在统计上的显著影响（P 值小于 0.01）。在影响程度上，感知风险行为控制低分组的非标准化路径系数（0.876，0.689）明显大于感知风险行为控制高分组的非标准化路径系数（0.28，0.346）。而示范性规范对风险行为态度和风险行为意向的影响在两个群组出现了差异，表现在：针对高分组，示范性规范对风险行为意向的影响显著（非标准化路径系数为 0.252，P 值等于 0.002），对风险行为态度的影响不显著；而针对低分组，示范性规范对风险行为态度的影响显著（非标准化路径系数为 0.345，P 值等于 0.003），对风险行为意向的影响不显著。

对上述统计结果的解释是，感知风险行为控制衡量普通员工所感知到的实施食品供应链风险行为的难易程度，某种程度上反映了企业食品供应链风险管理制度是否健全和有效。根据量表题项设计，感知风险行为控制变量得分越高，代表个体感受到实施风险行为比较容易，说明企业的相关风险管理制度较为薄弱。在这种情况下，制度环境对普通员工的风险行为约束力较弱，容易诱发普通员工在工作中产生懈怠、偷懒、应付和敷衍的心理，从而发生不合规范，甚至不负责任的行为；而个体规范、示范性规范等个体道德层面、心理层面的因素对普通员工风险行为态度和意向的影响被弱化了，正所谓“橘生淮南则为橘，橘生淮北则为枳”。在约束力较弱的宽松制度环境下，即便是那些道德水准较高、接受教育程度较高、与良友为伴的普通员工，其实施食品供应链风险行为的可能性也比较高。并且，只要发现领导和身边同事有食品供应链风险行为倾向，普通员工就会直接产生迎合风险行为的冲动，而不经由态度上的价值判断，所以表现为示范性规范对风险行为产生直接的显著影响，而对风险行为态度的影响不显著。相比之下，感知风险行为控制变量得分越低，代表个体感受到实施风险行为比较困难，说明企业具有较为严格的风险管理制度或较强的食品安全文化。在这种情况下，制度环境对普通员工的风险行为约束力较强，此时，个体对风险行为的态度和实施风险行为的意向将更多地受到与个体认知、情感和经历等相关的个体规范和过去风险行为的影响。周围重要人的态度和行为等示范性规范也主要是影响行为态度，而不是直接影响行为意向。综上所述，假设 4 得到支持，即感知风险行为控制对模型整体具有负向调节作用。

5.5 结论与启示

1. 结论

本部分根据计划行为理论，构建 SEM，利用 359 份针对食品供应链企业基层管理者和普通员工的问卷调查数据，实证检验了主观规范（细分为个体规范和示范性规范两个子维度）、风险行为态度、过去风险行为和感知风险行为控制对食品供应链风险行为意向的影响。在研究设计上，不同于现有的以规范性研究和政策研究为主的食品安全领域的研究，本部分从行为视角对食品供应链风险形成的微观机理进行了实证性研究，提供了有参考价值的经验证据。同样，不同于现有建立在计划行为理论基础上的相关领域的实证研究，本部分是少有的将感知风险行为控制作为调节变量，并采用群组比较法检验调节效应，以及采用信赖区间法检验风险行为态度中介效应的实证性研究。

本章研究发现，主观规范两个子维度，即个体规范和示范性规范，对食品供应链风险行为意向的作用路径存在差异。示范性规范，即直接或上级领导和身边同事的风险行为既直接影响普通员工的风险行为意向，也借助风险行为态度的中介作用间接影响普通员工的风险行为意向。而个体规范对普通员工的风险行为意向并不产生直接影响，只是借助风险行为态度的中介作用间接影响普通员工的风险行为意向。也就是说，风险行为态度对个体规范发挥完全中介作用，而对示范性规范发挥部分中介作用。感知风险行为控制在个体规范、示范性规范对风险行为态度和风险行为意向，以及过去风险行为对风险行为意向的影响过程中发挥负向调节作用，较强的感知风险行为会削弱个体规范、示范性规范对风险行为态度和风险行为意向，以及过去风险行为对风险行为意向的影响。

2. 启示

由上述结论得到如下三点启示：

（1）普通员工的风险行为是导致食品供应链风险的重要因素。而风险行为又同时受个体因素（态度、主观规范和过去风险行为）和个体所处环境（感知风险行为控制）的影响。从行为视角看，防控食品供应链风险关键在于预测和改变普通员工的风险行为。目前大多数关于食品安全管理的文献侧重于技术和制度层面，包括制度上严格准入，加强过程监管和事后的问题产品召回、追责与惩治，技术上建立必要的程序、良好操作规范、HACCP 体系和食品可追溯体系等。强调技术和制度保障的食品安全管理体系是基于流程的系统。尽管技术和制度保障对食品安全管理都很重要，但是采取这种方式构建食品安全管理体系的最大缺陷是忽视了这些流程对员工的思想和行为产生的影响。试想，我们可以建立很完备的食品安全流程及标准，但是如果人们不能自愿自觉地将此付诸实践，那么它们将一无所用。因此，要提高食品供应链安全水平，既要强调食品安全科学，加强食品安全监管，又要强调食品安全文化和人类行为。综上所述，应该建立一个同时关注流程和人的“行为导向的食品安全风险管理体系”，即一个建立在对人的行为、企业食品安全文化以及食品安全的科学认知基础上的体系。

（2）本章的实证研究支持了食品供应链风险行为态度的中介效应和感知风险行为控制的调节效应。即普通员工在食品供应链风险方面的主观规范影响其风险行为态度，进而影响其风险行为意向，而且这一影响的方向和程度受感知风险行为控制的调节。因此，要想改变普通员工的食品供应链风险行为，最直接有效的是改变他们的风险行为态度，并通过个体规范

的道德力量、示范性规范的榜样作用，以及有效的食品安全风险管理制度和良好的食品安全文化所发挥的制度激励与约束作用，去强化他们的风险行为态度。

在发挥个体规范的道德力量方面，政府应该责无旁贷地肩负起提升全民食品安全认知的责任，只有让每个公民都意识到食品安全对自己、对家人、对他人生命与健康的重要性，全社会才会建立起一个安全生产和消费食品的良性环境。为了做到这一点，政府应该加强全民食品安全教育，从幼儿园开始，在小学、中学和大学，分阶段循序渐进地开设食品安全方面的通识课程，举办相关讲座和展览，等等。通常在发生食品安全问题和严重食品安全事故后，被提及较多的原因是“员工培训不足”。实际上，教育是比培训更有效的，更为根深蒂固的，能够帮助人们形成稳固的态度和价值观的手段。食品安全教育侧重于告诉人们食品安全为什么重要，而食品安全培训侧重于教会人们如何实现食品安全。如果只重视培训，不重视教育，人们只知道要这样做，而不知道为什么要这样做，以及不这样做到底会有什么后果，那么就会导致人们只是在受到监督或迫不得已的情况下才会做正确的事情。因此，一个行为导向的食品安全管理体系，应该是教育和培训并重，而其中的教育绝不只是在企业的生产和办公区域贴上几条标语和几幅图片那么简单，也不是靠一个企业、一个行业就能从根本上解决的问题，应该由政府、科研机构和行业协会担负起相关的教育责任和义务。我们对比了美国食品药品监督管理局和我国国家食品药品监督管理总局的网站，发现美国食药监局的网站上有大量食品科学、食品安全和健康营养方面的资源，而我们国家网站上这方面的资源十分缺乏，大量的是领导讲话、法规和标准、通知公告和办事流程等。这从一个侧面说明了我国在食品安全教育方面的缺失。

示范性规范的榜样作用主要来自于身边同事和主管领导、上级领导。在我们走访的很多中小微型民营食品生产加工企业中，尤其是有家族背景的企业中，资深老员工传帮带新入职员工的做法很普遍。这些企业由于资金有限，因而在设备设施配置上远不如大企业齐全和先进，管理体系也不如大企业完善，但是同样能够很好地控制食品供应链风险，成为产品品质可靠、受消费者信赖的“百年老店”，靠的正是员工代际传递中的言传身教。主管领导和上级领导对普通员工的影响往往不是通过近距离的言传身教来实现，而是靠个人人格魅力，包括德行、能力、承诺等。领导的职责在于抓住每一个机会向员工传递企业重视食品安全、视食品安全为企业生命和长久价值源泉的态度和观点，描绘食品安全的愿景，设定期望值并激励中低层管理者和一线员工去执行。因此，领导对普通员工的示范性规范作用关键在于其食品安全领导力，即影响普通员工执行食品安全规范的能力。要想在企业中充分展现食品安全领导力，就需要打造一支强有力的致力于食品安全的领导队伍，让普通员工能够看到、感受到领导者是如何说的，是否言出必行；又是如何做的，是否言行一致，从而获取普通员工的信任和信心。

最后，感知风险行为控制综合反映了食品供应链风险管理制度和食品安全文化等硬制度和软制度环境。通常，流程、规章和措施等硬制度环境相对容易在短时间内建立起来，但是良好的企业食品安全文化往往需要经历很长的时间才能形成，而后者对普通员工风险行为态度和意向的影响更强大，更深远。文化体现个人和组织的思想与行为特征，通过社会活动和交流形成并随着时间推移不断延续。企业的食品安全文化由构成企业的领导层和员工的思想、态度及行为共同组成，而在创造、维护、管理以及必要时摧毁企业食品安全文化方面，领导层起着决定性作用。创造企业食品安全文化通常受两种力量的推动：一种是有远见的企业领导阶层主动选择建立强大的食品安全文化；另一种是重大食品安全事件发生后，由于公众、媒体和政府严厉监管的压力而被动地改善食品安全文化。前者是内在驱动，后者是外部推动。内在驱动的食品安全文化更有内涵、更加持久，在这样的文化氛围中，员工做正确的事情不是因为有人监督，害怕承担责任和担心受到惩罚，而是他们内心相信并致力于食品安全。目前我国大部分食品企业还处于在外部力量作用下被动地构建食品安全文化的阶段，什么时候发展到企业从内在食品安全认知出发，主动构建食品安全文化，那我们就真正迎来了食品安全的光明时代。

（3）当前我们需要思考重建食品安全体系，该体系应以行为而非流程为导向。与流程导向的食品安全体系相比，行为导向的食品安全体系以食品科学、行为科学和企业食品安全文化为理论依据；既关注食品安全流程，也关注流程中的每个人，以人为本；正视行为改变的复杂性，用系统思维的方式而不是传统的线型因果关系的思维方式去研究员工食品安全风险行为，充分意识到物理的、企业环境的和个人因素等对行为的影响；以创造良好持久的食品安全文化为最终目标。要构建这样的体系，既要强调

扎根于系统和流程之内的食品安全管理，更要强调凌驾于系统之上的食品安全领导。前者着眼于执行和维护已有风险管理系统中的既定程序，后者则专注于创造、引领和强化能够影响和改变员工食品安全风险的态度和行为，从而塑造员工食品安全价值观的策略、模型和程序。

5.6 本章小结

本章根据计划行为理论，利用调查问卷数据，以食品供应链企业普通员工为研究对象，构建了由普通员工个体规范、示范性规范、过去风险行为、风险行为态度、感知风险行为控制和风险行为意向为变量的SEM，对食品供应链风险形成的微观机理进行了实证分析。结果发现：示范性规范既直接影响普通员工的风险行为意向，也通过风险行为态度的中介作用间接影响风险行为意向。个体规范完全通过风险行为态度的中介作用间接影响风险行为意向。过去风险行为显著正向影响风险行为意向。感知风险行为控制在个体规范、示范性规范对风险行为态度和风险行为意向，以及过去风险行为对风险行为意向的影响过程中发挥负向调节作用，即较强的感知风险行为会削弱个体规范、示范性规范对风险行为态度和风险行为意向，以及过去风险行为对风险行为意向的影响。因此，防控食品供应链风险的关键是改变普通员工的风险行为态度进而改变他们的风险行为，通向这一结果的手段是利用个体规范的道德力量、发挥示范性规范的榜样作用，以及借助包括食品安全文化在内的企业风险管理环境的制度激励与约束作用，建立一个构筑在融食品科学、行为科学和企业文化为一体的理论基石之上的、以人为本的、行为导向的食品安全管理体系。

6

基于行为视角的食品供应链风险防控机制研究

6.1 国外食品供应链风险防控的主要做法与启示

6.1.1 国外食品供应链风险防控的主要做法

1. 美国食品供应链风险防控

美国食品供应链风险防控主要是依靠其已经形成的完备的食品安全管控体系来实现的。食品安全管控体系综合运用了法律法规、组织、管理和技术手段，形成了完备的食品安全法律法规体系、统一协调的食品监管组织机构、HACCP 体系和全国电子危害监督系统（NEISS）组成的食品安全风险防范管理系统、食品安全追溯机制、食品召回机制，实现了对食品供应链“从农田到餐桌”的全程监控，[①] 从而有效防控了食品供应链风险。

（1）科学多样、不断完善的法律法规

美国从 1906 年开始至今，已经颁布了 35 部相关食品安全法律法规，这些法律法规涵盖了所有食品类别和食品供应链各个环节，主要有《联邦食品、药品和化妆品法（FFDCA）》《联邦肉类检查法（FMIA）》《食品质量保障法（FQPA）》《禽肉制品检验法（PPIA）》《蛋制品检验法（EPIA）》《公共健康事务法（PHSA）》和《联邦杀虫剂、杀真菌剂和灭鼠剂法（FIFRA）》七部法律法规，其中以《联邦食品、药品和化妆品法

---

① 陈潇源，黄金梅. 美国食品安全监管模式对中国食品安全监管体系再造的启示［J］. 经济研究导刊，2014（31）：327－328.

(FFDCA)》和《联邦肉类检查法（FMIA)》两大基本法为核心。[①] 为了适应新技术、全球化和食品供应流通模式的变化，更好地应对食品安全风险，美国还出台了两个新法案，即《食品安全加强法案》（2009 年 7 月通过）和《食品安全现代化法案》（2011 年通过）。这两个新的法案，都强化了食品和药品管理局（FDA）从食品生产企业获得记录的权威。法案要求食品企业要评估风险，实施预防性的控制，FDA 有强制召回产品的权力，还有对食品生产设备进行强制检查的权力。这些政府管制对于进口到美国的企业也同样适用。

（2）多部门专业分工的监管

在食品安全的管理机构方面，美国形成了多个层次多个部门专业分工的监管体系。在联邦层次上，主要有隶属于卫生与公共服务部（DHHS）的 FDA 和疾病控制和预防中心（CDC）。FDA 主要负责除肉类和家禽以外的所有食品，实行从“田间到餐桌”的全过程监管，CDC 监管所有食源性疾病的调查和防治；隶属于农业部的食品安全检验署（FSIS）和动植物卫生检验署（APHIS），主要负责肉类、家禽和相关产品、动物疫病的监测、诊断、防治与控制，保护和改善动物和动物产品的健康和质量；环境保护署（EPA），主要负责监管饮用水的安全性及食品中的农药残留问题；国家海洋和大气管理局（NOAA），主要负责监管鱼类和其他海产品的卫生状况。[②] 这些组织机构分类监管、分工明确、协调合作、协同监管。此外，各州政府食品安全机构负责本辖区内所有食品安全管理工作，并与 FDA 以及其他相关机构合作，执行食品安全保障，检验检查食品企业，禁止不安全食品在本辖区内销售与配送等。联邦政府、州和地方行政部门在食品和食品加工设施管理方面对保证食品安全起到相互补充和相互依赖的作用。[③]

（3）严格的召回、检查和处罚

美国企业充分利用各种先进的管理手段，通过实施食品安全管理体系

---

① 魏益民，刘为军，潘家荣．中国食品安全控制研究［M］．北京：科学出版社，2010：43－47.

② 赵荣，陈绍志，乔娟．美国、欧盟、日本食品质量安全追溯监管体系及对中国的启示［J］．世界农业，2012（3）：1－4.

③ 赵荣，乔娟．发达国家食品质量安全追溯体系监管机制及经验借鉴［A］．中国行政管理学会 2010 年会暨“政府管理创新”研讨会论文集［C］．北京，2010－12－19.

和机制，实现对食品供应链风险的防控。具体来说，通过实施 HACCP 体系，识别并预防食品污染的风险，控制食品生产环节中潜在的危害，从而主动预防食源性因素导致的食品供应链风险。同时，作为一种配套措施，在美国政府部门的主导下，全面实施食品召回制度。根据缺陷食品可能引起的健康损害程度的不同，美国的食品召回分为三级，每一级都有非常详细的说明和规定。此外，美国对食品召回程序也有严格的规定，包括企业报告、评估报告、召回计划和召回实施。①

美国采取严格的检查和处罚来增加企业的违规成本，增强企业的自律。《食品安全现代化法案》规定，FDA 将以更高的频率检查包括出口到美国的食品企业，每五年至少要检查一次国内食品企业。如果被查出问题，生产商和销售商都会受到处罚，而且要花巨额费用召回。FDA 还有权扣留冒牌或掺假的食品、直接下令停止销售并召回“问题食品”。不合格的企业可能会因此而失去登记资格，第二次复查时还需要支付检查费用。对于“掺杂”和“错误标签”，将会处于 10 年以下的监禁，或并处罚款，往往要按照企业年总值或者销售额的百分之十几甚至更多进行处罚，民事处罚最多达 750 万美元。①另外，FDA 增加对境外食品生产企业巡查设施的次数，包括在法案落实后 1 年内巡查至少 600 家外国食品生产企业设施。之后 5 年，每年巡查设施数目至少是前一年的两倍。如果不接受 FDA 的检查，美国也将拒绝相应的食品进口。②

（4）自愿的食品安全追溯系统

在美国，发达的市场机制为企业提供了强大的动力，企业的自愿可追溯系统有较长的发展历史。自政府把食品安全提到战略高度，制定强制性要求后，美国的食品可追溯系统进入一个高速发展的时期：强制的追溯系统和自愿的追溯系统相互补充。强制的追溯系统为食品质量安全信息提供了强制性的要求，主要是出于食品安全风险管理的需要。自愿的追溯系统则主要是出于行业和企业自身竞争力的需要。

在美国，自愿可追溯的主体主要是产业协会和企业。《食品安全现代化法案》明确指出“行业自身要更加诚信和自律”，要求食品企业承担更

---

① 程景民．中国食品安全监管体制运行现状和对策研究［M］．北京：军事医学科学出版社，2013：143－144.

② 陈荣溢，蔡纯，王伟．浅析美国《食品安全现代化法案》［J］．中国检验检疫，2011（7）：39－40.

多责任。从形式上来看，自愿可追溯系统主要是通过企业自愿标签和产业认证来实现。[①] 企业自愿标签可以选择突出其产品差异化的信息，而行业则主要是通过推动实施可追溯系统及第三方认证来向市场发送信号，增加消费者对其产业的认可和信任，减少食品安全危机的外部成本。例如，美国食品饮料和消费品制造商协会（GMA）代表美国企业参与《食品安全现代化法案》的起草工作。70 多个协会组织和 100 余名畜牧兽医专业人员组成了家畜开发标识小组（USAIP），共同参与制定了家畜标识与可追溯工作计划。[②] 在法律支持、行业鼓励及市场利益驱动下，美国食品企业不断提高食品安全生产的技术与方法，健全科学的可追溯系统，在生产规范、工艺流程、质量控制规范与流程、食品安全计划、安全预防控制、登记备案、过程记录、记录保持、召回计划、供应商认证、接触面控制等方面实现了全价值链的可追溯。

（5）共享与合作的信息网络

食品供应链环节众多，信息复杂。这就要求食品供应链各参与主体加强互动，建立合作的信任基础，形成广泛的信息交流与合作网络，减少监督成本。[③] 从监管角度来看，《食品安全现代化法案》强调提高信息共享力度及各监管机构的合作。要求 FDA 加强与国家层面的农业部、国土安全部、卫生与公共服务部、商务部和各州相关部门之间的磋商和协调；至少每两年，FDA 部长应与农业部长一起审核和评估健康数据和相关信息，并避免重复发布相同或矛盾信息。[④] 此外，FDA 还十分重视与输美食品输出国之间的交流合作。主要有签署双边和多边约定及协议，共享食品安全电子数据，相互认可检验报告，按照美国要求对国外政府和食品生产者进行培训，多边认可实验方法和检测技术等多方面工作。[⑤] 从平台服务方面来看，美国消费者产品安全委员会（CPSC）通过实施国家电子伤害监督系统

---

① Hobbs J. Information asymmetry and the role of traceability systems [J]. Agribusiness, 2004, 20 (4): 397-415.

② 李炜. 发达国家食品可追溯系统建设及其对我国的启示 [J]. 中国防伪报道, 2012 (9): 26-29.

③ 肖为群，魏国辰. 发展农产品供应链合作关系 [J]. 宏观经济管理, 2010 (5): 53-54.

④ 于杨曜. 比较与借鉴：美国食品安全监管模式特点以及新发展 [J]. 华东理工大学学报（社会科学版）, 2012 (1): 73-81.

⑤ 陈荣溢，蔡纯，王伟. 浅析美国《食品安全现代化法案》 [J]. 中国检验检疫, 2011 (7): 39-40.

(NEISS)，收集并分析有关数据，为食品安全事件的后续处理提供依据。借助政府设置的食品质量安全信息网站，消费者可以链接到相关的各站点，查到准确、权威并及时更新的信息。①

2. 欧盟食品供应链风险防控

1997 年爆发的疯牛病对欧盟的食品安全改革来说是一个重要事件。在其引起的政治丑闻和一系列产品受到影响后，欧盟就采取了一系列的改革措施来确保食品更安全。

（1）统一的监控，独立的机构

2002 年 1 月 28 日，欧盟成立了欧洲食品安全局（EFSA），统一管理欧盟所有与食品安全有关的事务。从机构设置来看，EFSA 是欧盟的直属机构，经费由欧盟预算提供，保证了食品安全监督的公正与透明。在其督导下，一些欧盟成员国也对原有的监管体制进行了调整，将食品安全监管集中到一个主要的部门。如德国、英国、丹麦、荷兰等国家都成立了独立的国家级食品安全监管机构。② 从功能来看，EFSA 的主要工作并不是直接制定规章制度，而是进行全过程的安全监控，负责风险评估工作。这样做的主要目的就是把这一独立监管机构当作是一个科学咨询建议机构，将其权力限制在风险评估的科学活动范围内，把风险评估与风险管理分开，保证建议的科学性。③

（2）综合快速的预警系统

EFSA 除了负责从“田间到餐桌”的全程食品安全监控以外，还负责建立一个综合快速预警系统（Rapid Alert System for Food and Feed，RAS-FF）来保证食品安全信息的可得性。该系统连接欧盟委员会、EFSA 以及各成员国食品与饲料安全主管机构的网络，④ 主要的功能是为各国主管机构提供有效的信息交流，对安全性进行监控，定期发布预警通报及信息通报，从而使消费者避开食品安全风险。

---

① 赵荣，陈绍志，乔娟．美国、欧盟、日本食品质量安全追溯监管体系及对中国的启示［J］．世界农业，2012（3）：1－4.

② 赵荣．中国食用农产品质量安全追溯体系激励机制研究［M］．北京：中国农业出版社，2012. 193.

③ 大卫·德莫尔坦．科学建议的标准：风险分析和欧洲食品安全局的创建［A］．政策制定中的科学咨询：国际比较［C］．上海：上海交通大学出版社，2015. 166.

④ 廉恩臣．欧盟食品安全法律体系评析［J］．政法论丛，2010（2）：94－100.

(3) 强制的执行，全程的监控，明确的责任，严厉的惩罚

欧盟强制执行的管制要求体现在EC178/2002① 上，强调“是为了确保食品的安全，需要考虑食品供应链的所有环节，即食品生产的所有投入品都应当可追溯。相应地，每一种食品和饲料企业都要与可追溯相关。这种管制的可追溯性会产生有目标的和准确的追溯”。②

欧盟的食品安全追溯是一个全程监控过程和明确各主体责任的过程。在这个过程中，食品可追溯性作为识别污染源和查明责任的工具，③ 要在食品的生产、加工和分销的所有环节都建立可追溯系统，并对各个环节的每个单位和个人都明确具体责任。食品供应链中的各环节采取“向前一步，向后一步”的原则，每个环节都必须要知道产品从哪儿来，到哪儿去。食品生产企业都要在当地食品监督部门进行注册，并且需要详细记录食品在生产、加工、销售每一个环节中的相关信息。立法规定，生产者要对由于产品缺陷引起的损失负责。这一系列相关措施使得欧盟在出现食品安全问题时能够快速追溯问题源头，查明责任部门。

为了保证可追溯系统正确运行，在明确责任的前提下，欧盟采取了严厉的惩罚制度。欧盟的食品与兽医办公室实行日常监督，每年实行实地检查，制造或提供虚假信息的组织将受到行政或刑事处罚。④

(4) 统一数据库、强制标签和质量管理体系

欧盟在成员国食品安全管理中采用和推行HACCP体系，并对企业实施过程中的有关记录进行检查。欧盟及其成员国已经建立了包括识别系统和代码系统的统一的数据库，对食品生产、加工和销售各环节进行详细记录。EFSA负责对整个欧盟所有食品信息进行监督管理，全部信息在欧盟的统一数据系统中进行交流，对外公开透明。欧盟在建立和运行可追溯系统过程中，加强了标签制度，明确了提供给消费者的法定信息水平，并保

---

① 欧洲议会和理事会2002年1月28日通过的EC178/2002法规，制定了食品法的基本原则和要求，成立了欧洲食品安全局，制定了有关食品安全方面的程序。本法规是强制性的，具有法律效力。

② Charlier C, Valceschini E. Coordination for traceability in the food chain. A critical appraisal of European regulation [J]. *European Journal of Law and Economics*, 2008, 25 (1): 1115.

③ Arienzo A, Coff C, and Barling D. The European Union and the regulation of food traceability: from risk management to informed choice? [A]. Ethical Traceability and Communicating Food [C]. Dordrecht: Springer Netherlands, 2008. 23-42.

④ 房瑞景，陈雨生，周静. 国外食品安全溯源信息监管体系及经验借鉴 [J]. 农业经济，2012 (9): 6-8.

证了与 HACCP 体系的结合。

(5) 增加的公众信息开放、参与以及知情选择

在欧盟，食品安全可追溯系统成为风险管理运营的重要部分，是最基本的预警和程序化工具。近些年来，欧盟重新评估了可追溯系统的作用，认为食品可追溯系统也应当是一个交流工具和关系设置的工具，是有利于和促进消费者知情选择和参与治理的工具。欧盟在各种食品可追溯系统中设置了消费者查询功能，并公布相应的健康安全风险和环境风险的评估结果。此外，公众可以参加管理委员会举行的会议，使公众了解各种食品安全事件的过程和结果。丹麦食品农业和渔业部认为“产品的历史给了消费者在购物时负责任的可能性”。2006 年，他们进一步支持整合食品供应链，把消费者作为食品链的终端。①

(6) 互补的自愿追溯系统，广泛采用的第三方认证

强制的食品安全可追溯系统仅仅是一个最低要求的系统，与之相比，自愿的可追溯系统提供了与产品相关的更高程度的信息。它使可追溯性体现在供应链层次和企业层次两个方面，比强制的系统更复杂，有着更高水平的精度和宽度。② 这些自愿的可追溯系统在不同的国家有不同的标准，主要是由一些协会组织来发起实现的。例如，全球广泛应用的 GLOBALGAP，其前身是欧盟良好农业操作规范（EUREP-GAP），由欧洲零售商协会（EUREP）发起，其目的在于促进良好农业操作的发展。现在其成员扩展至全球范围。国际食品标准（IFS）是一种对食品供应商进行审核的标准，由德国贸易联合会制订。对于自愿的可追溯系统，重要的问题就是监督其标准的方法。在欧洲，有大量的相关部门已经采用第三方认证体系。例如，IFS 和 GLOBALGAP 都广泛采用了第三方认证计划。

3. 日本食品供应链风险防控

日本也是世界上食品安全保障体系最完善、食品安全监管措施最严厉

---

① Arienzo A, Coff C, and Barling D. The European Union and the regulation of food traceability: from risk management to informed choice? [A]. Ethical Traceability and Communicating Food [C]. Dordrecht: Springer Netherlands, 2008: 23 - 42.

② Banterle A, Stranieri S. The consequences of voluntary traceability system for supply chain relationships. An application of transaction cost economics [J]. *Food Policy*, 2008, 33 (6): 560 - 569.

的国家之一。

（1）完善的食品安全法律法规

日本已实现以《食品卫生法》和《食品安全基本法》为两大基本法，《农业取缔法》《肥料取缔法》《农药管理法》《种苗修改法》《家禽传染病预防法》《屠宰场法》《牧场法》《转基因食品标识法》《健康增进法》等相配套的食品安全法律体系，管辖范围涵盖食品质量、化学制剂、消费者权益保护等方面，[①] 覆盖了食品从田间到餐桌的整个食品供应链的所有环节。这些法律法规为日本食品安全监管和食品供应链风险防控提供了基本原则和要素，坚持了消费者至上的理念，体现了科学风险评估、强化风险管理等思想。

（2）“三位一体”的政府监管体系

日本已经形成了由食品安全委员会、农林水产省和厚生劳动省三大政府管理部门构成的“三位一体”食品安全政府监管体系。其中，食品安全委员会是食品安全方面政府最高决策机构，负责对农林水产省、厚生劳动省等风险管理机构的监督、指导，客观公正地开展食品安全风险评估，与行政机关、商家、消费者等沟通风险信息。农林水产省主要负责生鲜农产品的安全性，侧重农产品生产和加工阶段的风险评估、风险管理等。厚生劳动省主要负责对进出口及国内市场的食品卫生实施监管，制定食品生产商在食品、添加剂、农药残留、兽药残留、食品的标识等方面的种类和标准，对肉食品和食用禽类肉处置进行卫生检查和单纯实施风险管理。[②]

（3）有效的食品安全可追溯系统

日本是最早实施食品安全可追溯系统的国家之一。食品安全可追溯系统在食品事故预防、事故原因追踪和使整个食品供应链过程透明化方面发挥了主要作用。2001 年，在肉牛业开始推行食品可追溯机制，要求肉牛业实施强制可追溯制度。2003 年 6 月，出台了《牛的个体识别信息管理及传达特别措施法》，确立了可追溯系统的法律地位。随后，全国鸡肉、猪肉等肉食产业，以及牡蛎等水产养殖业和蔬菜业都正式实施了可追溯系统。2005 年，对全国农协上市的蔬菜和肉类实行身份证管理制度。在零售商店

① 卢凌霄，徐昕．日本的食品安全监管体系对中国的借鉴［J］．世界农业，2012（10）：4－7

② 叶军，杨川，丁雪梅．日本食品安全风险管理体制及启示［J］．农村经济，2009（10）：123－125.

销售时，产品上必须标有该农产品的产地、生产者、用过农药名称、浓度、频率、使用日期，以及上市日期等信息。零售超市等已经建立起可供消费者查询产品信息的产品可追溯终端设备。

在食品安全可追溯系统具体实施上，日本也采取强制性与自愿性相结合的方式，对牛肉和大米实行强制性的可追溯机制，其他产品则可以根据实际情况自主建立。为鼓励私有的自愿可追溯系统的发展，农林水产省采取了直接支持的积极推进政策。第一，与公益组织及一些企业合作，为可追溯系统制定大纲，为生产商、分销商和零售商开发满足其产业需求的可追溯系统提供帮助。这些大纲在农林水产省的网站上可以获得。第二，资助可追溯系统及相关信息技术的开发和试验。主要通过公益组织来发放补助，特别强调对采用“无处不在”的小规模计算技术的支持。2005 年，农林水产省编制了 2. 35 亿日元的预算来支持这些系统的发展，并且让企业、地方政府及农合社能得到这些补助。通过技术开发，日本建立起了把企业和公共管理联结起来的网络，消费者可以通过计算机或手机来获得他们的食品信息，甚至可以看到农民的照片。这些行动实际上创造了食品供应链的“可视”关系。可视关系促进消费者对食品供应链相关过程和信息的了解，让消费者感觉到更安全。① 第三，通过调查来评估公众的态度，通过教育和劝说活动让企业和消费者了解到可追溯的好处。

（4）发挥积极作用的中介组织

日本的农协是日本的农业合作组织。在日本，几乎所有的农户都是农协的会员，农协在日本建立了一个庞大的网络，在食品安全认证和可追溯系统的实施推广中起着重要的作用。2002 年，农协推广“生产履历记账运动”，要求参加者向交易对象和消费者提供基于记账的信息。此后，为了与全国性的食品可追溯要求相适应，农协开始在农协系统推广“全农放心系统”的食品可追溯制度。主要由信息管理、检查认证和信息公开三个部分组成。② 在信息管理方面，要求食品供应链中的生产、加工和流通建立履历系统。通过信息技术可以对食品及其所在位置进行识别、记录并保存信息。特别是在生产阶段，为了适应农户小而分散等特点，农协提供技术

① Hall D. Food with a visible face: Traceability and the public promotion of private governance in the Japanese food system [J]. *Geoforum*, 2010, 41 (5): 826 – 835.

② 林学贵．日本的食品可追溯制度及启示［J］．世界农业，2012（2）：38 – 42.

指导员的指导，统一汇总，建立生产、入库和出库的数据库，帮助农户提供及时准确的信息，也便于下游环节信息的查找、接收与反馈。在检查认证方面，农协采取了“内部检查和外部检查”两种途径。内部检查是在各主体单位内部配备专门检查员，外部检查则是由第三方认证机构进行检查。客观公正的第三方评估更是为“全农放心系统”建立了声望，向消费者传递了信任信号和购买选择，减少了信息不对称和市场逆向选择的可能性。在信息公开方面，主要是通过广告宣传、食品包装标识等向消费者提供有关食品生产、加工、流通等相关信息，如可追溯信息、生产方法及可以应对消费者询问的信息。

6.1.2 国外食品供应链风险防控做法对我国的启示

从行为视角来看，食品供应链风险的形成主要源于食品供应链企业及其员工风险行为，而食品供应链风险管理环境对食品供应链企业及其员工风险行为有着直接的影响。因而，防控食品供应链风险，主要从影响这三方面尤其是食品供应链企业风险行为的因素入手。虽然不同国家食品供应链风险防控模式存在差异，但是这些国家在食品供应链企业及其员工风险行为控制以及营造良好的食品供应链风险管理环境方面存在一些共同的经验，为我们提供了很好的借鉴。

1. 塑造可信任的食品安全制度环境

Luhmann 把信任分为人际信任和制度信任，认为人际信任建立在熟悉度及人与人之间的感情联系的基础上，而制度信任是用外在的，诸如法律一类的惩戒机制来降低社会交往的复杂性。两种信任共同构成了社会的信任结构。[①] 吉登斯指出，在现代社会中，应该将社会信任由“当面承诺”的人际间信任转变为“匿名承诺”的制度信任，因为制度信任对于维护复杂社会系统和个体“本体性安全”都至关重要。[②]

制度信任体现的是来源于制度的信任，强调其一般性和可推及性，反映出一个社会值得信赖的平均水平。欧、美、日这些国家的制度信任主要通过以下四种方式得以建立和发展。(1) 通过直接立法的方式建立和保障食品供应链主体间互动与合作的规范与秩序。这些国家建立了涵盖几乎所

① 卢曼．信任：一个社会复杂性的简化机制［M］．上海：上海世纪出版集团，2005：50－79.

② ［英］安东尼·吉登斯．现代性的后果［M］．南京：译林出版社，2000：147.

有食品类别与食品供应链各环节的法律法规体系，为保障食品安全、防控食品供应链风险提供了详细的行为规范和充分的法律依据。[①]（2）政府不断提高社会管理能力和公信力，创造健全的制度环境。欧、美、日国家的主要经验是明晰的部门分工与合作，注重风险评估、风险管理和风险交流职能的分开以保证政府政策和监督的效率和公平。（3）保障公民权利，参与并促进网络的发展。以欧盟为例，近些年来，对食品安全方面的治理模式进行了重新定义和检查，不仅将食品可追溯系统看作是一种风险管理工具，更视其为一种信息交流与参与的关系工具，这也意味着欧洲公民在食品战略和政治事务上参与制度发展。[②]（4）重视专家系统和科学技术的作用，保障科学建议的权威性。例如，欧盟食品监管将风险评估与风险管理彼此分离，强调科学家与政治的分离来保证科学建议的独立性等。[③]

2. 强化企业减少风险行为的动力，增强企业自律

强化动力就是通过对动力的改进，激励和约束食品供应链企业的风险行为。一是强调市场准入，提高合法动力；二是重视成本—收益的权衡，增加机会主义行为成本，增加供应链企业的经济和社会收益。具体措施主要有：

（1）准入约束

欧、美、日这些国家在强制性监管方面都制定了明确且多样的法规，并不断进行修缮。除了强制性的法规要求，行业或企业之间也可以通过自愿的可追溯系统建设来强化企业食品安全行为。协会或者龙头企业主导的食品安全供应链体系，对进入协会或进入供应网络的企业都提出了食品安全要求。如果企业不能遵守相应的规则，将不能进入供应网络。例如，在欧洲典型的案例有德国贸易联合会制定的国际食品标准，意大利的国家标准组织等；在日本，由农协组织的“全农放心系统”也是一种准入约束。

（2）责任激励

责任激励主要是通过明确的责任界定来提高食品供应链企业减少风险

① 罗云波，陈思，吴广枫．国外食品安全监管和启示［J］．行政管理改革，2011（7）：19－23．

② Arienzo A，Coff C，and Barling D. The European Union and the regulation of food traceability：from risk management to informed choice？［A］．Ethical Traceability and Communicating Food［C］．Dordrecht：Springer Netherlands，2008：23－42．

③ 肖为群．食品可追溯信息有效传递：障碍及克服［J］．物流技术，2015，34（3）：10－12．

行为的动力。明确界定责任能帮助界定企业责任的范围和潜在的责任转移，下游企业可以利用可追溯性把责任转移到上游企业，减少食品安全问题发生的机会。[①] 例如，在美国法律里，企业直接对食品事件所造成的福利损失负责；消费者会有更多的机会得到赔偿。这可以使销售企业对农场施加责任成本。[②] 欧盟在 EC178/2002 中第 19 章和第 20 章界定了企业的责任，要求企业从 2005 年 1 月开始应用，规定生产者要对由于产品缺陷引起的损失负责。这个责任要求主要覆盖了 3 个领域：第一，产品从市场的召回。当运营者怀疑产品对健康有损时自主召回。这种前摄行为通过义务告知官方而结束。第二，产品到消费者手中，运营者必须要告知消费者召回的理由。第三，运营者要和官方合作来减少风险。这些责任的明确给食品供应链的运营者施加了责任和义务。在此要求下，运营者需关注的是食品安全生产程序。这使得运营者有动力去投资比强制可追溯系统更多的自愿可追溯系统，因为更加准确和足够的信息可以更好地评估整个生产程序，提高产品召回的准确度。[③]

（3）监督和惩罚激励

监督和惩罚激励应用激励中的“负强化”原理，通过对食品供应链中存在的机会主义行为进行严格监督和惩罚，来增加企业机会主义成本，减少机会主义行为的产生。其激励作用大小主要受到检查力度和惩罚力度的影响。[④] 在食品安全监管上，欧、美、日这些国家始终强调有效控制“从田间到餐桌”的整个食品供应链，通过全程监管，事先评估来防控食品安全风险，并以此为基础对问题食品进行追溯。这些国家通过严格的监管、检验检疫、评估、追溯等体系，增大违法违规行为被发现的概率，消除企业违法违规侥幸心理，预防违法违规行为；[⑤] 通过严厉的惩罚措施，让违法违规食品企业得不偿失，让绝大多数食品企业自愿遵守法律法规，特别

---

① Golan E, Krissof B, Kuchler F, et al. Traceability in the US Food Supply: Dead end or superhighway? [J]. *Choices: the Magazine of Food, Farm & Resource Issues*, 2003, 18 (2): 17 –20.

② Pouliot S, Sumner D A. Traceability, Liability, and Incentives for food safety and quality [J]. *American Journal of Agricultural*, 2008, 90 (1): 15 –27.

③ Charlier C, Valceschini E. Coordination for traceability in the food chain. A critical appraisal of European regulation [J]. *European Journal of Law and Economics*, 2008, 25 (1): 1 –15.

④ 童兰，胡求光. 农产品质量安全可追溯体系主体的利益博弈分析 [J]. 浙江农业科学，2012 (11): 1566 –1570.

⑤ 中国产业信息网. 2013 年国外食品安全监管体系的四点启示 [EB/OL]. (2013 –08 –12) [2015 –08 –16]. http: //www. chyxx. com/industry/201308/216116. html.

是对小型企业来说，一旦受到惩罚将难以维持自身的经营。例如，在芬兰，农场主的收入组成中有27%来自于欧盟和芬兰政府的补助。一旦发现企业有信息记录缺失问题，政府则以削减或取消公共补助资金的方式予以处罚。①

（4）市场激励

市场激励主要是通过市场力量形成“优质优价”的正反馈，保证企业能从安全食品中得到更高的收益。在欧、美、日这些发达国家中，消费者对于可追溯食品都表现出一定的可支付意愿。企业因此而获得溢价，由此也增加了企业减少风险的自律行为。在市场正反馈能发挥作用的时候，按Hofstede的观点，有效的信息交换是提高价值链绩效和竞争优势的关键②。因此，在欧、美、日这些国家中，合法动力只是最低需求，企业有动力去运行超越监管系统的自愿追溯系统，来建设HACCP体系以获得认证，为整个食品供应链提供安全和更高程度的信息。③④ 而要使市场激励机制能发挥重要作用，首先需要制度上的保证，即保证市场运行的良好环境，完善相应的法规和实现有效的监督。其次是加强宣传和教育，提高消费者对于优质产品的购买意愿。通过成熟的诚信体系，让食品企业对社会的食品安全责任转化为自己的自觉意识和自律行为。

（5）声望激励

声望激励是指把声望作为一个信号，通过在供应链下游企业和消费者之间主动传递信号，赋予消费者更大的知情权，让消费者更好地行使选择和监督权，从而有效地约束食品供应链风险行为。⑤ 买方（下游企业和消费者）会选择购买声望好的企业的产品。如果声望信号不佳，会导致企业产生由于市场份额损失带来的经济损失。此外，还会影响其与其他利益相关者的关系。这样，担心受到经济和社会损失会促使企业选择合规行为。

---

① 何慧书，徐兆权．芬兰的畜产品质量追溯体系及对中国的启示［J］．世界农业，2010（10）：56－58.

② Hofstede G J. Transparency in netchains［A］. EFITA 2003 Conference［C］. Debrecen, Hungary, July2003.

③ Banterle A, Stranieri S. The consequences of voluntary traceability system for supply chain relationships. An application of transaction cost economics［J］. Food Policy, 2008, 33（6）: 560－569.

④ Golan E, Krissof B, Kuchler F, et al. Traceability in the US Food Supply: Dead end or superhighway?［J］. Choices: the Magazine of Food, Farm & Resource Issues, 2003, 18（2）: 17－20.

⑤ 肖为群．食品可追溯信息有效传递：障碍及克服［J］．物流技术，2015，34（3）：10－12.

声望激励作用主要是通过信息监督和信息披露来实现的。

相对于严格的惩罚而言，声望激励被视作一种“聪明的管制”，能够激发出企业积极的内在动力。① 2010 年，为了确保食品监管的质量，欧洲议会制订了关于“聪明管制”的计划。如采用基于监察结果的信息披露“红黑榜”。最好的案例就是在丹麦实行的“微笑（表情符）计划”。该计划已经成为学习的标杆，消费者对此计划的认知度达到了百分之百。90%的食品供应链企业也认为这个计划是一个好的、公平的计划。该计划开始于2001 年，最初主要是在零售企业和餐馆，后扩展到食品供应链上的所有企业。根据检查把企业分为 5 个等级，用不同的表情符号来表示。在这个计划中，表情符实际上成为企业的声望信号，它传递给供应链下游企业和消费者。丹麦的微笑计划采取的是一种强制的形式。还有一些国家，如德国，有些地方政府采取了自愿或者自愿和强制相结合的形式，为企业颁发合格证书或者是提供表情评价。②

3. 帮助提升企业风险防控能力

除了动力，食品供应链企业有无资源和能力去减少风险行为也是影响风险行为的要素之一。缺少相应的资金、技术和管理人才，以及难以获得信息资源往往是导致食品供应链企业在风险防控方面资源缺乏和能力不足的主要因素。为了帮助企业克服资源和能力缺陷导致的食品供应链风险防控问题，发达国家主要采取如下做法：

（1）资金和设备支持。在日本、欧盟等实行政府主导的食品安全可追溯系统中，政府都会对企业在建立数据库、购置必要信息处理设备、采用信息技术等方面给予补贴。日本农林水产省给予使用可追溯系统的机构资金支持，对建立数据库、购置必要信息处理设备等给予补贴，其中生产阶段补贴最高可达所需费用支出的 50%，流通零售阶段的最高补给率可达 33.33%。③ 对于前期投资较大的 HACCP 体系，为了激励更多食品生产加工企业实施，日本还出台了针对 HACCP 认证企业的贷款、税收优惠政策。

① Ostrom E, Walker J. Trust and reciprocity: interdisciplinary lessons from experimental research [M]. New York: Russell Sage Foundation, 2003: 203 - 226.

② Bavorová M, Hirschauer N. Producing compliant business behavior: disclosure of food inspection results in Denmark and Germany [J]. *Journal of Consumer Protection and Food Safety*, 2012, 7 (1): 45 - 53.

③ 林学贵. 日本的食品可追溯制度及启示 [J]. 世界农业, 2012 (2): 38 - 42.

目前，日本 HACCP 体系已经推广应用到生鲜牛奶、乳制品、加工肉制品、加工水产品、速食食品、软饮料等 6 种食品产业。①

（2）技术和人员支持。政府或行业协会进行相关信息技术的研究，积极支持企业信息技术的开发和试验，向企业提供技术和人员培训等。

（3）提供行动指南。例如，日本农林水产省在 2003 年 4 月公布了《食品可追溯指南》，并于 2007 年、2010 年进行了完善。为了使可追溯系统更好地推行下去，日本采取了先实验后推广的方法。先在蔬菜、水果、大米等 7 个领域进行示范，然后再进行推广。各单位可以根据自身条件自主确定合适的方法，不具备全程实施的单位还可以分阶段实施。

（4）搭建信息资源服务平台。通过信息资源服务平台，有效整合处于不同部门、不同阶段、不同企业的相关数据信息，解决食品供应链中的信息碎片化问题。② 这样不仅可以使食品安全信息的供给和使用效率大大提高，还可以让下游企业及消费者更快捷地获得更多的信息，减少信息不对称，从而减少风险行为。

4. 引导消费者行为，增强市场正反馈

消费者处于食品供应链的末端，消费者行为会对食品供应链企业及其员工行为产生影响。积极的市场正反馈将会产生良性循环，使企业把食品安全差异作为其差异化的手段，产生自律和自发的食品供应链风险防控行为。欧、美、日等国主要从以下几个方面来强化消费者反馈行为。

（1）提高消费者对于安全食品的认知度。一是帮助消费者更多地了解产品的内在品质，让消费者认识到可追溯系统是获得安全、可信赖食品的重要渠道。二是提升消费者信息甄别和反馈能力。例如，向消费者宣传与食品安全和可追溯系统相关的知识，如从何种渠道获取可追溯信息，如何理解和查看质量安全信息，如何投诉和维权等，进而提高消费者对于优质产品的认知和支付意愿，推动市场形成优质优价的竞争机制，促进市场激励机制的动力作用。③

---

① 卢凌霄，徐昕．日本的食品安全监管体系对中国的借鉴［J］．世界农业，2012（10）：4－7.

② 徐成德．发达国家农产品质量追溯的实践与借鉴［J］．农产品加工·学刊，2009（9）：65－68.

③ 童兰，胡求光．农产品质量安全可追溯体系主体的利益博弈分析［J］．浙江农业科学，2012（11）：1566－1570.

（2）帮助企业提高认知，让企业认识到消费者知情选择权的重要性。有些企业只关注与合法需要和卫生安全标准有关的运营信息，对于产品质量、社会环境伦理、动物福利等相关信任属性的信息则认为没有必要让消费者知道。通过食品安全宣传教育，让企业为消费者提供信任属性的标签，有助于消费者更好地识别企业产品特征，减少信息成本，① 同时也能给予消费者更多的选择，能更有效地评估高质量产品销售商的真实信息，有助于更好地做出预测，② 进而提高消费者的支付意愿。从具体实践来看，主要的发达国家都用法律规定了食品供应链企业的责任和义务。另外，还会积极开展各种教育活动来让各行动主体了解和认识食品安全相关知识和相应的食品安全防控和认证体系。

（3）鼓励消费者参与食品安全治理。欧、美、日国家都非常重视消费者的利益及在食品供应链中的作用。这些国家会建立发达的信息查询和服务网络，为消费者提供便利的查询服务。此外，消费者在食品供应链中的作用得到进一步强化。例如，欧盟强调消费者在食品交流和食品伦理中发挥更积极的作用，处于更主导的位置来决定食品安全信息的内容和种类，以更持续的方式在欧洲食品安全体系中重新嵌入信任，从而减少信息不对称和消费者对于机会主义行为的恐惧。③

5. 鼓励食品供应链发展网络组织

网络组织介于市场与企业之间，是一种由两个或两个以上独立企业通过契约形式所形成的互相依赖、共担风险的长期合作组织模式④。它比市场模式协调更紧密，有潜力做出更多投资和实现更大质量声望；⑤ 同时，它又比独立企业具有更大信息优势，通过企业间广泛的信息共享降低信息不对称程度。此外，网络组织有助于声望机制的发挥。网络组织本身也是

---

① Hobbs J. Information asymmetry and the role of traceability systems ［J］. *Agribusiness*, 2004, 20 (4): 397 -415.

② Pavlou P A, Gefen D. Building effective online marketplaces with institution - based trust ［J］. *Information Systems Research*, 2004, 15 (1): 37 -59.

③ Choe Y C, Park J, Chung M, et al. Effect of the food traceability system for building trust: Price premium and buying behavior ［J］. *Information Systems Frontiers*, 2009, 11 (2): 167 -179.

④ 杨瑞龙，冯健. 企业间网络的效率边界：经济组织逻辑的重新审视［J］. 中国工业经济，2003 (11): 5 -13.

⑤ Hennessy D A, Roosen J, Jensen H H. Systemic failure in the provision of safe food ［J］. *Food Policy*, 2003, 28 (1): 77 -96.

一个信任的信号机制，与领导企业建立联系，各节点企业也被同时赋予了声望和合法性。[①] 节点企业声望的毁损不仅会影响当前的伙伴关系，还会影响其他各种关系。而有损声望的行为终究会被发现，并通过网络很快传播出去，更易受到惩罚。由于声望建立起来很难，却极易毁于一旦，所以具有抑制机会主义行为的作用。

网络组织模式在欧、美、日国家农业和食品供应链发展中越来越重要。一方面，由于消费者对质量认证的需求越来越强烈，对行动者特别是零售商提供的信息越来越依赖，因而对于生产者或者零售商协调供应链提出了更高的要求；另一方面，由于在消费者和供应商之间存在着不对称信息及越来越多的对不确定的感知，也产生了对于过程的控制和对产品的控制需求。这两个因素促进了食品供应链组织变革。一般来说，网络组织模式主要分为两类：一是围绕领导企业来构成的。往往是大的加工商或者零售商作为领导企业来管理契约，确保日常供货和产品质量，保持对生产商的足够激励。例如，家乐福的牛肉自有品牌生产就是通过网络契约来实施紧密的上游控制，包括事前供应商的选择、详尽的牛农和屠宰场清单及事后严格的产品运输和认证控制；给生产者的市场价格包括与高质量相关联的溢价。二是更为分散的模式。如法国 Savéol 品牌西红柿供应链是以三个合作者（组成的公司）为核心、上百个小的大棚种植农户构成的一个伞状网络组织。三个合作者通过复杂的契约安排管理着这个复杂的网络组织，对所有同意契约的参与者负责，识别需求，提供技术支持，控制产品质量，主要通过与消费者特别是大的零售商的谈判来决定给予农户的价格，分配公司溢价。[②]

6. 积极构建食品供应链信任关系

信任是指一方在预期对方会表现出合乎本方利益的前提下，无论能否监督或控制对方行为，都愿意承担伤害的风险。[③] 信任是重要的治理机制，可以减少交易伙伴对于机会主义行为的恐惧，有利于资源交换，还可以增

---

① Podolny J. Networks as the Pipes and Prisms of the Market [J]. American Journal of Sociology, 2001, 107 (1): 33 - 60.

② Ménard C, Valceschini E. New institutions for governing the agri - food industry [J]. *European Review of Agricultural Economics*, 2005, 32 (3): 421 - 440.

③ Mayer R C, Davis J H, Schoorman F D. An Integrative Model of Organizational Trust [J]. *Academy of Management Review*, 1995, 20 (3): 709 - 734.

加双方的认同和认知，减少交易成本。[①] 结合欧美国家实践，构建信任关系主要从以下几个方面来展开。

（1）提高政府和企业自身的可信赖性

例如，企业提升资源和能力来培养自身可信赖性，完善企业内部和外部的交流基础，实施诸如ISO9000、HACCP之类的质量保证计划和质量控制体系。除了提升企业能力，还有重要的一点就是政府监管能力的提升。

（2）发挥第三方的信任桥梁作用

在建立信任过程中，能传递出信任信号的第三方推动者（Facilitator）扮演着重要角色。[②] 他们的能力和声望是产生信任的重要因素，此外还有领导和协调能力。食品供应链中的领导企业、行业协会和合作组织能扮演这样的角色。

运营者的责任、在食品供应链中的定位和保持声望的动机等三个要素决定了企业能否成为领导企业。[③] Kreps（1990）认为，在一般情境下，有意持续建立声望的企业应当被选作领导；零售商能够承担这一角色，他们会在消费者和供应链之间发挥桥梁作用，有意维持传递给消费者安全食品的声望，值得信赖。[④] 例如，家乐福通过与上游的企业建立网络契约来实施紧密的控制，创造了值得消费者信赖的自有牛肉品牌。

行业协会和合作组织作为中介组织，可以在建立信任中发挥如下作用：为广大农户之间和各企业之间建立信息交流平台，提供各种信息和交易机会；建立与各地方政府和各地企业之间的联系，建立跨地区的交流和协作；[⑤] 建立相应的食品质量和安全标准，打造食品安全信息交流的平台。

---

① Tsai W , Ghoshal S. Social Capital and Value Creation: The Role of Intrafirm Networks [J]. *The Academy of Management Journal*, 1998, 41 (4): 464 -476.

② Mequita L F. Starting over when the bickering never ends: Rebuilding aggregate trust among clustered firms through trust facilitators [J]. *Academy of Management Review*, 2007, 32 (1): 72 -91.

③ Charlier C, Valceschini E. Coordination for traceability in the food chain. A critical appraisal of European regulation [J]. *European Journal of Law and Economics*, 2008, 25 (1): 1 -15.

④ Kreps D M. Corporate culture and economic theory [A]. Perspectives on Positive political economy [C]. Cambridge: Cambridge University Press, 1990: 90 -143.

⑤ 肖为群，魏国辰．发展农产品供应链合作关系 [J]. 宏观经济管理，2010 (5): 53 -54.

(3) 积极推进第三方认证

国内外大量研究表明，第三方认证最值得信赖，引起的利益冲突最小。① 近些年来，我国的第三方认证机构发展速度很快，第三方认证在食品供应链管理中起着越来越重要的作用，它已经成为一种质量保证工具。② 特别是在欧洲，大量的食品和农业相关部门都实行了认证。例如，在德国国家质量和安全体系（QS）已经进行了110000次认证，主要是在肉业，覆盖了大约85%的德国肥育猪。此外，还有IFS和GLOBALGAP也是被广泛采用的认证体系。

6.2 我国食品供应链风险防控存在的问题

6.2.1 企业层面食品供应链风险防控存在的问题

与欧、美、日等国家相比，我国食品供应链风险防控工作还有很大差距，从企业层面来看，主要有以下几个方面的问题。

1. 食品供应链风险防控意识还有待加强

由于相当一部分食品供应链企业法律意识淡薄、道德观念缺乏、企业社会责任缺失，导致食品供应链在供应、生产、物流和销售等各环节的风险防控上出现很多问题，最终造成食品供应链风险防控流于形式。例如，供应商不能严格按照合同约定，为食品生产商提供优良种子、健康饲料、合格农药等；食品生产商未能严格执行食品安全管理体系，未按照食品安全质量标准、规范要求组织生产、储藏食品以及实施有效的食品追溯制度等；食品物流服务商不能按食品储藏、运输、配送要求，严格执行食品物流制度，加强冷链物流建设等；而食品销售商不能加强对食品质量的监控和定期检验，提供虚假的食品信息，不情愿实施缺陷食品召回制度等。③ 由于食品供应链企业风险防控意识不足而导致的食品安全风险，是食品行

---

① Hall D. Food with a visible face：Traceability and the public promotion of private governance in the Japanese food system [J]. *Geoforum*, 2010, 41 (5): 826 - 835.

② Albersmeier F, Schulze H, Jahn G, et al. The reliability of third - party certification in the food chain: From checklists to risk - oriented auditing [J]. *Food Control*, 2009, 20 (10): 927 - 935

③ 慕静．食品供应链中企业社会责任缺失风险的传导及控制 [N]．中国食品安全报．2011 - 09 - 10 (A03).

业发生频率最高的一类风险，已经引起消费者的广泛关注。

2. 食品供应链信息透明度不高

食品供应链信息透明度可以理解为食品供应链所有利益相关方在没有信息缺失、干扰、延迟和歪曲失真的情况下，对产品和过程相关信息的共享和共识程度。[①] 目前，仍有不少食品企业为了追求利益最大化而有意隐瞒食品安全信息。食品供应链各个环节之间的信息透明度不高，导致食品生产商、加工制造商、销售商、物流服务商之间无法完全了解对方真实食品安全状况，消费者更是无法知晓。调查发现，消费者对食品安全的担忧源于食品供应链信息的不透明，尤其是原材料采购、加工和检验三个流程。[②] 2014 年，上海福喜过期肉事件让麦当劳、肯德基一时间站在了食品安全的风口浪尖，其背后暴露的是食品供应链透明度不高的问题。[③] 由于食品供应链信息透明度不高，政府也不能完全了解食品安全状况，从而无法向民众报告食品到底是否存在安全问题。食品供应链信息透明度不高问题已经严重阻碍了食品供应链风险的防控工作。

6.2.2 国家层面食品供应链风险防控存在的问题

1. 食品安全法律法规体系有待进一步完善

我国食品安全法律总体上分为食品安全综合性和专项性法律两方面。从理论层面来说，食品安全法律法规体系相对比较完整，覆盖了食品供应链从原料生产、加工到流通等全过程。然而，在实际运行中却存在诸多缺陷。[④]

（1）法律法规体系结构的系统性有待加强，原则性与指导性规定过多，操作性不足。如《食品安全法》以食品安全为立法核心，以规制食品安全为主要内容，对保证食品安全做了很多规定，但这些规定以原则性和

① 郭政，樱珊．加强食品供应链透明度的方法与挑战［J］．上海质量，2011（4）：45－48.

② 杜海，瞿斌．食品供应链需增加透明度［N］．晶报，2013－05－23（B15）.

③ 赵方婷．食品安全事件折射供应链透明度不高［N］．现代物流报，2014－08－29（B02）.

④ 华锋．我国食品安全法律体系建设现状及对策［J］．河南师范大学学报（哲学社会科学版），2015，42（4）：44－48.

指导性为主，在具体实施过程中容易出现互相扯皮、效率低下等问题。[①]

（2）法律法规适应上缺乏协调性，各部门法交叉重叠较多。如《食品安全法》与《农产品质量安全法》存在许多交叉之处，《食品安全法》中将食品定义为“各种供人食用或者饮用的成品和原料以及按照传统既是食品又是中药材的物品，但是不包括以治疗为目的的物品。”[②] 但在总则中，为了两法衔接又使用了一个食用农产品的概念，即“供食用的源于农业的初级产品”。而《农产品质量安全法》只对“农产品”进行了定义，即“来源于农业的初级产品，即在农业活动中获得的植物、动物、微生物及其产品。”[③] 却没有对“食用农产品”这一概念进行定义。这些概念之间并没有形成内在的、合乎逻辑的关系，在一定程度上造成了概念定义与分类的矛盾。

（3）法律法规体系中标准体系比较混乱。根据国家卫生健康委员会新闻发布会的信息，我国现行食品安全标准有4900多项；现行食品、食品添加剂、食品相关产品的国家标准有1829项，地方标准有1201项，[④] 行业标准1500项。就国家标准而言，有农业农村部制定的，如农药残留标准、食用农产品质量安全标准；有原国家卫生部制定的，如食品卫生标准；也有原国家技术质量监督局制定的，如食品质量标准；而食品行业标准是由食品相关行业主管部门制定的食品标准。在这些标准中，有的是强制性标准，有的是推荐性标准，存在标准重复交叉矛盾的现象，[⑤] 显得比较混乱。

（4）食品安全风险评估法律法规欠完善。目前，我国出台的食品安全风险评估相关法律法规有《食品安全法》《食品安全法实施条例》《农产品质量安全法》《食品安全风险评估管理规定（试行）》等。除了原卫生部制定的《食品安全风险评估管理规定（试行）》这项专门

---

① 郑智航．食品安全风险评估法律规制的唯科学主义倾向及其克服——基于风险社会理论的思考［J］．法学论坛，2015（1）：91－98.

② 中华人民共和国食品安全法［Z］．2015－04－24.

③ 中华人民共和国农产品质量安全法［Z］．2006－04－29.

④ 中华人民共和国国家卫生和计划生育委员会．食品安全标准及食品添加剂有关问题答问［EB/OL］．（2013－06－05）［2015－09－01］．http：//www.moh.gov.cn/zwgkzt/zswdx/201306/50ce9bf3c1734e56a3e16239c443f5e8.shtml.

⑤ 逯文娟．我国食品安全标准及其管理体系概况［J］．食品安全导刊，2013（7）：20－23.

性规范之外，食品安全风险评估法律法规多分散于其他规范性文件中，[①] 缺乏系统性和全面性。此外，对食品安全风险评估过程、程序等也缺乏有效规制。

（5）食品召回制度尚存在一定欠缺。食品召回制度在防控食品供应链风险中有着不可取代的作用，因而我国《食品安全法》设专门条款规定了食品召回制度，但在具体实施环节等的设计上存在欠缺。一旦出现食品安全风险，只能由食品生产者或食品经营者进行食品召回，政府主管部门也只能责令其召回，没有实施召回的权限；[②] 对食品召回的范围、类型、条件与程序，以及相应的处理措施，食品生产者、经营者的责任、监管职责等缺乏具体规定，可见食品召回制度还有改进的余地。

此外，由于长期以来未形成有效的食品监管问责制度，在一定程度上造成了监管者的监管惰性，也影响了食品供应链风险防控效果。

2. 食品供应链风险监管效能有待提升

尽管新《食品安全法》将过去多部门分段式食品供应链风险监管体系转变为由国家食品药品监督管理部门统一负责监管企业食品生产经营活动的相对集中的管理体制，但食用农产品生产源头却是由农业部门主要监管，其他有关部门（包括卫生部门、工商部门、质监部门）承担食品安全辅助监管工作。食品药品监督管理部门如何进一步加强与农业部门、其他有关部门执法协作，避免较长时期以来形成的“监管主体都想就有利益的事情分杯羹，没利益的睁一只眼闭一只眼，最终造成监管失责”[③] 的局面，仍是一个有待研究的问题。另外，在我国目前基层社会行政管理中，以“利”为导向的监管执法现象还普遍存在，极易发生遇到好处就抢着管、没有好处都不管、遇到责任就相互推的状况。[④] 这些问题的解决都需从监管体系上寻找突破口。

---

① 丁国峰．我国食品安全风险评估制度的反思和完善［J］．江淮论坛，2014（1）：129－139．

② 陈捷．我国食品安全风险防控法律问题研究［D］．南京：华中农业大学学位论文，2013．

③ 赵鹏．我国风险规制法律制度的现状、问题与完善——基于全国人大常委会执法检查情况的分析［J］．政法学研究，2010（4）：119－126．

④ 王喜珍．国外食品安全监管体制变革趋势及借鉴［J］．社科纵横，2013，28（4）：45－48．

6.3 基于行为视角的食品供应链风险防控机制构建

6.3.1 构建基于行为视角的食品供应链风险防控机制的重要性

从前面的理论与实证分析可知，由于我国正处于社会转型期，一方面企业内在信誉和自律约束机制尚未建立；另一方面政府监管和社会监督矫正机制不完善，这使得在微观层面上构建我国食品供应链风险防控体系的最终落脚点应该是最大限度地优化食品企业的生产经营行为。只有在厘清影响食品企业生产经营行为的关键因素，并实施有效、配套的政策措施的基础上，在微观层面上才能最终构筑起有效防控食品供应链风险的安全屏障。①

食品供应链风险防控归根结底是食品供应链风险行为的防控。任何一种风险防控机制的实施，最后都要落实到人，即人的行为上。需要食品供应链企业全体员工按照规范要求进行自我约束和自我控制。而基于行为视角的食品供应链风险防控机制能够引导食品供应链企业全体员工树立正确的风险管理理念，将全面风险管理思想贯穿于食品供应链的各个环节和全部生产经营过程，将优秀的企业风险管理文化转化为全面风险管理的科学理论和管理方式，使风险管理内化为全体员工的自觉意识和行为习惯，并按规范行事，从而确保食品供应链风险管理目标的实现。因此，构建基于行为视角的食品供应链风险防控机制是防控食品供应链风险的基础和核心，具有重要的理论与现实意义。

6.3.2 基于行为视角的食品供应链风险防控机制的特点

1. 突出以人为本

防范食品供应链风险离不开适当的基础程序、GMP、HACCP 体系、召回程序等过程的系统，即员工操作程序系统，但更离不开员工的规范操作行为。因而，基于行为视角的食品供应链风险防控机制不但关注程序，更

---

① 吴林海，尹世九，王建华，等．中国食品安全发展报告2014［M］．北京：北京大学出版社，2014：82.

关注人的行为，强调改变员工日常的不良行为，使其严格按操作程序行事。

2. 强调行为科学

对于食品安全管理者而言，为了有效防范食品供应链风险，固然需要掌握食品安全、温度控制、环境卫生等食品安全管理理论知识，但这还远远不够。基于行为视角的食品供应链风险防控机制不仅需要食品科学理论知识，更需要熟悉一些重要的行为改变理论和模型，包括行为理论、社会认知理论、理性行为理论、计划行为理论、转变理论模式等。只有通过行为科学与食品科学的有机融合，才能实现有效防范食品供应链风险的目标。

3. 正视行为转变

防范食品供应链风险需要转变员工的行为。然而，转变员工行为过分强调培训和检查是不够的，必须正视行为转变的复杂性。斯金纳在其《科学与人类行为》著作中指出，行为是一种很棘手的主体事件，这并不是因为它莫测高深，而是由于它极其复杂。[①] 因此，基于行为的食品供应链安全风险防控机制需要深入分析影响行为转变的各种因素，如技巧、工作系统、工作动力、意识等。

4. 坚持系统思维

造成食品供应链风险事件的因素是错综复杂的，但食品供应链企业或其员工的"明知故犯"是主要成因。[②] 因此，基于行为的食品供应链风险防控机制需要清楚知道许多物理的、企业的和个人的因素是如何影响行为的，需要通盘考虑企业所进行的各种活动，以及这些活动如何联系在一起影响员工的思想和行为，进而采取一个整体的系统解决方案。

5. 注重安全文化

大量事实表明，一个企业的文化影响着它的安全行为。基于行为的食品供应链风险防控机制需要观察员工与食品供应链风险相关的行为，并根据结果进行反馈和辅导，为员工提供做正确事情的方法，提供持续改进的

① ［美］斯金纳（Skinner B F）．科学与人类行为［M］．北京：华夏出版社，1989：13.

② 吴林海，王建华，朱淀，等．中国食品安全发展报告 2013［M］．北京：北京大学出版社，2013：151.

动力，进而通过创造一种食品安全文化，达到防控食品供应链风险的目标。

6.3.3 基于行为视角的食品供应链风险动态演进路径

1. 路径构建

由行为科学的行为分析模型“前置因素—行为过程—效应”可知，效应（某种结果）要通过行为过程产生，而行为过程则体现了前置因素（诱发性事件）。通过对食品供应链风险发生原因的深入分析，可以发现所发生的食品供应链风险都直接或间接地与食品供应链企业及其员工的风险行为有关。这里，企业风险行为集中表现为高管群体的风险行为，而员工风险行为指的是基层管理人员和一线操作员工的风险行为。企业（高管群体）风险行为主要表现为战略缺失、战术松懈、战略与战术错配、执行不力、运作薄弱，而员工风险行为主要表现为状态散漫、责任心不强、技能欠缺、道德心差。[①] 首先，食品供应链风险与企业员工直接相关，很多风险事故的发生起源于员工的工作态度、精神状态和操作技能；其次，企业经营理念、战略、规章制度在影响企业的生产运作方式的同时，也影响着企业员工的行为方式，进而对食品安全风险管理、食品供应链风险管理产生显著影响；[②] 最后，食品供应链风险管理环境，包括经济、政治、法律和社会等宏观环境、供应链网络环境以及企业内部微观管理环境等，外延非常宽泛。因为经济发展阶段、政治体制、法律法规的完善程度、政府监管力度，供应链结构、上下游企业利益关联程度和协调运作程度，以及企业内部的治理结构、管理风格和企业食品安全文化等，都将对食品供应链企业及其员工的行为产生积极或者消极影响。[③] 基于上述分析，以行为形成及其影响为主线，从员工行为、企业行为（高管行为）、供应链风险管理环境三个层次构建食品供应链风险动态演进的路径，如图 6 - 1 所示。

---

① 刘永胜，陈娟．食品供应链安全风险的形成机理——基于行为经济学视角［J］．中国流通经济，2014（3）：60 - 65.

② 刘永胜．食品供应链安全风险防控机制研究—基于行为视角的分析［J］．北京社会科学，2015（7）：47 - 52.

③ 周志强，王克喜，赵振军，等．基于三维行为视角的煤矿企业安全影响因素分析［J］．中国煤炭，2008（7）：100 - 102.

2. 路径分析

如图6－1所示，企业及其员工的风险行为是在特定时期和特定食品供应链风险管理环境下形成的，且具有一定的惯性和惰性。员工风险行为、企业风险行为和食品供应链风险管理环境都可能直接导致食品供应链风险；反过来，当食品供应链风险集聚到一定程度，演变成重大食品安全事件后，将会刺激和改变食品供应链风险管理环境，对食品供应链风险管理环境形成一定的反作用力。随着环境的改变，企业及其员工的风险认知和风险行为也会随之调整和改变。因此，环境、行为和食品供应链风险之间形成了相互影响的动态演变过程。只是在不同时期，变化的幅度和程度，以及演进的路径可能不同。

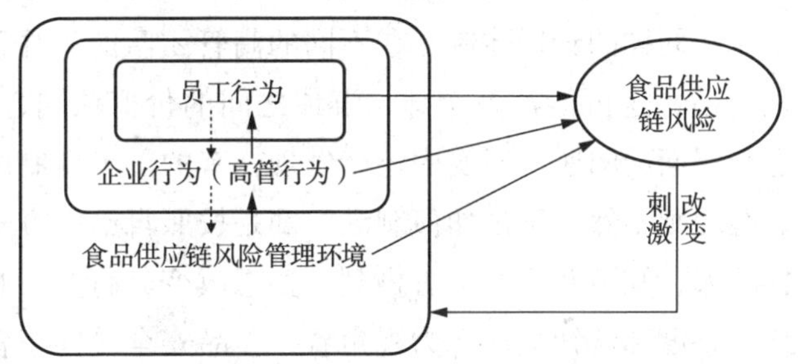

图6－1 食品供应链风险动态演进的路径

通常在经济高速发展阶段，由于企业对私利的贪婪追求，失守诚信和道德底线，导致食品供应链风险的集聚和扩散，结果使重大食品安全事件呈现大范围集群式的爆发态势。在这种时候，往往首先被刺激和唤醒的是大众和媒体。在大众舆论和媒体曝光的压力下，政府开始有所作为，如制定出台更加严厉的法律法规，强化监管等；接着，在制度压力和个人认知等因素的复合作用下，企业及其员工才会采取适应性或应对性的行为。这是发生在当今大多数发展中国家和发达国家早期资本主义发展阶段的事实。一百多年前，美国作家厄普顿·辛克莱根据潜伏在屠宰厂七个星期的亲身经历，写了《屠场》这本震惊美国的书，直接推动了《纯净食品及药物管理法》的通过和美国食品和药品监督管理局的成立，后者在之后的一百多年成为美国民众食品安全的守护神。1962年出版的美国海洋生物学家蕾切尔·卡逊的作品——《寂静的春天》引发了世界各国公众和政府对环境问题的关注，促使在食品安全法律法规中增加了对种植业环境的要求。

当然，解决食品安全问题，不能寄希望于少数几个有良知、有勇气和胆识的记者、作家或是环保主义者。那些推动或改变历史的人，其出现有一定的偶然性，但是，社会演变及其发展进程有其历史必然性。作为研究者，我们的责任是以史为鉴，寻找当下的治理之道。

对于食品供应链企业及其员工的不当风险行为，除了谴责、惩戒和教育之外，还应该深入分析行为背后的环境因素和个体因素。根据社会认知理论，与动物不同，人类对外在刺激的反应很复杂，绝不仅仅是一系列的反射行为，而是受环境和个人因素的共同作用，且两方面的作用机理都很复杂。以法律环境为例，同样内容的法律法规，在有的国家和地区能够很好地实现其预期目标，而在另外的国家和地区就达不到预期效果，这可能涉及法律法规的执行模式、力度和宣传教育方式等。再以企业微观环境为例，同样的企业、同样的管理体制，在不同的高管团队的领导下，员工的行为表现显著不同，这可能涉及个体、群体之间的价值认同、性格匹配、情感依赖等心理层面的问题。现实中还会发现，有的员工对制度环境的变化比较敏感，有的则不然，不论如何刺激，都是按照自己的方式和习惯行事。对于这样的人，知道并不意味着做到，要想改变其行为，必须从根本上改变其信念、态度和认知。从行为视角看，食品安全等同于食品安全行为，不安全的行为，或者说风险行为，是导致食品供应链风险以致食品安全事件的直接和根本性的原因。因此，防控食品供应链风险应从防控风险行为入手，以持续行为改进为目标。

6.3.4 基于行为视角的食品供应链风险防控机制的构建路径

前面四章的理论分析和实证研究表明，食品供应链风险的形成是食品供应链企业及其员工实施风险行为导致的直接后果，而企业及其员工的风险行为既受内外部环境因素的影响，也与态度、意识和主观规范等个体认知因素密切相关。因此，防控食品供应链风险的根本是防控食品供应链风险行为，主要手段是借助来自外部环境的压力和激发组织和个体的内在动力，最终目标是有效预防和减少食品供应链企业及其员工的风险行为，进而显著降低食品供应链风险。具体来说，对企业风险行为（高管风险行为）的防控应主要从以下几个方面着手：首先，进一步健全法律法规，加强执法力度和政府监管，通过制度压力不断强化企业高管的食品安全责任意识，进而对其实施风险行为的意向起到抑制和威慑作用。其次，利用供

应链作为利益共同体的特殊组织结构，通过构建基于大数据的食品安全信息共享机制和平台、建立食品安全风险责任追溯体系等，促使高管从供应链整体利益出发理性决策，进而约束其风险行为。再次，重视教育和培训，一方面国家对于食品供应链企业的高管应具备的教育背景、专业技能和在职培训等应提出具体要求；另一方面，行业协会和相关领域的科研院所应该研究设计面向企业高管的教育和培训体系，活跃行业领域内的国内外学习和交流，逐渐培育出一个既精通食品科学，又熟悉食品法规和标准，还擅长食品安全风险管理的高管群体，使企业高管在内心深处产生作为食品人、作为社会食品安全和消费者身体健康守护者的责任感和使命感，通过强化高管个体主观规范和发挥同行行为的示范效应，引导和培养高管的食品供应链安全行为，自觉抵制食品供应链风险行为。如果说对企业风险行为（高管风险行为）的防控主要依赖外部环境中的法律制度、教育培训制度、政府监管制度、信息约束制度、评价与激励制度，以及有效的供应链治理体系等制度性因素，那么对企业普通员工风险行为的防控则主要靠企业内部的文化氛围、流程设计和管理体系等。企业高管应致力于食品安全文化建设，让食品安全理念在每一个员工心里生根发芽，使他们在工作中始终保持风险防范意识，从而形成安全行为习惯。在流程设计和管理体系构建方面，企业应该以人为本，深入研究员工的行为特点，包括洗手池离工作区域的距离、位置布局和设计等细节，以及对风险行为的惩罚和对安全行为的奖赏要均衡，不能只惩不奖，也不能只奖不惩等，都应该从利于安全行为的实施和有利于风险行为的防控角度去考虑。总之，由于普通员工是处在企业具体情境中从事基层管理或一线操作，因此对普通员工风险行为的防控关键是要让他们对企业组织产生制度信任和情感信任，这是既治标又治本的手段，是能够显著降低风险防控成本和实现无为而治最高境界的最有效途径。最后，近些年来，来自媒体和公众的监督也是一股不可忽视的食品安全监督力量，对食品供应链企业及其员工的风险行为起到了一定的威慑和约束作用，在当前国家食品安全治理能力不足，政府监管力量有限的情况下，成为食品安全国家综合治理体系中的重要组成部分。因此，国家应该鼓励和支持公众监督，对公众监督提供必要的信息支撑和政策支持，如已经被纳入食品安全法的举报奖励制度，要真正贯彻落实。同时，还应该重视食品安全风险交流，尽快构建透明、有效、顺畅的食品安全风险交流机制和平台。综上所述，以防控食品供应链风险行为为主线，以激励与约束食品供应链企业（高管）及其员工行为为切入点的食品供应链风险防控机制的构建路径如图 6－2 所示。

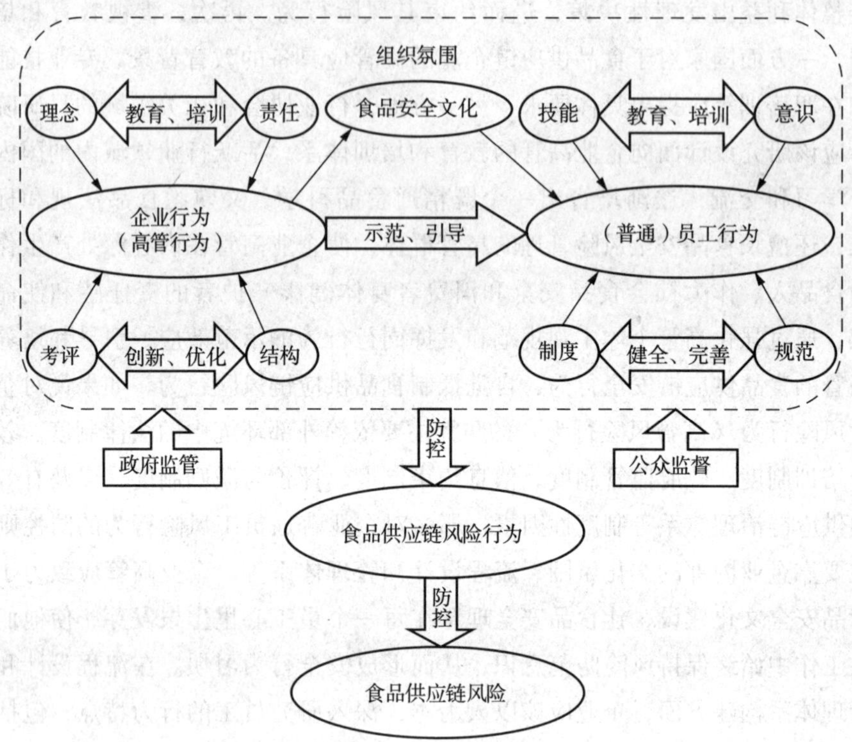

图 6－2　基于行为视角的食品供应链风险防控机制的构建路径

6.3.5　构建基于行为视角的食品供应链风险防控机制措施

按照基于行为视角的食品供应链风险防控机制的构建路径，应从创造良好的食品供应链风险管理环境，规范、引导、激励与约束政府相关部门、食品供应链企业（高管）、员工行为入手，采取“政府、企业、员工、社会公众、消费者”联动和“规范防、意识防、文化防、排查防、激励约束防、责任防、举报防”相结合的措施，[①] 来构建“七位一体”食品供应链风险防控机制，如图 6－3 所示。

① 刘永胜．食品供应链安全风险防控机制研究—基于行为视角的分析［J］．北京社会科学，2015（7）：47－52.

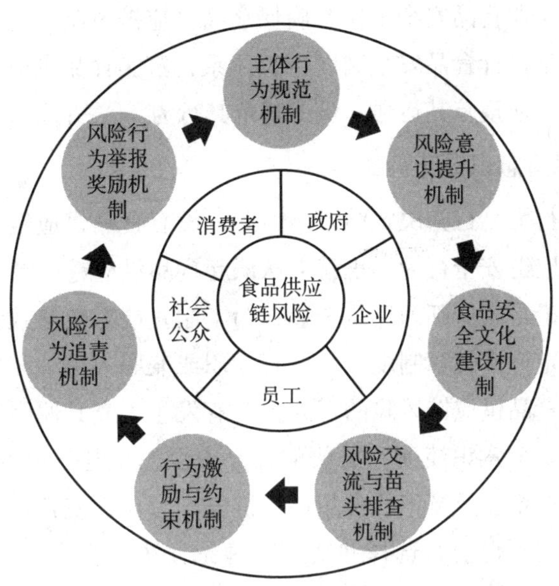

图 6-3 “七位一体”食品供应链风险防控机制

1. 强化主体行为规范机制

从规范行为的角度来说，需要对政府执法部门、食品供应链企业及其员工的行为进行规范。首先，政府相关部门要进一步完善食品安全法律法规，建立健全执法制度，加强自身执法能力建设,[①] 创新执法模式、执法手段，规范与提高自身的执法行为，增强对法律法规的理解和运用能力，彻底改变食品安全监管部门“有法不依，执法不严，违法不究”的局面。[②] 在强化食品安全执法行为规范机制基础上，营造有利于食品供应链企业规范经营和员工规范操作的法制氛围，铲除“违规文化”（即不违规吃亏、不违规不发展）[③] 的生存土壤，消除食品企业及其员工风险行为的动机；通过完善食品安全法律法规，进一步规范食品供应链企业的经营行为和员工的操作行为。其次，食品供应链企业要不断加强食品安全控制职能体系建设；设立食品安全总监岗位和食品安全防控机构，配备专职食品安全人

① 冉瑞平，李建强，任大廷，等．从源头防治污染和保护生态环境对策研究——基于微观主体行为分析的视角［M］．北京：中国环境科学出版社，2010：91.

② 刘永胜．食品供应链安全风险防控机制研究—基于行为视角的分析［J］．北京社会科学，2015（7）：47-52.

③ 董军．人因主导型操作风险生成机理与防范策略［J］．上海金融，2005（8）：33-35.

员，统一管理企业食品安全工作，确保食品供应链风险行为有人抓，有专人管。通过科学设计食品安全制度组织体系，落实食品供应链风险行为防控职责，促使企业规范其运作、员工规范其行为。

2. 构建风险意识提升机制

意识决定行为，行为决定结果。因此，没有食品供应链安全意识，就不会有食品供应链安全行为，也就无从谈起食品供应链风险的防控。[②]近些年来，尽管无论是政府部门还是企业，为了制止或避免导致食品供应链风险的行为而制定许多规章制度，并设有专职或兼职人员查究这些违章违纪行为，但导致食品供应链风险的行为仍时有发生，究其原因很大程度上在于食品供应链安全意识淡薄和必要的食品安全知识与技能的缺乏。因此，提升政府部门、企业及员工的食品供应链安全意识，使其真正掌握正确的知识和技能，进而促使其选择并实施"遵纪守法"行为。为此，一方面，要建立食品供应链安全知识和技能的教育、培训机制，使教育、培训工作常态化。可由食品安全监管部门牵头举办食品供应链安全知识和技能培训班，统一政府执法人员、食品供应链企业管理层和普通员工的思想认识，使其形成良好食品安全行为的基础，[①] 自觉选择"遵纪守法"行为。另一方面，要构建相应的激励与约束机制，激发相关人员参加教育、培训的积极性。如针对个人，可以在一定场合公开其参加教育、培训的信息，并将参加教育、培训情况与个人升迁相结合；针对企业，参加教育、培训情况可以与企业项目验收、年检等挂钩。此外，食品企业还要实施科学合理的绩效考评机制，以食品供应链风险防控为目标，以避免风险行为为中心，通过科学的行为及其结果的考评，引导全体员工树立食品安全理念，提升食品供应链风险防控意识。

3. 打造食品安全文化建设机制

食品安全文化就是食品供应链企业在长期的生产经营活动中逐步形成的与食品安全风险有关的意识、规范、价值观、思维方式、道德水平、行为准则等"软件"的总和。[②] 食品安全文化是企业文化的一部分，侧重于

---

① 上海市食品药品安全研究中心．食品药品安全与监管政策研究报告（2008 年卷）[M]．北京：社会科学文献出版社，2008：85－88.

② 倪建文．食品供应链质量管理框架及中小企业质量文化建设 [J]．湖南师范大学社会科学学报，2010（5）：83－86.

提高企业员工的食品安全风险意识、风险管理理念和风险管理职能。打造食品安全文化机制，不仅能够提高食品供应链各环节的食品安全风险意识，而且能够潜移默化地影响食品供应链企业及其员工的行为，充分发挥食品安全文化所特有的导向、约束、凝聚和激励等社会功能。① 为此，从食品企业层面来说，第一；要构建风险结果信息传播机制，确保全体员工都能及时了解和掌握相关信息；第二；要有风险领导机构，制定战略风险管理规划，并为实现风险管理目标提供必要资源和确定任务分工；第三，要鼓励员工自我发展和适当授权，提供员工能自我控制的工作，支持组建自我管理的工作团队，鼓励员工对防控食品供应链风险的承诺；第四，要构建食品供应链风险行为修正优化机制，为员工提供乐于安全行动的机会；第五，要尊重员工，利用表扬、表彰以及物质奖励等多种形式激励那些安全行为表现优秀的员工。②

4. 建立风险交流与苗头排查机制

实施食品供应链风险交流与风险行为苗头排查机制可以及时发现问题，进一步明晰风险行为成因，采取针对性风险行为防控措施，使防患于未然落到实处。通过整个食品供应链全程、全方位的风险交流，可以实现“统一对风险信号的思想认识，统一对风险状况的判断，统一对风险的防控措施，统一采取风险防控行动”③，实现政府、食品供应链企业及员工之间的良性互动。而食品供应链风险行为苗头排查遍布食品供应链的各个环节和相关员工，任何影响员工行为意向的因素都有可能导致员工做出风险行为。因此，既要从员工的风险态度、主观规范、风险感知等影响员工行为的内在因素（个体因素）进行排查，又要从食品供应链结构、企业组织结构和食品安全文化等影响员工行为的外在因素（环境因素）发现线索。在排查过程中，除员工的日常自查之外，企业食品安全监管部门或人员还要根据排查风险行为人的年龄、岗位的不同，采取针对性方式进行排查，以求全面掌握被排查风险行为人的各种相关信息。如对中老年员工，尽量

① 赵学刚，谭迎新．城市交通安全风险文化系统三维结构体系构建［J］．中国安全科学学报，2011，21（12）：122－127.

② Watson A W，Gryna F M. Quality culture in small business：four case studies［J］. Quality Progress，2001：34（1）：41－48.

③ 曹本锋．关于加强食品安全风险交流的几点思考［N］．中国食品安全报，2015－5－23（A02）.

采取上门家访方式，实地了解其心理、身体等状态信息；对青年员工，则采用在微博、微信上加关注成好友的方式来了解他们的日常生活和思想动态，甚至与部分员工的家长建立微信联系以更深入地了解青年员工的动态。①

5. 完善行为激励与约束机制

食品供应链安全意识形成了对政府部门执法人员、食品供应链企业及员工风险行为的无形约束，对约束风险行为发挥着重要作用。但要使避免风险行为落到实处，还需要采取一系列有形的激励和约束措施。一方面，政府部门要通过完善执法人员管理制度、明确岗位责任以及加强督促检查，促使执法人员严格执法标准，确保执法人员工作到位；另一方面，还要利用财政支出、税收优惠、指导帮扶等措施，激励和鞭策食品供应链企业合规合法地从事生产经营活动；通过声誉机制、信用机制约束食品供应链企业及员工道德风险，同时借助法律法规手段对食品供应链企业及其员工的投机行为加以严惩，加大食品供应链风险行为成本。② 此外，食品供应链核心企业要以身作则，以“多赢”理念为导向，利用契约、声誉、政策等激励约束手段，与上下游企业建立战略合作关系，促进食品供应链企业之间的协调运作，共同防控食品供应链风险。另外，企业还要不断完善以“利益激励”和“精神激励”有机结合的内部激励机制和以监督为核心的约束机制，激励企业员工按标准、规范进行操作，增强企业员工行为的自律性，减少风险行为的发生，从而降低食品供应链风险。③

6. 构建风险行为追责机制

欧盟委员会认为，保证从田间地头到厨房餐桌整个过程绝对安全最为有效的办法，是对供应链上各个环节涉及的每个人都规定具体的责任。④ 食品供应链涉及生产、加工制造、流通到销售等环节，食品供应链风险可

---

① 上海市金融纪工委，上海银行纪委．异常行为排查视角下的上海金融系统案件风险防控实践与思考［EB/OL］．（2015－09－25）［2015－12－20］．http：//sjr. sh. gov. cn/Party/Detail?cateCode＝144086&cateInfo＝144.

② 刘永胜．食品供应链安全风险防控机制研究——基于行为视角的分析［J］．北京社会科学，2015（7）：47－52.

③ 张红霞．核心企业主导的食品供应链质量安全风险控制研究［D］．北京：中国农业大学学位论文，2014.

④ 王龙云．全球食品供应链监管难在何处［N］．经济参考报，2014－8－1（006）.

能出现在每个环节上，作为食品安全主体责任的企业理应承担起食品供应链风险的责任。为此，一方面，要本着“谁主管、谁负责”的原则，通过法律法规、契约合同以及企业内部规章制度等明确食品供应链每一个环节的风险行为责任，形成完整的食品安全责任体系；同时，还要按照ISO22000食品安全管理体系建立并严格执行运作标准体系，使责任到位、到底。另一方面，食品供应链企业要充分利用信息追溯体系，解决好食品市场中的信息不完全、不对称和不能共享的问题，[①] 准确定位风险行为的责任主体，形成可倒查、可追责的责任体系，从而减少食品供应链企业及其员工的风险行为，实现对食品供应链风险的有效防控。

7. 完善风险行为举报奖励机制

防控食品供应链风险，离不开良好的社会环境氛围，离不开社会公众、消费者的参与和支持。不断完善社会公众、消费者食品安全风险举报奖励机制，有利于调动其积极性，发挥群众监督作用，及时发现风险行为苗头和食品安全隐患。同时，在国家依法坚决查处食品安全违规违法案件、严厉打击食品安全犯罪活动的高压态势下，举报奖励机制能够更好地约束食品供应链风险行为，遏制食品安全犯罪，有效降低食品供应链风险。2011年7月，国务院食品安全委员会颁布了《关于建立食品安全有奖举报制度的指导意见》（食安办〔2011〕25号），为实施食品供应链风险举报奖励机制奠定了坚实基础。目前，各级地方政府也纷纷出台了具体的实施办法，对维护市场食品安全起到了积极作用。然而，在实际运作当中也存在着许多不尽人意之处。例如，只规定有物质奖励，缺乏精神奖励；排除匿名举报奖励，或者对匿名举报奖励的保密性缺乏保证，甚至举报信、举报人个人电话都落入被举报人手中，使“举报保密”原则形同儿戏，举报人的人身安全受到威胁；目前全国绝大多数地方计算奖金的依据是案件的罚没收入或查获的货值，[②] 奖金设定标准欠科学等。因此，要针对食品供应链风险举报奖励机制实施过程中出现的问题，进行逐一梳理，查找问题的根源，从设计举报奖励机制的基础、初衷出发，合理确定奖励形式和奖金标准，保障举报人的受奖权益，完善对举报人的隐私保护制

① Hobbs J. Information asymmetry and the role of traceability systems [J]. *Agribusiness*, 2004, 20 (4): 397 -415.

② 应飞虎. 食品安全有奖举报制度研究 [J]. 社会科学, 2013 (3): 81 -87.

度；简化举报食品安全问题企业的方式。同时，建立“举报—查处”联动机制，及时公开曝光导致食品供应链风险的企业，并支持社会公众、消费者采取进一步的诉讼以维护其合法权益，[①] 确保食品供应链风险举报奖励机制落到实处。

6.4 本章小结

本章在从行为层面深入分析欧、美、日等发达国家防控食品供应链风险的法律法规、组织体系、策略、手段等的基础上，总结了国外食品供应链风险防控做法对我国的启示。然后，从企业层面和国家层面分析了我国食品供应链风险防控存在的问题，包括风险意识有待提升、信息透明度不够、法律法规体系不够完善，以及监管效能有待提升。最后，明确了构建基于行为视角的食品供应链风险防控机制的重要性，分析了基于行为视角的食品供应链风险防控机制的特点，包括突出以人为本、强调行为科学、正视行为转变、坚持系统思考和注重安全文化，构建了行为视角下食品供应链风险动态演进的路径；在此基础上，构建了集主体行为规范机制、风险意识提升机制、食品安全文化建设机制、风险交流与苗头排查机制、行为激励与约束机制、风险行为追责机制、风险行为举报奖励机制为一体的基于行为视角的食品供应链风险防控机制。

① 刘永胜．食品供应链安全风险防控机制研究——基于行为视角的分析［J］．北京社会科学，2015（7）：47－52.

7

基于行为视角的食品供应链风险防控案例研究

7.1 鹏程公司案例背景

7.1.1 鹏程公司简介

北京顺鑫农业股份有限公司鹏程食品分公司（以下简称“鹏程公司”）是北京顺鑫农业股份有限公司下设的五个分公司之一，也是北京顺鑫农业股份有限公司主营业务收入的主要来源公司，还是北京市最大的生猪屠宰加工企业。鹏程公司集畜牧养殖、生猪屠宰及肉制品深加工、物流配送于一体，是我国国家级农业产业化龙头企业。单厂屠宰量位居全国前列，生鲜产品销量始终位于北京市场领先地位，在北京市场占有率达到45%以上，公司拥有3000多家销售网点。①

鹏程公司创立于1958年，原名为北京顺义肉联厂，经过1998年的企业股份制改造，成为北京顺鑫农业股份有限公司的分公司。

鹏程公司主要生产种猪（台系杜洛克品种、法系皮特兰品种、英系大白品种、美系长白品种）、生鲜肉、熟肉、调理肉等产品。主导产品或拳头产品在行业中占有优势地位，“鹏程”牌系列肉食品为行业中的著名品牌。

鹏程公司现有员工1774人，其中专业技术人员300多人，管理人员105人。全体员工中，专科及以上学历的人员有549人（占31%），中专

① 北京顺鑫农业股份有限公司鹏程食品分公司．公司简介［EB/OL］．［2015－06－27］．http：//www. sxpengcheng. com/about_ us/&i＝19&comContentId＝19. html.

及以下学历的人员有1225人（占69%）；35岁以下535人（占30.16%），35~39岁509人（占28.69%），40~44岁333人（占18.77%），45~49岁294人（占16.57%），50岁以上103人（占5.81%）。①

鹏程公司获得了一系列荣誉。2013年，在由商务部主导、商务部流通产业促进中心主办、北京市商务委员会协办的“舌尖上的肉制品——熟肉制品营养与美味评比”活动中（共有11家业内知名企业参赛），鹏程公司生产的“鹏程牌猪蹄”与“无敌头肉”分别斩获营养奖与美味奖。②

2014年，以“寻找、发现谁在影响百姓生活”为主旨、被誉为首都经济界“奥斯卡”的北京影响力评选活动中，“鹏程”品牌荣膺第六届北京影响力十大品牌，捧得荣耀至尊的“北京人奖”，进一步彰显了公司品牌的市场美誉度和影响力。③ 同年，在由中国肉类协会主办的“2014年中国肉类食品行业强势企业评定”活动中，鹏程公司凭借自身实力斩获“2014年中国肉类食品行业强势企业”称号，这不仅证明了行业及全社会对鹏程公司的肯定，更是对企业坚守品质荣誉、致力打造消费者信得过肉制品的褒奖。④

多年来，公司将保障北京市“菜篮子”供应为使命，为保障首都食品供应和物价稳定发挥了重要作用。公司的产品与百姓生活息息相关，为丰富百姓餐桌、保障上市产品的优质优价默默地做着奉献，公司产品已充分融入到了百姓的生活并被深深喜爱。

7.1.2 鹏程公司经营规模

近年来，受市场环境等不利因素影响，公司经营规模呈现下滑趋势，见表7-1。⑤ 2014年，公司销售收入为26.1亿元，同比减少12.42%。

---

① 这些信息根据鹏程公司劳资部门提供的数据整理得到。

② 北京顺鑫农业股份有限公司鹏程食品分公司．鹏程食品分公司成为南京亚青会猪肉产品独家供应商［EB/OL］.（2014-12-30）［2015-07-20］. http：//www.sxpengcheng.com/news_detail/newsId=9.html.

③ 北京顺鑫农业股份有限公司鹏程食品分公司．“鹏程”品牌荣膺第六届北京影响力十大品牌奖［EB/OL］.（2014-12-25）［2015-07-20］. http：//www.sxpengcheng.com/news_detail/newsId=6.html.

④ 北京顺鑫农业股份有限公司鹏程食品分公司．顺鑫农业鹏程食品分公司荣获2014年中国肉类食品行业强势企业称号［EB/OL］.（2014-12-25）［2015-07-20］. http：//www.sxpengcheng.com/news_detail/newsId=8.html.

⑤ 表中的数据由鹏程公司生产、销售部门提供。

表 7-1　2010—2014 年鹏程公司猪肉生产量、销售量与销售收入情况

项目	2010 年	2011 年	2012 年	2013 年	2014 年
生产量/万吨	14.7	17.6	18.2	19.4	17.7
销售量/万吨	14.8	18.4	18.4	18.6	16.8
销售收入/亿元	27.3	35.1	32	29.8	26.1

注：猪肉生产量、销售量和销售收入受生猪价格低迷、市场销售不畅及通胀压力增大等因素影响较大。

7.1.3　鹏程公司经营理念

鹏程公司作为肉制品生产加工企业，始终以社会责任为己任，秉承食品行业是道德产业的理念，不断加强食品安全体系建设，提升产品质量，获得了 ISO9001 质量管理体系认证、ISO14001 环境管理体系认证、ISO22000 食品安全管理体系认证，并在全国率先提出了"放心肉"的承诺。鹏程公司在全国率先打造了"种猪繁育—生猪养殖—生猪屠宰—肉食品加工—冷链配送"的全产业链，在种猪繁育、生猪养殖、屠宰加工、检验检疫、精细分割、低温冷却和冷链运输等环节上实现对生肉和熟食产品安全和品质的 360°把控，做到 360°健康品质承诺，如图 7-1 所示，[①] 确保食品的安全、放心，有力地推动了企业的健康发展。

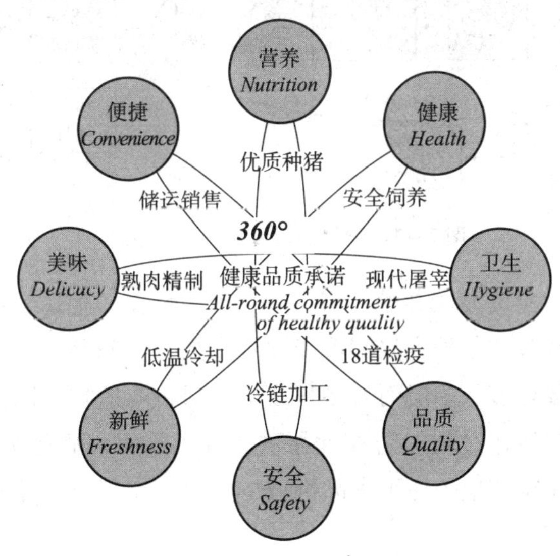

图 7-1　鹏程公司 360°健康品质承诺

① 顺鑫控股．顺鑫游——鹏程食品分公司［EB/OL］．［2015-07-22］．http：//shunxin-holdings.com/gysx/index.aspx? nodeid=108.

7.2 鹏程公司食品供应链风险防控考察

7.2.1 鹏程公司食品供应链模式

鹏程公司是北京市市场猪肉产品的主要供应商，其生猪来源于自有的12个养殖场（年出栏25万头左右，占10%～15%）和外地180多家养殖基地（年供应200万头左右，占85%～90%）。鹏程公司下属的小店畜禽良种场为国家级种猪选育场，向养猪基地或养殖场提供种猪，也饲养部分生猪。从养殖基地收购合格的生猪和自有养殖场饲养的生猪屠宰加工后，直接销往批发市场、超市、机关团体或专销网点，或者经再加工成熟食后销往批发市场、超市、机关团体或专销网点。在物流配送过程中，实现“统一管理、统一配送、统一形象、统一服务”。因此，鹏程公司食品供应链模式为“养殖基地/养殖场＋生猪经纪人＋鹏程公司＋销售商＋消费者”，如图7－2所示。①

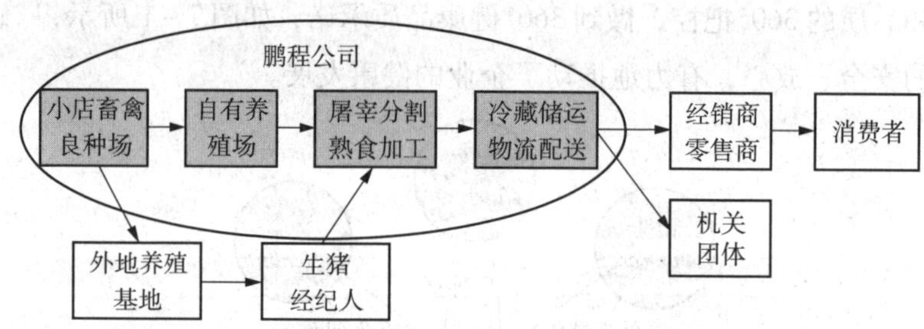

图7－2 鹏程公司食品供应链模式

公司食品供应链涉及养殖、屠宰、生产、储藏、配送、销售等多个环节，任何一个环节的各种失误都可能导致食品安全问题，造成食品供应链风险，需要在多环节、多层面、多角度进行保护与监控，因而从根本上把控住食品供应链运作过程对防控食品供应链风险而言显得尤为重要。② 正是由于鹏程公司牢牢把控住了食品供应链的每一个环节，使产品的质量得

① 喻闻．农产品供应链案例研究［M］．北京：中国农业科学技术出版社，2008：85.

② 文晓魏，等．食品安全监管、企业行为与消费者决策［M］．北京：中国农业出版社，2013：84.

到很好的管理与保证，也为防控食品供应链风险起到了有效的支撑性作用。

下面具体阐述鹏程公司是如何通过把控食品供应链各个环节，实现食品供应链风险有效防控的。

7.2.2 通过规范化管理实现食品供应链货源源头的风险防控

食品供应链风险防控是一项系统工程，要实现对食品供应链全过程的食品安全风险防控，就必须将养殖业、加工业和流通业等有机衔接起来，而严把货源安全关最为关键。近年来，鹏程公司按照“公司＋生猪经纪人＋养殖基地”的生猪货源运作模式，在黑龙江、吉林、辽宁、内蒙古、天津、河北、山东、河南、四川、陕西等地建立了生猪养殖基地，通过实施科学的激励与约束机制，减少或消除养殖基地和生猪经纪人的风险行为，确保生猪货源安全，实现了食品供应链风险的前端防控。

首先，以契约形式明确公司与养殖基地双方的权利与义务，统一规范养殖基地的管理，实施“五统一”的管理办法，即统一引种、统一饲料供应、统一用药、统一防免疫和统一收购，[①] 形成密闭式、一体化的货源生产管理体系，实现精细化管理。例如，进入养殖场的人员都需要经过一系列的彻底清洗、消毒后，才能进入饲养区。饲养区始终保持洁净，为生猪创造了舒适的生长环境。[②] 同时，在生猪进入鹏程公司的生产线时，也要进行生猪的“三证”检验，包括产地检疫证、运输车辆消毒证、免疫耳标。“鹏程”肉食品素以“安全放心肉”著称，一个关键原因在于把住了生猪产业链的源头。[③] 北京奥组委、北京世锦赛组委会等相关机构能够认可鹏程公司为重大体育赛事提供的猪肉，关键就在于该公司严格的源头把关。

其次，为了充分调动养殖基地农户的积极性，确保他们的经济利益，在生猪收购价格采用“随行就市”的基础上，公司提供综合服务和保护价格。同时，公司对养殖基地进行定期监督检查和指导，并开展评比活动，

---

① 专稿．顺鑫鹏程：发展绿色产业，打造安全、放心肉食品牌［J］．肉品卫生，2005（8）：4－5.

② 马永娇．服务奥运，是企业信誉和实力的体现——访北京顺鑫农业股份有限公司鹏程食品分公司副总经理李文祥［J］．食品安全导刊，2008（6）：31.

③ 本刊编辑．全产业链“天罗地网”守护食品安全［J］．北京农业，2014（31）：36－39.

对那些管理规范、制度执行到位、养殖水平高的养殖基地通过挂牌给予认可；对那些达不到要求的基地则给予淘汰。

最后，为了调动生猪经纪人的积极性，激励生猪经纪人的规范收购行为，保证生猪货源质量，鹏程公司始终坚持及时、足额结算生猪经纪人的货款；同时，为了约束生猪经纪人的投机行为，避免生猪经纪人将有问题的生猪卖给本公司，鹏程公司采用了生猪屠宰后按合格白条猪净重进行结算货款的方式。

7.2.3 通过严格的质量控制实现食品供应链生产过程的风险防控

统计资料显示，食品生产加工环节一直是食品安全事件的重灾区，因而防控食品供应链风险的重点自然就落在了食品生产加工环节。而建立健全科学的质量控制体系，可以确保生产加工环节有效防控食品供应链风险。

鹏程公司在完成股份制改造的第二年（1999 年）就通过了 ISO9001 质量体系认证；2001 年通过北京市食用农产品安全认证；2003 年获得全国工业产品生产许可证（QS 认证）；2004 年通过国家无公害农产品认证，同时公司熟肉制品首批通过 QS 市场准入认证、对日注册和 HACCP 认证；后来又相继通过 ISO14001 环境管理体系认证和 ISO22000 食品安全管理体系认证。在生产过程中，鹏程公司严格执行上述认证体系要求，加强产品的检疫、检验，严格生产车间管理，有效控制产品生产全过程的质量，确保肉制品的安全。

为确保对生产过程的完全控制，公司专门成立了独立于生产部门的品质控制中心，该中心由总经理直接领导，形成生产与监督的两权分离，对整个生产过程实施外部监管，让生产部门无法隐匿违规违章操作所造成的产品质量隐患，从而在制度上抑制了生产部门及其员工的风险行为，保证了产品质量。

在对产品生产全过程质量进行控制的过程中，首先，充分发挥公司品控中心的作用，保证所有进厂的原料、辅料都要检验检疫合格后才能进入下一环节。同时，严格按照产品标准、工艺规程对生产过程质量进行检验。品控中心发挥了下列四项职能作用：一是微生物检验，控制产品生产加工过程及出厂成品的微生物数量，进而延长食品保质期；二是理化检

验，控制熟食产品理化指标，确保其符合国家标准要求；三是兽药残留检测，从源头控制猪肉产品品质；四是感官评定，对出厂产品的感官进行初步的评定，不合格产品不许出厂。

其次，确立产品质量关键控制点，明确质量关键控制点操作控制程序与要求，加强对关键控制点的质量把控，同时利用产品标识实现产品的可追溯性。

再次，定期监督抽测加工环境卫生、生产加工用水等，确保生产作业条件符合要求。对自身不能检测确认的有害物，如重金属、药物残留等，委托外部检验部门进行检测确认，不合格产品不许出厂。

又次，严格生产车间工作人员的管理，要求所有车间工作员工必须保持个人清洁卫生。进入车间前必须先用洗手液彻底清洁双手并冲洗干净，然后在消毒池里浸泡 10 分钟；接下来必须配备全套的衣服、帽子、口罩、靴子；“全副武装”完毕，还须将靴子浸泡 10 分钟；再经过风淋除尘、紫外线杀菌，最后全部“消毒”完毕才能进入生产车间。工作服不整洁，指甲未剪，未按照程序洗手消毒的行为均会受到处罚。①

最后，激励车间工作人员持续改进工作，每周、每月由品控中心对生产车间的环境卫生、产品质量、工作质量等进行评分，得分结果与员工工资、奖金挂钩，激励员工不断改进工作方式，提高执行力。

7.2.4 通过加强流通网络建设实现食品供应链流通环节的风险防控

虽然食品流通环节是整个食品供应链上发生问题最少的环节，但由于食品在流通过程中易腐烂变质，使得对流通中的运输储存环境要求比较高。基于此，鹏程公司通过加强流通网络建设，构建封闭的市场流通网络体系，确保产品的安全性，实现食品供应链流通环节的风险防控。

为了构建封闭的市场流通网络体系，进行封闭式市场运营，减少流通环节，降低流通费用，公司创新了肉类产品销售模式，彻底地改变传统销售做法，借助鹏程品牌在北京肉食品市场上的知名度，建设终端销售网络，加快了加盟店、专营店、联营店等市场销售网点建设。目前已有销售

① 本刊记者．从肉业发展看鹏程食品——访北京顺鑫农业股份有限公司鹏程食品分公司[J]．食品安全质量检测学报，2010（4）：197－201.

网点3000多家，网络遍及北京市内及周边地区。[①] 同时，以300辆专业冷藏车辆、0～4℃全程冷链构成的专业冷链储运为依托，实行“统一管理、统一配送、统一形象、统一服务”，采用每日配送，直接送达全北京市以商超、机关团体、社区市场为主体的3000多家销售网点，不仅减少了流通环节，而且确保了产品质量，实现了对流通环节食品供应链风险的有效防控。

7.2.5 通过应用先进技术手段促进食品供应链风险防控全面升级

解决食品数量问题要依靠先进技术手段，保障食品安全同样离不开先进技术手段。先进工艺技术、检测技术、风险评估技术、危害控制技术、标准化技术、可追溯技术等对食品安全管理具有重要的支撑作用，[②] 更是防控食品供应链风险的核心要素。由于食品安全涉及生猪养殖、收购、生产加工、流通等多个环节，相关的食品安全保障技术手段也非常宽泛、复杂。[③] 鹏程公司充分利用先进技术手段保障食品安全，全面升级食品供应链风险的防控。

在生猪养殖环节，鹏程公司在全国各地建立了180余家生猪养殖基地，对基地实行“五统一”管理，并严格执行休药期制度，形成了密闭式、一体化的货源生产体系。[④] 在养殖环节，利用二维条码耳标技术，对生猪品种及饲养过程进行全程数据记录。在屠宰环节，从荷兰引进全自动化生猪屠宰线，采用了国际先进的生猪屠宰新工艺、新技术，[⑤] 准确控制胴体顺序，使用无线射频技术，实时在线记录屠宰相关数据，确保信息传输准确无误。智能化的屠宰系统有力地促进了食品安全保障防线的全面升级。在低温车间采用了国际上先进的生产工艺设备，所有程序都已经事先预定

① 北京顺鑫农业股份有限公司鹏程食品分公司．鹏程拥有北京最大的肉食品销售网络［EB/OL］．［2015－07－28］．http：//www. sxpengcheng. com/about_ cyl/&i＝7&comContentId＝7. html.

② 陈子雷，李维生．现代科学技术对食品安全管理的支撑作用研究［J］．山东农业科学，2012，44（12）：112－118.

③ 马永娇，蔡苍，卜庆婧．借助先进技术保障食品质量与安全［J］．食品安全导刊，2009（7）：20－31.

④ 本刊编辑．全产业链“天罗地网”守护食品安全［J］．北京农业，2014（31）：36－39.

⑤ 北京顺鑫农业股份有限公司．北京顺鑫农业股份有限公司2014年年度报告［EB/OL］．（2015－03－25）［2015－7－30］．http：//vip. stock. finance. sina. com. cn/corp/view/vCB_ AllBulletinDetail. php? gather＝1&id＝1668623.

好，只需要把原料配好全部放进去就能够自动完成低温肉制品的生产、包装，消除手工操作可能带来的食品安全隐患，[①] 建立了达到出口标准的熟肉制品生产加工线，实现了运用国际标准规范熟食制品的生产。与此同时，鹏程公司利用过硬的科学管理手段，借助物流信息管理平台，实现产品生产的程序化、规范化和精细化。

在配送环节，使用带有 GPS 系统的专业冷藏车，实施全程冷链配送，并对配送车辆全程跟踪和监控，彻底消除配送环节食品安全隐患。同时，借助电子标签和 GPS 系统，实现对公司整个食品供应链全程的可追溯。

正是由于鹏程公司积极运用先进技术手段，增强了食品安全风险防控能力，才为企业食品供应链风险防控创造了前提条件。

7.2.6 通过落实全员责任奠定食品供应链风险防控的基础

食品供应链风险防控工作，要靠企业所有员工的共同努力。只有全员努力、共同参与，才能实现责任落实，进而实现岗位达标。只有实现岗位达标，才能实现班组达标，进而实现车间达标、企业达标。[②] 只有实现企业达标，才能实现食品供应链风险的有效防控。为了实现全员岗位责任的落实，鹏程公司通过全员性动员培训，达成共识，了解相关基础知识和方法，使全员责任意识得到明显提升，形成良好的责任落实氛围；通过开展全员学习法律法规活动，使全体员工做到有法可依、有法会依、有法愿依；通过全员梳理安全职责，实现安全职责清晰、明确和全覆盖；通过全员排查隐患，确保所有风险被辨识、所有隐患被发现；通过全员对标整改，使企业始终符合标准的要求，使企业全体员工的岗位责任更好地得到落实。正是由于鹏程公司实现了全员性的岗位责任落实，让每一位员工都行动起来，都参与进来，形成了规范、有序、和谐的生产秩序和环境，才为企业食品供应链风险防控奠定了重要基础。

---

① 本刊记者．从肉业发展看鹏程食品——访北京顺鑫农业股份有限公司鹏程食品分公司［J］．食品安全质量检测学报，2010（4）：197－201．

② 北京顺鑫农业股份有限公司创新食品分公司．食品生产企业安全生产标准化创建［J］．劳动保护，2015（2）：104－106．

7.2.7 通过塑造企业文化构筑食品供应链风险防控的“防护网”

企业文化体现一个企业的思想和行为特征，可以通过企业活动加以锤炼并随着时间不断持续。一个食品企业如果没有食品安全意识，不注重企业食品安全文化的塑造，必然会导致食品供应链风险。鹏程公司始终秉承“诚信、敬业、创新、高效”的企业文化理念，注重企业凝聚力和文化向心力的塑造，为防控食品供应链风险构筑了坚实的“防护网”。

鹏程公司经过60多年的发展，已经形成了独特的以品质、效率和服务为核心的企业文化，包括企业精神、核心理念、工作原则、座右铭、人才观，以及管理理念六个方面，[①] 如图7－3所示。

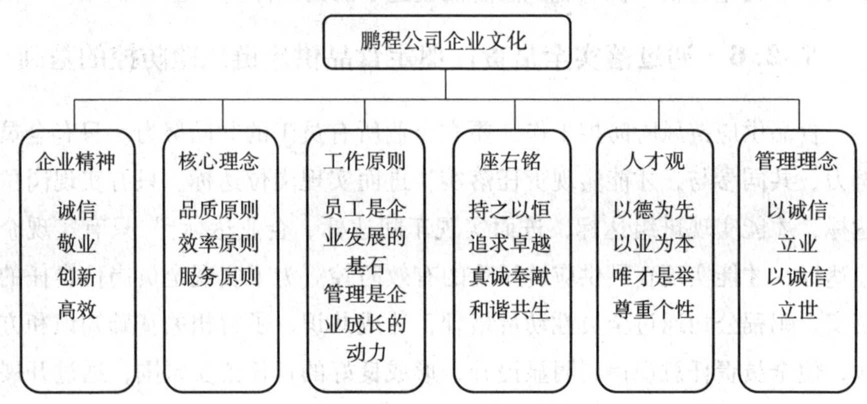

图7－3 鹏程公司企业文化体系

同时，鹏程公司以多种活动形式强化企业文化建设，如积极组织参加由顺鑫集团公司举办的“鹏程杯——精细管理大家谈”征文活动，组织开展员工法律法规、安全职责、安全知识、专业技能的教育、考核活动[②]；每年评选五好家庭，并召开总结表彰大会，充分展示五好家庭的风采；设立关爱互助基金，为员工解决后顾之忧；在适当的位置展示企业文化、介绍企业产品和保证食品安全的做法等。通过举办食品安全标准、操作规范等培训，以及专题讲座、竞赛评比、答卷考核、班前会等方式，宣传和贯

① 北京顺鑫农业股份有限公司鹏程食品分公司．企业文化［EB/OL］．［2015－07－28］．http：//www.sxpengcheng.com/about_us/&i＝18&comContentId＝18.html.

② 林静．顺鑫农业的安全文化经［J］．劳动保护，2007（4）：24－25.

彻企业文化的基本理念，进一步巩固和深化企业文化建设。通过营造企业人才磁场，维持企业人员稳定。此外，充分发挥《顺鑫集团报》的作用，宣传企业经营管理中的重点、亮点、经验和典型，多反映干部职工的心声、思想和生活，展示企业形象和文化，使广大职工有所收获、有所启发、有所共鸣、有所激励。[①]“鹏程，专注健康肉食产业”“品质是一种承诺，品牌是一种责任”……无论市场环境如何变化，企业的战略目标如何改变，鹏程公司始终秉承着这些信念，严把食品安全这一关口，坚持不懈，让老百姓吃得放心。[②] 这样的企业文化理念为防控食品供应链风险营造了良好氛围。

7.3 鹏程公司食品供应链风险防控的成功经验

鹏程公司作为北京地区最大的安全猪肉生产基地，始终坚持食品行业是道德产业的理念，追求产品的品质与质量，创造了良好的经济效益和巨大的社会效益。民以食为天，食以安为先。食品企业能否长久发展取决于其所提供的产品安全与否，归根结底取决于食品供应链风险防控成功与否。经过60多年的风霜洗礼，很多曾经辉煌一时的食品企业都因为食品安全事件而倒闭、破产，而鹏程公司不仅能够生存下来而且不断发展壮大，这其中蕴含着丰富的防控食品供应链风险的成功经验，尤其是从行为视角防控食品供应链风险的成功经验是值得我们认真总结与学习的。

从行为视角防控食品供应链风险的根本出路在于杜绝或者减少食品供应链风险行为，规范、引导、激励食品供应链安全行为。从行为视角来看，鹏程公司的经验主要体现在合约设计、团队建设、教育与培训、绩效管理、文化建设、作业开发六个方面。

1. 通过科学的合约设计，制约养殖基地和生猪经纪人的风险行为

鹏程公司将近90%的生猪要从外地养殖基地和生猪经纪人那里收购获

---

① 北京顺鑫农业股份有限公司鹏程食品分公司．顺鑫集团举行2013年信息宣传座谈会暨“鹏程杯”征文颁奖仪式［EB/OL］．（2014－12－30）［2015－07－28］．http：//www.sxpengcheng.com/news_ detail/newsId＝11.html.

② 北京顺鑫农业股份有限公司鹏程食品分公司．鹏程万里谱新篇·思变之道［EB/OL］．（2015－06－06）［2015－07－28］．http：//www.sxpengcheng.com/news_ detail/newsId＝19.html.

得，在生猪收购时并不强迫养殖基地和生猪经纪人一定要将生猪卖给公司，而是按照略高于市场生猪收购价格和“优质优价”的原则进行收购，并且按生猪屠宰后合格白条猪的产量及时结算货款。同时规定，一旦发现养殖基地提供的生猪屠宰后有药物残留超标等问题，以后就绝不再收购该养殖基地的生猪。这样一来，养殖基地和生猪经纪人不仅愿意将优质猪源卖给鹏程公司，提供充足的生猪货源，而且会按照公司收购生猪的标准提供生猪，努力避免药物残留超标、有意为生猪注水等违规行为。同时，鹏程公司也把控住了生猪源头质量，有效地制约了养殖基地和生猪经纪人的风险行为，防范了信息不对称风险。正所谓以“优质优价”的市场原理，解决了复杂的利益机制，并且减少很多管理上的问题。①

2. 通过团队建设和群体决策机制，优化公司高管行为

鹏程公司有一支由13人组成的高管队伍，成员平均年龄46岁，多数具有本科学历，大多是从公司一线岗位逐步走上公司领导岗位的，他们将优秀的食品安全意识代代传承。Tihanyi等（2003）指出，平均年龄较大的高管团队，在做出企业战略性决策时更趋向于低风险。② Flood等（1997）指出，年龄大的高管团队能够更加清晰而明智地识别企业承担风险的能力，在制定应对风险策略时则更加深谋远虑。③ 这些在鹏程公司的高管团队中也有很好的体现。在公司党委书记、总经理张德宝的带领下，高管团队以国有企业应有的担当精神和高度的社会责任感，以“让消费者吃上优质肉、放心肉”④ 的共识，按照群体决策机制要求，从生产质量入手，从生产环节入手，认真细致处理每一个食品安全问题，坚决杜绝任何机会主义风险，不断优化公司高管决策行为，确保了经营管理决策质量，为有效防控食品供应链风险提供了根本保证。

3. 通过全方位教育与培训，规范普通员工操作行为

鹏程公司深知学识渊博的员工更容易达到预期目标，因而非常重视员

---

① 潘永杰．鹏程立足加工带动生猪产业发展［J］．动物科学与动物医学，2005，22（7）：25.

② Tihanyi L，Ellstrand A E，Daily C M，et al．Composition of the top management team and firm international diversification［J］．*Journal of Mnagement*，2000，26（6）：1157－1177.

③ Flood P C，Fong C－M，Smith K G，et al．Top management team and pioneering：A resource－based view［J］．*The international Journal of Human Resource Management*，1997，8（3）：291－306.

④ 本刊记者．从肉业发展看鹏程食品——访北京顺鑫农业股份有限公司鹏程食品分公司［J］．食品安全质量检测学报，2010（4）：197－201.

工的教育和培训。一方面，积极支持中高层领导参加上级主管部门、行业协会等主办的各类食品安全标准培训班，及时准确掌握国家对食品安全的新要求，以便更好地在公司内部执行新标准、达到新要求。另一方面，对中层以下管理人员和操作人员开展全方位教育和技能培训，具体内容既有公司历史沿革、企业文化、劳动纪律、公司对员工的政策，也有岗位职责、业绩目标、食品安全标准、操作规程、食源性危害、监管标准，还有不遵守这些规范、标准、要求行为的严重性和潜在后果。同时，教育与培训的内容还会随着环境的变化而不断更新。公司通过全方位的教育与培训活动，促使普通员工掌握了应有的操作知识与技能，提升了防范风险的意识，规范了其操作行为，大大减少或避免了风险行为。

4. 通过严格的绩效管理和奖惩机制，引导普通员工操作行为

建立明确的、切实可行的、能被所有人理解的食品安全绩效预期目标是取得卓越的食品安全绩效的起点。[①] 鹏程公司将这一理念贯穿于每一个操作岗位的绩效管理。首先，公司针对每一个车间、每一个岗位都制定详细的绩效目标，并让每一个车间、岗位充分了解并接受绩效目标。其次，由公司品控中心按照绩效目标，每周、每月负责对车间卫生、质量、环境状况进行评分，评分结果与车间工资挂钩。再次，车间内部针对不同的岗位（员工）有专门的考核体系，结合品控中心对车间评分的结果，计算每个员工的实际得分，根据实际得分结果兑现工资，进而鼓励员工持续改进工作。最后，虽然公司没有专门的食品质量安全奖罚措施，但会根据员工、班组的综合考评结果（包括保证食品质量安全的绩效表现），评选优秀员工、优秀班组，进行表彰奖励，引导员工严格执行操作标准，做出有利于防控食品供应链风险的安全行为。

5. 通过积极主动把握员工心态，激励与约束员工操作行为

心态影响行为，员工只有保持积极的工作态度才有可能采取正确的行为方式。员工心态主要表现为心理焦虑程度、心理压力大小、头脑清醒程度等，[②] 受工作环境、企业文化、管理制度、家庭环境等多种因素影响。鹏程公司通过多种方式，积极主动把握员工心态，采取针对性措施，激励

① ［美］弗兰克·扬纳斯. 食品安全文化［M］. 上海：上海交通大学出版社，2014：33.

② 曹庆仁. 煤矿员工不安全行为管理理论与方法［M］. 北京：经济管理出版社，2011：52.

与约束员工操作行为。首先，利用班前会，对每位操作员工“察言观色”，发现情绪不好的员工时，让其先在车间外面静下心来，调整好心态，如果做不到就让其直接回家休息，从而避免风险行为隐患。其次，持续改善工作环境，打造公开透明的工作空间，既让员工有“心”的归属，激励员工做出“比学赶帮超”的安全行为，又使员工操作暴露在公众视野之中，约束其风险行为。再次，通过设立关爱互助基金，为员工解决实际困难，消除员工后顾之忧，通过构建情感信任激发员工采取安全行为的动力。最后，通过公司领导参加员工的“婚丧嫁娶”事宜，与员工共享“喜怒哀乐”，使员工真正感受到企业大家庭的温暖，激发出员工为公司努力工作的热情。

6. 通过强化食品安全文化建设，塑造和稳固员工安全行为

塑造和稳固食品供应链安全行为不仅要靠法律、制度、科技，更离不开企业文化耳濡目染的长期浸染。只有把食品安全文化作为一个地区、一个企业文化的重要组成部分来重视和建设，[①] 才能使员工对食品安全有一个正确的态度，而拥有正确态度的员工将更可能采取正确的行动，做出安全行为。鹏程公司通过领导层食品安全理念与共识的代代传承、食品安全宣传教育与培训、每周 2 次的产品质量分析会、每周 2 份的卫生检查通报、每天的班前交流会、公告栏和工作区张贴食品安全标志与宣传、不定期的劳动竞赛等各种形式，强化食品安全文化建设；360°把控食品品质，将食品安全文化内化于心、固化于制、外化于形、实化于行，在整个公司形成了浓厚的食品安全文化氛围。鹏程公司企业精神中的“诚信”，核心理念中的“品质原则”，座右铭中的“持之以恒、追求卓越、真诚奉献、和谐共生”，人才观中的“以德为先”，管理理念中的“以诚信立业、以诚信立世”等，都蕴含了食品安全文化的精髓。正是这种浓厚的食品安全文化氛围，增强了员工责任意识和企业凝聚力，激发员工以饱满的热情、负责的精神投入到各项工作中，塑造和稳固了员工安全行为。

7.4 本章小结

首先，本章介绍了北京顺鑫农业股份有限公司鹏程食品分公司的基本

① 汤伯兴．应重视食品安全文化建设［N］．中国医药报，2006－11－20（B05）．

情况，该公司是一家集种猪繁育、生猪养殖、屠宰加工、肉制品深加工及物流配送于一体的农业产业化重点龙头企业，也是北京市最大肉制品加工基地。其次，分析了该公司食品供应链模式，并从六个方面阐述了其防控食品供应链风险的做法：(1) 通过规范化管理实现食品供应链货源源头的风险防控；(2) 通过严格的质量控制实现食品供应链生产过程的风险防控；(3) 通过加强流通网络建设实现食品供应链风流通环节的险防控；(4) 通过应用先进技术手段促进食品供应链风险防控全面升级；(5) 通过落实全员责任奠定食品供应链风险防控的基础；(6) 通过塑造企业文化构筑食品供应链风险防控的“防护网”。最后，从行为视角总结了该公司在食品供应链风险防控方面的成功经验，包括：(1) 科学设计合约，制约养殖基地和生猪经纪人的风险行为；(2) 加强团队建设和构建群体决策机制，优化公司高管行为；(3) 开展全方位教育与培训，规范普通员工操作行为；(4) 实施严格的绩效管理和奖惩机制，引导普通员工操作行为；(5) 积极主动把握员工心态，激励与约束员工操作行为；(6) 强化食品安全文化建设，塑造和稳固员工安全行为。这些经验可以为其他食品企业开展和加强食品供应链风险防控提供很好的借鉴。

8 研究结论与政策建议

8.1 研究结论

通过文献研究、理论分析、企业访谈和问卷调查、实证研究以及比较研究，本书围绕行为视角下的食品供应链风险形成微观机理和防控机制问题，以对食品供应链企业及其员工的风险行为分析为主线，对影响风险行为的环境因素和个体因素、风险行为的经济与社会后果，以及食品供应链风险防控机制等进行了较为深入的研究，主要结论如下：

（1）就目前来看，食品供应链安全风险、食品供应链质量风险与食品供应链质量安全风险这三个概念内涵完全一致，是可以相互替代的。虽然食品供应链风险概念是一般供应链风险概念在食品供应链领域延伸和发展起来的，但由于食品供应链安全风险是食品供应链风险最关键的风险因素，也是食品供应链风险最核心的内容，而且在食品供应链风险相关文献中所研究的问题绝大多数是围绕食品供应链安全风险来展开的，因而在无特殊说明的情况下，文献中所提及的食品供应链风险即为食品供应链安全风险。

（2）从行为视角来看，食品供应链风险的形成是由供应链企业及其员工的风险行为引起的。食品供应链风险行为是指食品供应链企业或企业员工在一定的社会经济技术条件下，为追求自身收益最大化而违规经营或操作，从而导致食品供应链风险的所有行为。风险行为是有限理性决策和风险行为意向的作用结果。其中，风险行为意向主要受风险态度、主观规范和风险感知三种个体因素影响，这些个体因素决定了行为主体的风险认知水平，可能与性别、年龄、受教育程度、宗教信仰等有关。同时，环境因素在个体因素与风险行为意向之间起着调节变量的作用，可能强化或弱化

个体因素对风险行为意向的影响。环境因素主要包括监管制度、结构特征（食品供应链结构特征、供应链企业组织结构特征）和食品安全文化等正式和非正式制度因素。

（3）从2009—2013年发生的食品安全事件的统计分析来看，食品供应链加工环节是食品安全事件的高发区，占食品供应链各环节食品安全事件的65.93%；肉及肉制品是食品安全事件发生最高的食品，占发生食品安全事件的食品总数的16.41%；而引发食品安全事件最可能的三个因素分别为危害物、其他元素超标，食品添加剂超标和非法使用，以及作假，分别占引发安全事件可能因素总数的21.63%、19.07%和6.45%。这三个因素无疑都与食品供应链企业及其员工的行为密切相关。

（4）在被调查的435家食品企业中，有53.30%的被调查人员认为高层管理者是企业做好食品供应链风险管理工作的关键。80%以上的被调查人员认为本企业的供应链风险管理水平处于初级阶段或发展完善阶段；约45%的被调查人员认为本企业的供应链风险管理水平仅为“一般”或更差的水平；约20%的被调查人员将本企业供应链风险管理的效果评价为“一般”“不太明显”和“基本没有”。这说明，无论是从水平上还是从效果上，我国食品供应链风险管理都还有很大的提升空间。此外，企业内部管理制度、企业规模等基本特征和员工素质是影响食品供应链风险管理水平的三大因素，因而企业应该加强内部质量安全风险管理制度建设，重视员工培训，对食品供应链风险进行系统性识别和评估；政府应该加强对众多小微民营食品企业的扶持，帮助其发展壮大，使其有能力、有动力主动实施有效的食品供应链风险管理。

（5）高管风险认知受食品供应链风险管理环境的直接影响，同时，高管风险认知又是普通员工风险认知的重要参照系，对普通员工风险认知发挥决定性的作用。食品供应链企业风险行为是供应链风险环境和高管风险认知共同作用的产物，并将对企业整体和相关个人产生经济、社会和心理层面的多重影响。因而，食品供应链企业风险行为集中体现在企业高管风险行为上，从这个意义上说，企业高管风险行为即为企业风险行为。有鉴于此，应该重视高管个人认知因素对食品供应链风险的影响，加强高管队伍建设，通过教育和培训等手段，借力行业内的个人声誉机制，对高管形成外部施压和内在激发的双重作用，在食品行业的高管层面营造不以营利为唯一目的，视食品安全为企业安身立命之根本的风气和氛围，从而培养高管群体高度的社会责任感和使命感，并通过他们的个人魅力和食品安全情怀感染和带动下属，进而形成良好的食品安全文化。政府监管部门、行业协会等自律组织、科研机构以及大众和媒体则要肩负起改善食品供应链风险环境的责任，为食品供应链风险管理提供技术支持、信息支持和制度支持。如尽快构建食品供应链企业及其高管的诚信档案数据库，创新治理模式，提高治理效率等。通过不断优化供应链风险管理环境，“助推”或“刺激”食品供应链企业的高管们做出经济上理性同时有利于社会的有道德的决策行为。

（6）普通员工风险行为也是形成食品供应链风险的重要因素，特别是对于大多数生产自动化程度不高的中小微型企业。普通员工对食品供应链风险的主观规范影响其风险行为态度，进而影响其风险行为意向，而且这一影响的方向和程度受感知风险行为控制的调节。因此，要想改变普通员工的不良风险行为或者塑造好的风险行为，关键要改变或形成他们的风险行为态度。而态度的改变或形成则需要倚赖个体规范的道德力量、示范性规范的榜样作用，以及有效的食品安全风险管理制度和良好的食品安全文化所发挥的制度激励与约束作用。在发挥个体规范的道德力量方面，政府应该肩负起提升全民食品安全素养的责任，加强全民食品安全教育，在全社会构建安全生产和消费食品的良性环境。企业要重视员工代际传递中老员工对新员工的言传身教，发挥资深老员工的示范性榜样作用。企业领导集体则需要不断提升食品安全领导力，通过企业内部有效的沟通对话机制，将食品安全理念传递至每一位员工，构筑食品安全的共同愿景，使员工、高管和企业成为真正的利益共同体。感知风险行为控制综合反映了食品供应链风险管理制度和食品安全文化等硬制度和软制度环境。对于提升食品安全风险管理绩效而言，加强制度建设可能在短期内起到立竿见影的效果。然而，长期来看，良好的食品安全文化发挥的作用更强大，更深远。

（7）当前，我们需要对国家和社会层面的食品安全治理体系，以及企业内部的食品安全风险管理体系进行反思，是否当前的体系偏重于技术和流程，而忽视了人文和行为。与技术和流程导向的食品安全管理体系相比，人文和行为导向的食品安全管理体系以食品科学、行为科学和企业文化为理论依据；既关注食品安全流程，也关注流程中的每个人，以人为本；正视行为改变的复杂性，用系统思维的方式而不是传统的线型因果关

系的思维方式去研究食品供应链企业及员工风险行为，充分意识到物理的、企业环境的和个人心理、情感等因素对行为改变和行为重塑的影响；以创造良好持久的食品安全文化为最终目标。要构建这样的体系，既要强调扎根于系统和流程之内的食品安全管理，更要强调凌驾于系统之上的食品安全领导。前者着眼于执行和维护已有风险管理系统中的既定程序，后者则专注于创造、引领和强化能够影响和改变食品供应链企业及员工风险态度和行为，形成有利于塑造员工食品安全价值观的氛围。

（8）基于行为视角的食品供应链风险防控机制具有突出以人为本、强调行为科学、正视行为转变、坚持系统思考，以及注重安全文化等特点，集主体行为规范机制、风险意识提升机制、食品安全文化建设机制、风险交流与苗头排查机制、行为激励与约束机制、风险行为追责机制、风险行为举报奖励机制为一体。鹏程公司从行为层面防控食品供应链风险的成功经验，进一步说明了基于行为视角的食品供应链风险防控机制的合理性。

8.2 政策建议

根据基于行为视角的食品供应链风险形成的微观机理研究结果，食品供应链企业及员工风险行为导致了食品供应链风险，而影响食品供应链企业及员工风险行为的因素主要是环境性因素和制度性因素。因此，防控食品供应链风险需要营造保障食品安全的环境氛围，引导和鼓励企业更加积极主动避免风险行为。为此，本书提出如下政策建议。

8.2.1 大力营造防控食品供应链风险行为的环境氛围

频繁发生的食品安全事件以及研究表明，有利于防控食品供应链风险行为的环境氛围尚未形成。因此，要使食品供应链企业及其员工放弃风险行为、实施食品安全行为，就必须大力营造有利于防控食品供应链风险行为的环境氛围。只有逐渐形成有利于防控食品供应链风险行为的环境氛围，才能使保障食品安全、防控食品供应链风险成为食品企业及其员工的自觉行为。而有利于防控食品供应链风险行为的环境氛围的形成，有赖于政府部门有效的监管、安全信用管理体系的健全完善、企业及其员工能力的提升和风险意识的提高。

1. 完善政府食品供应链风险监管体系

食品供应链风险问题已经从单纯的经济问题逐步扩大为公共安全、社会安全等问题。防控食品供应链风险也是政府义不容辞的责任。从行为视角防控食品供应链风险的重要措施之一就是加强外部监管，完善监管体系。正是由于丹麦拥有健全的食品安全法制保障和有效的食品安全监管体系，使其避免了欧洲各地发生的食品卫生事件的波及。因而，从目前的情况来看，最重要的是构建统一的食品供应链风险监管组织，明确食品供应链风险监管部门的权威性，赋予其对食品供应链的全过程进行监管的权利，同时做到权责的高度统一。具体来说，首先，要完善食品供应链安全管理体系。一方面，要突出政府在食品供应链安全管理中的主导作用，承担起宏观管理、市场监管、社会管理和公共服务等社会公共事务；另一方面，整合质检、工商、农业、卫生、食品药品检验检疫等部门资源，组建食品供应链安全管理部门，通过对食品生产、加工、制造、流通、消费等过程的监管，实现“从田间到餐桌”的全程监控。① 其次，要加快食品供应链安全保障体系建设，不断提升保障能力。通过食品供应链安全法律法规体系、标准体系、调控体系、检验检测体系、认证体系和预警预报体系的建设，为防控食品供应链风险提供重要支撑。

2. 提升监管部门履职能力和监管执法效能

在防范食品供应链风险行为过程中，政府既要承担监管责任，又要发挥帮扶作用，妥善处理监管与帮扶的关系，促进食品供应链企业的健康发展。为此，第一，监管部门要建立健全执法规章制度，增强对法律法规的理解和运用能力，创新执法模式、执法手段，规范自身的执法行为；对任何食品供应链企业出现的任何食品安全问题绝不迁就或有所畏惧，坚决责令其整改并跟踪落实，从而提高执法效能，使食品安全监管中的“有法不依，执法不严，违法不究”的局面得到根本改变。② 第二，监管部门要不断加强食品供应链风险行为监管，努力营造规范食品供应链企业及其员工行为的法制氛围，彻底铲除“违规文化”（即不违规吃亏、不违规不发展）

---

① 郑红军. 农产品质量安全控制综观研究［M］. 北京：人民出版社，2011：215-219.

② 刘永胜. 食品供应链安全风险防控机制研究——基于行为视角的分析［J］. 北京社会科学，2015（7）：47-52.

生存的土壤,[①] 净化食品供应链安全环境。第三要由食品安全监管部门牵头，协同卫生、工商、农业、宣传媒体等相关部门，举办食品供应链安全知识宣讲活动，统一执法人员、食品供应链企业及其员工的思想认识，使其自觉遵纪守法，规范自身行为。第四要通过网络、广播、电视、报纸等多种方式加大对防控食品供应链风险行为的宣传力度，总结食品供应链风险防控的典型经验，并采取经验交流会、现场展示会等形式进行推广，同时对优秀企业及员工给予表彰奖励。第五监管部门要将监管寓于服务之中，要创造条件、营造氛围，帮助食品供应链企业及其员工塑造或者强化正确的食品安全行为。

3. 建立健全食品供应链安全信用管理体系

食品供应链风险行为与供应链企业及其员工缺乏诚信、违规操作有较大的关系，因而建立和完善食品供应链安全信用管理体系，可以有效防控食品供应链风险行为。为此，第一，政府部门应组建专门的食品供应链安全信用管理机构，明确食品供应链安全信用管理工作的职责、内容等。第二，应完善食品供应链安全信用标准。作为评价食品供应链企业信用等级尺度和依据的安全信用标准，需要在全国范围内进行统一，以便真正辨明哪些食品供应链企业存在信用问题。第三，应构建食品供应链安全信用评价机制，形成由政府、行业和社会三方组成的评价主体，同时出台支持和鼓励食品供应链安全信用评估组织发展的政策措施。第四，应完善食品供应链安全信用披露制度，及时披露企业食品供应链安全信用相关信息，确保整个行业和公众了解和掌握这些信息，以便更好地服务于食品供应链企业的经营生产决策和公众的消费选择。第五，应完善食品供应链安全信用奖励制度。食品供应链企业作为构成食品供应链安全信用体系的主体，要想真正调动其积极性，仅仅依靠制度的约束是无法实现的。[②] 因此，一方面，政府部门应从政策上支持和鼓励企业积极上报自身真实的安全信用信息和举报其他企业不实安全信用信息；另一方面，还应仿照新修订的《食品安全法》的相关规定奖励举报有虚假安全信用信息的食品企业的社会群

① 刘永胜，陈娟．食品供应链安全风险的形成机理——基于行为经济学视角［J］．中国流通经济，2014（3）：60－65.

② 苟建华．食用农产品封闭供应链运作模式及政策研究［M］．北京：经济科学出版社，2012：280－281.

体和个人。

4. 加大对食品供应链企业及其员工的宣传、教育与培训力度

食品供应链风险防控的重点在于食品供应链企业及其员工形成良好的食品安全行为。而树立食品安全意识，掌握必要的食品安全知识和技能，则是使食品供应链企业及其员工形成良好食品安全行为的基础。① 因此，加大对食品供应链企业及其员工的宣传、教育与培训力度，通过开展多种渠道、多种形式、多层次的食品供应链风险防控知识、原理的宣传、教育，进行系统的相关技能培训，使食品供应链企业及其员工能够真正掌握必备的知识和技能，进而为食品供应链企业及其员工实施良好的食品安全行为、减少甚至避免风险行为奠定坚实的基础。

8.2.2 构筑防控食品供应链风险行为的激励与约束机制

1. 加大对避免食品供应链风险行为工作的扶持力度

开展避免食品供应链风险行为工作需要大量的投入，一方面，食品供应链安全信息系统的建设会产生一定的投入，运行还需要相应的费用，运行后也会给有关各方带来一定的利益，如何分摊这些成本费用以及利益可能会产生许多矛盾，因而需要政府部门的大力扶持与优惠政策，② 构筑食品供应链风险行为防控的激励机制。一是通过产业优惠政策加大对投入较大、负担较重的企业的扶持力度，激励其积极参与到整个食品供应链安全信息系统的运作中去。二是鼓励食品供应链上有实力的公司整合食品供应链，形成以该公司为核心的产销一体化组织，提升现代化程度和信息化水平，全面实施 HACCP 体系。三是对食品供应链企业开展质量标准制定、保证食品安全的员工培训等工作所需的经费给予补贴。四是对避免食品供应链风险行为工作开展好的食品企业给予年检收费优惠、减少食品安全监督检查。

2. 大力推广食品供应链安全责任追溯体系

食品供应链安全责任追溯体系是一种以食品供应链安全为目标的保障

---

① 上海市食品药品安全研究中心. 食品药品安全与监管政策研究报告（2008 年卷）[M]. 北京：社会科学文献出版社，2008：85－88.

② 樊行健，周冰. 建立确保食品安全的供应链追溯体系 [N]. 光明日报，2013－05－25 (07).

制度。当食品供应链安全事件发生后，可准确追溯到问题发生的根源，锁定食品安全责任人，快速有效地解决问题。同时，它作为一种约束制度，可确保食品供应链每一个环节的质量安全。[①] 目前，食品安全责任可追溯体系在全球被公认为从根本上预防食品安全风险的主要工具之一。[②] 然而，我国有些食品企业由于思想意识不到位、内控机制不健全和责任追溯体系不完善，一旦出了问题责任追究不到位的现象还时有发生，严重影响了食品供应链风险责任的落实和责任追溯效用的发挥。落实好责任追溯体系，有效防控食品供应链风险行为，首先，要从思想上高度重视，充分认识到落实责任追溯体系的重要性，明确责任追溯的对象、内容、要求和处罚措施。其次，企业高层管理者要明确自己是第一责任人，抓好责任追溯体系的落实，同时要以身作则，用规章制度规范约束自身行为，带头落实确保食品安全的各项制度，树立榜样。再次，要规范处罚程序。责任追溯的重点应是违反食品安全制度规定中的条款，并严格按照制度规定，由品控部门负责查处。对出现的食品安全问题，一查到底，从严追究，坚决维护食品安全规章制度的严肃性。又次，要规范教育制度。通过教育讲座、收看警示教育片等多种形式，强化全体员工的食品安全思想防线，让防控食品供应链风险行为的责任意识深入人心。[③] 最后，要让整个食品供应链上下游企业都参与进来，充分发挥上下游企业的积极性，协调和配合本企业落实好食品供应链安全责任追溯体系。

3. 真正落实食品供应链企业食品安全主体责任

根据制度经济理论，好制度可使坏人变好，坏制度可使好人变坏。显然，影响食品供应链安全的根本问题在于制度本身存在着严重的缺失和不健全，在这种情况下，制度没有发挥出应有的功能。[④] 新修订的《食品安全法》从健全落实企业食品安全管理制度、强化生产经营过程的风险控制和增设食品安全自查和报告制度三个方面强化了食品企业的主体责任。作为监管部门要积极采取有力措施，督促食品企业落实食品安全主体责任。

---

① 周峰，徐翔．欧盟食品安全可追溯制度对我国的启示［J］．经济纵横，2007（10）：71－73.

② 徐玲玲．价格成可追溯食品推广的“拦路虎”［N］．新京报，2015－06－30（B10）.

③ 施强．完善责任追究机制构筑廉政防控体系［N］．江苏法制报，2013－10－29（A03）.

④ 李怀，赵万里．新制度经济学视角下的食品安全规制研究［A］．产业评论（第二辑）［C］．大连：东北大学出版社，2008：94.

为此，第一，监管部门要结合日常监管工作加强对新修订的《食品安全法》的宣讲，使食品供应链企业及其员工牢固树立食品安全主体责任意识。第二，要大力宣贯新修订的《食品安全法》第一百一十条之规定，使食品供应链企业及其员工深刻认识到违反《食品安全法》需要付出的沉重代价，并促使企业自觉在员工中进行宣贯和监督。第三，要借鉴国外先进经验，对有关的食品供应链安全责任追溯标准进行统一，对追溯信息的认证市场进行规范，从基础层面保证追溯信息及时、准确、有效。第四，要充分利用本地食品安全犯罪的鲜活案例进行警示教育，使食品供应链企业及其员工产生畏惧心理，自觉遵守食品安全法律法规。第五，要利用生产许可审查时机，督促食品供应链企业做好各项食品安全保障的基础工作，确保各项记录真实、准确、完整。第六，要加强日常监管，加大对违规违法行为的处罚力度，强化食品安全的刑事责任、行政责任和民事责任追究，使违规违法食品供应链企业及其员工付出高昂的代价。第七，要有针对性地约谈企业负责人及食品安全主要负责人，向其宣讲食品安全法律法规，指明企业存在的问题，帮助其分析查找问题的根源，并督促整改。第八，要对监管中存在问题的企业进行曝光，及时公布产品抽检的详细情况和处理结果，接受公众的监督，形成制约风险行为的威慑力；同时，对监管中没有任何问题的企业给予表彰奖励，向社会传递“正能量”。从而确保食品供应链企业更好地落实食品安全主体责任。①

8.3　需进一步研究的问题

本书从行为视角对食品供应链风险形成微观机理与防控机制进行研究在国内尚属首次，初步取得了一些成果，但仍有不少问题需要进一步研究。我们认为，关于食品供应链风险形成过程中各成员企业风险行为之间的相互作用机理、核心企业在防控食品供应链风险中的作用机理、基于行为视角的食品供应链风险防控机制有效性的实证分析等问题的研究有待进一步深入。

（1）关于食品供应链风险形成过程中各成员企业风险行为之间的相互

① 钟沛宁．如何预防食品安全风险［J］．中国质量技术监督，2012（3）：56－57.

作用机理的研究。本书只涉及了某一企业及其员工风险行为对食品供应链风险形成的研究，由于食品供应链风险行为包括各成员企业及其员工的风险行为，而各成员企业风险行为之间是相互影响、相互作用的。那么，在食品供应链风险形成过程中，这种相互影响、相互作用机理是怎样的，对食品供应链风险形成又有何影响，有待进一步研究。

（2）关于核心企业在基于行为视角防控食品供应链风险中的作用机理研究。核心企业在供应链中的影响力很大程度上决定着供应链运作的好坏。在食品供应链中，一般来说，食品加工制造企业是食品供应链的核心企业，对食品安全起着关键作用。那么，在基于行为视角防控食品供应链风险中，核心企业又起到什么作用，通过何种方式发挥作用，以及如何更好地发挥核心企业的作用等，都需要做进一步研究探讨。

（3）关于基于行为视角的食品供应链风险防控机制有效性的进一步实证分析。受时间的限制，我们只对鹏程公司食品供应链风险防控做法进行了典型案例剖析，并从行为层面总结了鹏程公司食品供应链风险防控的成功经验，但由于鹏程公司食品供应链风险防控是一项系统工程，相关的剖析与总结还不够全面、充分，通过理论分析提出的基于行为视角的食品供应链风险防控机制在鹏程公司的实践并没有完全体现出来，因而还需要对行为视角下的食品供应链风险防控机制的有效性做进一步实证分析。

参考文献

英文文献

[1] Aiken L S , West S G. MultipleRegression: Testing and Interpreting Interactions [M]. Newhury Park: Sage publications, Inc. , 1991.

[2] Ajzen I. From intentions to actions: A theory of planned behavior [A]. Kuhl J & Beckmann J. Action – control: From cognition to behavior [C]. Heidelberg: Springer, 1985: 11 –39.

[3] Albersmeier F, Schulze H, Jahn G, et al.. The reliability of third – party certification in the food chain: From checklists to risk – oriented auditing [J]. *Food Control*, 2009, 20 (10): 927 –935.

[4] Andersson L M , Bateman T S. Cynicism in the workplace: Some causes and effects [J]. *Journal of Organizational Behavior*, 1997, 18 (5): 449 –469.

[5] Arienzo A, Coff C, Barling D. The European Union and the regulation of food traceability: from risk management to informed choice? [A]. Ethical Traceability and Communicating Food [C]. Dordrecht: Springer Netherlands, 2008: 23 –42.

[6] Aruoma O I. The impact of food regulation on the food supply chain [J]. *Toxicology*, 2006 (221): 119 –127.

[7] Aulakh P S , Gencturk E F. International principal –agent relationships – control, governance and performance [J]. *Industrial Marketing Management*, 2000, 29 (6): 521 –538.

[8] Banterle A, Stranieri S. The consequences of voluntary traceability system for supply chain relationships. An application of transaction cost economics

[J]. *Food Policy*, 2008, 33 (6): 560 - 569.

[9] Baron R M, Kenny D. A. The moderator - mediator variable distinction in social psychological research: Conceptual, strategic, and statistical considerations [J]. *Journal of Personality and Social Psychology*, 1986, 51 (6): 117 3 - 1182.

[10] BatemanT S , Zeithaml C P. The psychological context of strategic decisions: A model and convergent experimental findings [J]. *Strategic Management Journal*, 1989, 10 (1): 59 - 74.

[11] Bavorová M, Hirschauer N. Producing compliant business behavior: disclosure of food inspection results in Denmark and Germany [J]. *Journal of Consumer Protection and Food Safety*, 2012, 7 (1): 45 - 53.

[12] Becker T. Consumer perception of fresh meat quality: a framework for analysis [J]. *British Food Journal*, 2000, 102 (3): 158 - 176.

[13] Bollen K A , Stine R. Direct and indirect effects: Classical and bootstrap estimates of variability [J] . *Sociological Methodology*, 1990, 20: 115 - 140.

[14] Charlier C, Valceschini E. Coordination for traceability in the food chain. A critical appraisal of European regulation [J]. *European Journal of Law and Economics*, 2008, 25 (1): 1 - 15.

[15] Chen J, Liu Y, Zhang Q. An analytical framework of food supply chain risk formation mechanism based on behavioral [J]. *BTAIJ*, 2014, 10 (10): 4489 - 4498.

[16] Choe Y C, Park J, Chung M, et al.. Effect of the food traceability system for building trust: Price premium and buying behavior [J]. *Information Systems Frontiers*, 2009, 11 (2): 167 - 179.

[17] Cialdini R B, Kallgren C A, Reno R. A focus theory of normative conduct: a theoretical refinement and reevaluation of the role of norms in human behavior [J]. *Advances in Experimental Social Psychology*, 1991, 24: 201 - 234.

[18] Coff C, Korthals M , Barling D. Ethical traceability and informed food choice [A]. Ethical Traceability and Communicating Food: The International Library of Environmental, Agricultural and Food Ethics [C]. Berlin: Springer, 2008: 1 - 22.

[19] Cope S, Frewer L J, Renn O, et al.. Potential methods and approaches to assess social impacts associated with food safety issues [J]. *Food Control*, 2010, 21 (12): 1629 - 1637.

[20] Dani S , Deep A. Fragile food supply chains: reacting to risks [J]. *International Journal of Logistics Research and Applications*, 2010, 13 (5): 395 - 410.

[21] Den Ouden M, Dijkhuizen A A, Huirne R B M, et al.. Vertical Co - operation In Agricultural Production - marketing Chains - with Special Reference To Product Differentiation In Pork [J]. *Agribusiness*, 1996, 12 (3): 277 - 290.

[22] Diabat A, Govindan K, Panicker V V. Supply chain risk management and its mitigation in food industry [J]. *International Journal of Production Research*, 2011, 50 (11): 3039 - 3050.

[23] Engelseth P. Food product traceability and supply network integration [J]. *Journal of Business & Industrial Marketing*, 2009, 24 (5/6): 421 - 430.

[24] FAO/WHO guidance to governments on the application of HACCP in small and/or less - developed food businesses [J]. *Fao Food and Nutrition Paper*, 2006 (86): 1 - 74.

[25] Fishbein M , Ajzen I. Belief, Attitude, Intention and Behavior: An Introduction to Theory and Research [M]. Reading, MA: Addision - Wesley Publish Company, 1975.

[26] Flood P C, Fong C - M, Smith K G, et al.. Top management team and pioneering: A resource - based view [J]. *The international Journal of Human Resource Management*, 1997, 8 (3): 291 - 306.

[27] Forward S E. The theory of planned behavior: The role of descriptive norms and past behavior in the prediction of drivers' intentions to violate [J]. *Transportation Research Part F: Traffic Psychology and Behavior*, 2009, 12 (3): 198 - 207.

[28] Golan E, Krissof B, Kuchler F, et al.. Traceability in the US Food Supply: Dead end or superhighway? [J]. *Choices: the Magazine of Food, Farm & Resource Issues*, 2003, 18 (2): 17 - 20.

[29] Goles T, Jayatilaka B, George B, et al.. Soft lifting: Exploring de-

terminants of attitude [J]. *Journal of Business Ethics*, 2008, 7 (4): 481 –499.

[30] Greene C N , Organ D W. An evaluation of causal models linking the perceived role with job satisfaction [J]. *Administrative Science Quarterly*, 1973, 18 (1): 95 –103.

[31] Griffith C J, Livesey K M, Clayton D A. Food safety culture: the evolution of an emerging risk factor? [J]. *British Food Journal*, 2010, 112 (4): 42 6 –438.

[32] Hall D. Food with a visible face: Traceability and the public promotion of private governance in the Japanese food system [J]. *Geoforum*, 2010, 41 (5): 826 –835.

[33] Hambrick D C , Mason P A. Upper Echelons: the Organization as a Reflection of its Top Managers [J]. *Academy of Management Review*, 1984, 9 (2): 193 –206.

[34] Handler, P. Some Comments on Risk Assessment [R]. National Research Council, Current Issues and Studies, Annual Report. Washington, D. C. : National Academy of Sciences, 1979.

[35] Harrison D A. Volunteer Motivation and Attendance Decisions: Competitive Theory Testing in Multiple Samples from a Homeless Shelter [J] . *Journal of Applied Psychology*, 1995, 80 (3): 371 –385.

[36] Hastein T, Hjeltnes B, Lillehaug A, et al. . Food Safety Hazards That Occur During the Production Stage: Challenges for Fish Farming and the Fishing Industry [J]. *Rev Sci Tech*, 2006, 25 (2): 607 –625.

[37] Hayes A F. Beyond Baron and Kenny: Statistical Mediation Analysis in the New Millennium [J] . *Communication Monographs*, 2009, 76 (4): 40 8 –420.

[38] Hennessy D A, Roosen J, Jensen H H. Systemic failure in the provision of safe food [J]. *Food Policy*, 2003, 28 (1): 77 –96.

[39] Hirschauer N, Bavorova M. An analytical framework for a behavioral analysis of non – compliance in food supply chains [J]. *British Food Journal*, 2012, 114 (9): 1212 –1227.

[40] Hobbs J. Information asymmetry and the role of traceability systems [J]. *Agribusiness*, 2004, 20 (4): 397 –415.

[41] Hofstede G J. Transparency in netchains [A]. EFITA 2003 Conference [C]. Debrecen, Hungary, July 5-9, 2003.

[42] Houghton J R, Rowe G, Frewer L J, et al., The quality of food risk management in Europe: Perspectives andpriorities [J]. *Food Policy*, 2008, 33 (1): 13-26.

[43] Houlihan J B. International Supply Chain Management [J]. *International Journal of Physical Distribution and Materials Management*, 1985, 15 (1): 2 2-38.

[44] Isenberg D J. How Senior Managers Think Intuition in Managerial Decision Making [J]. *Hard Business Review*, 1984 (6): 80-91.

[45] Kahneman D , Tversky A. Loss Aversion in Riskless Choice: A Reference - Dependent Model [J]. *Quarterly Journal of Economics*, 1991, 106 (4): 1039-1061.

[46] Kahneman D, Tversky A. Prospect theory: An analysis of decision under risk [J]. *Econometrica*, 1979, 47 (2): 263-292.

[47] Kaiser H F. An index of factorial simplicity [J]. *Psychometrika*, 1974, 39 (1): 31-36.

[48] Kautonen T, Van Gelderen M , Tornikoski E T. Predicting Entrepreneurial Behaviour: A Test of the Theory of Planned Behaviour [J]. *Applied Economics*, 2013, 45 (6): 697-707.

[49] Kreps D M. Corporate culture and economic theory [A]. Perspectives on Positive political economy [C]. Cambridge: Cambridge University Press, 1990: 90-143.

[50] Krystallis A, Frewer L, Rowe G, et al.. A perceptual divide? Consumer and expert attitudes to food risk management in Europe [J]. *Health Risk & Society*, 2007 (9): 407-424.

[51] Laeequddin M, Sardana G D, Sahay B S, et al.. Supply chain partners' trust building process through risk evaluation: the perspectives of UAE packaged food industry [J]. *Supply Chain Management: An International Journal*, 2009, 14 (4): 280-290.

[52] Liu Y, Zhang Q, Li Q. A Research on Mechanisms and Countermeasures of the Food Safety Incidents Occurring on Food Supply Chain [J].

Journal of Service Science and Management, 2014 (7): 337 - 345.

[53] Lockwood C M , MacKinnon D P. Bootstrapping the standard error of the mediated effect [A]. Proceedings of the 23rd Annual Meeting of the SAS Users Group International [C] . Cary, NC: SAS Institute, Inc. , 1997: 99 7 - 1002.

[54] Manning L. Development of a food safety verification risk model [J]. *British Food Journal*, 2013, 115 (4): 575 - 589.

[55] Manning L, Baines R N , Chadd S A. Food safety management in broiler meat production [J]. *British Food Journal*, 2006, 108 (8): 605 - 621.

[56] Manning L, Baines R N , Chadd S A. Ethical modelling of the food supply chain [J]. *British Food Journal*, 2006, 108 (5): 358 - 370.

[57] Manning L, Soon J M. Mechanisms for assessing food safety risk [J]. *British Food Journal*, 2013, 115 (3): 460 - 484.

[58] Manzini R, Accorsi R. The new conceptual framework for food supply chain assessment [J]. *Journal of Food Engineering*, 2013 (115): 251 - 263.

[59] Matopoulos A, Vlachopoulou M, Manthou V, et al.. A Conceptual Framework For Supply Chain Collaboration: Empirical Evidence From The Agri - Food Industry [J]. *Supply Chain Management: An International Journal*, 2007, 12 (3): 177 - 186.

[60] Maurer T J, Weiss E M, Barbeite F G. A model of involvement in work - related learning and development activity: The effects of individual, situational, motivational, and age variables [J]. *Journal of Applied Psychology*, 2003, 88 (4): 707 - 724.

[61] Mayer R C, Davis J H, Schoorman F D. An Integrative Model of Organizational Trust [J]. *Academy of Management Review*, 1995, 20 (3): 70 9 - 734.

[62] Ménard C, Valceschini E. New institutions for governing the agri - food industry [J]. *European Review of Agricultural Economics*, 2005, 32 (3): 42 1 - 440.

[63] Mequita L F. Starting over when the bickering never ends: Rebuilding aggregate trust among clustered firms through trust facilitators [J] . *Academy of Management Review*, 2007, 32 (1): 72 - 91.

[64] Moore C M. Integrating Food Safety Risk Assessment and Consumer – Focused Risk Communication [D]. North Carolina State University, 2009.

[65] Nganje W, Bier V, Han H, et al.. Models of Interdependent Security along the Milk Supply Chain [J]. *American Journal of Agricultural Economics*, 2008, 90 (5): 1265 – 1271.

[66] Neiger D, Rotaru K, Churilov L. Supply Chain Risk Identification with Value – Focused Process Engineering [J]. *Journal of Operations Management*, 2009, 27 (2): 154 – 168.

[67] Nestle M. Safe Food: Bacteria, Biotechnology and Bioterrorism [M]. Berkeley: University of California Press, 2003.

[68] Neter J, WassermanW, Kunter M H. AppliedLinearStatisticalModels: regression, analysis of variance, and experimentaldesigns [M]. Boston: IRWIN Homewood, 1990.

[69] Noomhorm A, Ahmad I. Food Supply Chain Management and Food Safety: South and East – Asia Scenario [J]. *Agricultural Information Research*, 2008, 17 (4): 131 – 136.

[70] Organ D W, Greene C N. The effects of formalization on professional involvement: A compensatory process approach [J]. *Administrative Science Quarterly*, 1981, 26 (2): 237 – 252.

[71] Ostrom E, Walker J. Trust and reciprocity: interdisciplinary lessons from experimental research [M]. New York: Russell Sage Foundation, 2003.

[72] Pavlou P A, Gefen D. Building effective online marketplaces with institution – based trust [J]. *Information Systems Research*, 2004, 15 (1): 37 – 59.

[73] Peck H. Reconciling supply chain vulnerability, risk and supply chain management [J]. *International Journal of Logistics Research and Applications*, 2006, 9 (2): 127 – 142.

[74] Podolny J. Networks as the Pipes and Prisms of the Market [J]. *American Journal of Sociology*, 2001, 107 (1): 33 – 60.

[75] PouliotS, Sumner D A. Traceability, Liability, and Incentives for food safety and quality [J]. *American Journal of Agricultural*, 2008, 90 (1): 1 5 – 27.

[76] Robert E. Investment decisions and the theory of planned behavior

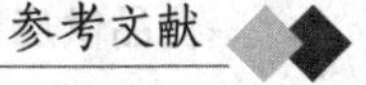

[*J*]. *Journal of Economic Psychology*, 1993, 14 (2): 337 - 375.

[77] Robson I, Rawnsley V. Co - operation or coercion? Supplier networks and relationships in the UK food industry [J]. *Supply Chain Management: An International Journal*, 2001, 6 (1): 39 -47.

[78] Schriesheim C A. The similarity of individual directed and group directed leader behavior descriptions [J]. *Academy of Management Journal*, 1979, 22 (2): 345 -355.

[79] Simonson I, Drolet A. Anchoring effects on consumers' willingness - to - pay and willingness - to - accept [J]. *Journal of Consumer Research*, 2004, 13: 681 -690.

[80] Slovic P. The perception of risk [J]. *Risk Society & Policy*, 2000, 69 (3): 112 -112.

[81] Sobel M E. Aysmptotic confidence intervals for indirect effects in structural equation models [A]. Sociological Methodology [C]. San Francisco: Jossey - Boss, 1982: 290 -312.

[82] Sobel M E. Some new results on indirect effects and their standard errors in covariance structure models [A]. Sociological Methodology [C]. Washington, DC: American Sociological Association, 1986: 159 -186.

[83] Soby B A, Ball D J, Ives D P. Safety Investment and the Value of Life and Injury [J]. *Risk Analysis*, 1993, 13 (3): 167.

[84] Sommer L. The theory of planned behavior and the Impact of past behavior [J]. *International Business & Economics Research Journal*, 2011, 10 (1): 91 -110.

[85] Song C. Food Supply Chain Risk Management: A Sequcntial Game between Retailers and Regulating Government in the face of Strategic Consumers [D]. New York: The Graduate School of the University at Bualo, State University of New York, 2011.

[86] Speckman R E, Davis E W. Risky business: expanding the discussion on risk and the extended enterprise [J]. *International Journal of Physical Distribution & Logistics Management*, 2004, 34 (5): 414 -433.

[87] Stringer M F, Hall M N. The Breakdowns in Food Safety Group: A generic model of the integrated food supply chain to aid the investigation of food

safety breakdowns [J]. *Food Control*, 2007, 18: 755 - 765.

[88] Sumner J, Ross T, Ababouch L. Application of risk assessment in the fish industry [A]. Fao Fisheries Technical Paper [C]. Rome: FAO, 2004: 442.

[89] Tait P, Cullen R. Some External Costs of Dairy Farming in Canterbury [A]. The 50th Australian Agricultural and Resource Economics Society annual conference [C]. Sydney, Australia, February , 2006: 8 - 10.

[90] Thaler R. Some Empirical Evidence on Dynamic Inconsistency [J]. *Economic Letters*, 1981, 8 (3): 201 - 207.

[91] The European Parliament and ofthe Council. Regulation (EC) No178/2002, Arts. 3 (11).

[92] Tihanyi L, Ellstrand A E, Daily C M, et al.. Composition of the top management team and firm international diversification [J]. *Journal of Mnagement*, 2000, 26 (6): 1157 - 1177.

[93] Toyofuku H. Joint FAO/WHO/IOC activities to provide scientific advice on marine biotoxins (research report) [J]. *Marine Pollution Bulletin*, 2006, 52 (12): 1735 - 1745.

[94] Tsai W , Ghoshal S. Social Capital and Value Creation: The Role of Intrafirm Networks [J]. *The Academy of Management Journal*, 1998, 41 (4): 464 - 476.

[95] Tversky A , Kahneman D. Judgment under Uncertainty: Heuristics and Biases [J]. *Science*, 1974 (9): 1124 - 1131.

[96] Unnevehr L J , Jensen H H. Industry costs to make food safe: now and under a risk based system [A]. Toward Safer Food: Perspectives on Risk and Priority Setting [C]. Washington, DC: Resources for the Future, 2005: 10 5 - 128.

[97] Van Kleef E, Houghton J R, Krystallis A, et al.. Consumer evaluations of food risk management quality in Europe [J]. *Risk Analysis*, 2007, 27 (6): 1565 - 1580.

[98] Van Rijswijk W , Frewer L J. Consumer perceptions of food quality and safety and their relation to traceability [J]. *British Food Journal*, 2008, 110 (10): 1034 - 1046.

[99] Wagner S , Bode C. An empirical investigation into supply chain vulnerability [J]. *Journal of Purchasing and Supply Management*, 2006, 12 (6): 301 -312.

[100] Watson A W, Gryna F M. Quality culture in small business: four case studies [J]. *Quality Progress*, 2001, 34 (1): 41 -48.

[101] Whipple J M, Voss M D, Closs D J. Supply chain security practices in the food industry: Do firms operating globally and domestically differ? [J]. *International Journal of Physical Distribution & Logistics Management*, 2009, 39 (7): 574 -594.

[102] Zajac E J , Bazerman M H. Blind Spots in Industry and Competitor Analysis: Implications of Interfirm (Mis) Perceptions for Strategic Decisions [J]. *The Academy of Management Review*, 1991, 16 (1): 37 -56.

[103] Zsidisin G A. Managerial Perceptions of Supply Risk [J]. *Journal of Supply Chain Management*, 2003, 39 (1): 14 -25.

中文文献

[104] [英] 安东尼·吉登斯. 现代性的后果 [M]. 南京：译林出版社，2000.

[105] 安玉发，任燕，刘畅，等. 供应链主体食品安全控制行为与政府监管研究 [M]. 北京：中国农业出版社，2014.

[106] [英] 鲍拉基斯 (Bourlakis M A)，[英] 韦特曼 (Weightman P W H). 食品供应链管理 [M]. 北京：中国轻工业出版社，2010.

[107] 北京顺鑫农业股份有限公司. 北京顺鑫农业股份有限公司2014年年度报告 [EB/OL]. (2015 -03 -25) [2015 -7 -30]. http://vip.stock.finance.sina.com.cn/corp/view/vCB_AllBulletinDetail.php?gather=1&id=1668623.

[108] 北京顺鑫农业股份有限公司创新食品分公司. 食品生产企业安全生产标准化创建 [J]. 劳动保护，2015 (2): 104 -106.

[109] 北京顺鑫农业股份有限公司鹏程食品分公司. 公司简介 [EB/OL]. [2015 -06 -27]. http://www.sxpengcheng.com/about_us/&i=19&comContentId=19.html.

[110] 北京顺鑫农业股份有限公司鹏程食品分公司. “鹏程”品牌荣膺

第六届北京影响力十大品牌奖［EB/OL］．（2014－12－25）［2015－07－20］．http：//www. sxpengcheng. com/news_ detail/newsId＝6. html.

［111］北京顺鑫农业股份有限公司鹏程食品分公司．鹏程食品分公司成为南京亚青会猪肉产品独家供应商［EB/OL］．（2014－12－30）［2015－07－20］．http：//www. sxpengcheng. com/news_ detail/newsId＝9. html.

［112］北京顺鑫农业股份有限公司鹏程食品分公司．鹏程万里谱新篇·思变之道［EB/OL］．（2015－06－06）［2015－07－28］．http：//www. sxpengcheng. com/news_ detail/newsId＝19. html.

［113］北京顺鑫农业股份有限公司鹏程食品分公司．鹏程拥有北京最大的肉食品销售网络［EB/OL］．［2015－07－28］．http：//www. sxpengcheng. com/about_ cyl/&i＝7&comContentId＝7. html.

［114］北京顺鑫农业股份有限公司鹏程食品分公司．企业文化［EB/OL］．［2015－07－28］．http：//www. sxpengcheng. com/about_ us/&i＝18&comContentId＝18. html.

［115］北京顺鑫农业股份有限公司鹏程食品分公司．顺鑫集团举行2013年信息宣传座谈会暨“鹏程杯”征文颁奖仪式［EB/OL］．（2014－12－30）［2015－07－28］．http：//www. sxpengcheng. com/news_ detail/newsId＝11. html.

［116］北京顺鑫农业股份有限公司鹏程食品分公司．顺鑫农业鹏程食品分公司荣获2014年中国肉类食品行业强势企业称号［EB/OL］．（2014－12－25）［2015－07－20］．http：//www. sxpengcheng. com/news_ detail/newsId＝8. html.

［117］本刊编辑．全产业链“天罗地网”守护食品安全［J］．北京农业，2014（31）：36－39.

［118］本刊记者．从肉业发展看鹏程食品——访北京顺鑫农业股份有限公司鹏程食品分公司［J］．食品安全质量检测学报，2010（4）：197－201.

［119］曹本锋．关于加强食品安全风险交流的几点思考［N］．中国食品安全报，2015－5－23（A02）.

［120］曹庆仁．煤矿员工不安全行为管理理论与方法［M］．北京：经济管理出版社，2011.

［121］陈共荣，王小波．行为经济学视角下的财务风险成因与防范［J］．财经理论与实践（双月刊），2007，28（5）：74－77.

[122] 陈捷．我国食品安全风险防控法律问题研究 [D]．南京：华中农业大学，2013.

[123] 陈娟，刘永胜，肖为群．食品供应链安全风险形成的微观机理——基于计划行为理论的实证分析 [J]．中国流通经济，2015 (12)：67－75.

[124] 陈娟，刘永胜，张清楠．我国食品供应链风险管理现状调查与分析 [J]．经济研究参考，2015 (69)：82－90.

[125] 陈荣溢，蔡纯，王伟．浅析美国《食品安全现代化法案》[J]．中国检验检疫，2011 (7)：39－40.

[126] 陈椒．食品安全与食品供应链管理 [J]．上海企业，2005 (7)：6 0－62.

[127] 陈夙，吴俊杰．管理者过度自信、董事会结构与企业投融资风险——基于上市公司的经验证据 [J]．中国软科学，2014 (6)：109－116.

[128] 陈锡进．中国政府食品质量安全管理的分析框架及其治理体系 [J]．南京师大学报 (社会科学版)，2011 (1)：29－36.

[129] 陈小平．西方企业文化理论的主要观点 [J]．中外企业文化，1995 (3)：28.

[130] 陈潇源，黄金梅．美国食品安全监管模式对中国食品安全监管体系再造的启示 [J]．经济研究导刊，2014 (31)：327－328.

[131] 陈璇．嵌入结构的风险：社会学风险研究的视角 [J]．消费导刊，2009 (6)：48－49.

[132] 陈雨生，乔娟，赵荣．农户有机蔬菜生产意愿影响因素的实证分析　以北京市为例 [J]．中国农村经济，2009 (7)：20－30.

[133] 陈原，陈康裕，李杨．环境因素对供应链中生产者食品安全行为的影响机制仿真分析 [J]．中国安全生产科学技术，2011 (9)：107－114.

[134] 陈子雷，李维生．现代科学技术对食品安全管理的支撑作用研究 [J]．山东农业科学，2012，44 (12)：112－118.

[135] 程景民．中国食品安全监管体制运行现状和对策研究 [M]．北京：军事医学科学出版社，2013.

[136] 大卫·德莫尔坦．科学建议的标准：风险分析和欧洲食品安全

局的创建［A］．政策制定中的科学咨询：国际比较［C］．上海：上海交通大学出版社，2015.

［137］代文彬，慕静．面向食品安全的食品供应链透明研究［J］．贵州社会科学，2013（4）：155－159.

［138］邓淑芬，吴广谋，赵林度，等．食品供应链安全问题的信号博弈模型［J］．物流技术，2005（10）：135－137.

［139］丁国峰．我国食品安全风险评估制度的反思和完善［J］．江淮论坛，2014（1）：129－139.

［140］杜海，瞿斌．食品供应链需增加透明度［N］．晶报，2013－05－23（B15）.

［141］董军．人因主导型操作风险生成机理与防范策略［J］．上海金融，2005（8）：33－35.

［142］樊行健，周冰．建立确保食品安全的供应链追溯体系［N］．光明日报，2013－05－25（7）.

［143］方凯，王厚俊，单初．"公司＋合作社＋农户"模式下农户参与质量可追溯体系的意愿分析［J］．农业技术经济，2013（6）：63－72.

［144］房瑞景，陈雨生，周静．国外食品安全溯源信息监管体系及经验借鉴［J］．农业经济，2012（9）：6－8.

［145］冯臻．企业社会责任行动实施过程影响因素实证研究——基于计划行为理论视角［J］．企业经济，2014（4）：48－51.

［146］［美］弗兰克·扬纳斯．食品安全文化［M］．上海：上海交通大学出版社，2014.

［147］高维义，谢科范．企业生命周期及其风险分析［J］．贵州师范大学学报（自然科学版），2001，19（4）：88－91.

［148］苟建华．食用农产品封闭供应链运作模式及政策研究［M］．北京：经济科学出版社，2012.

［149］顾宇婷，施晓江．食品供应链环节的监管博弈［J］．中国食品药品监管，2005（7）：5－8.

［150］郭文奇．关于我国食品安全问题的深层思考［J］．中国食品学报，2013，13（1）：1－4.

［151］郭政，樱珊．加强食品供应链透明度的方法与挑战［J］．上海质量，2011（4）：45－48.

[152] 国务院国有资产监督管理委员会．中央企业全面风险管理指引[Z]．2006-06-06.

[153] 韩杨，乔娟．食品安全追溯体系形成机理及研究进展[J]．农业质量标准，2009（4）：46-49.

[154] 郝旭光，佟薇．中国证券监管者心理账户、过度自信及锚定效应的关联性研究[J]．北京工商大学学报（社会科学版），2014，29（1）：10 2-110.

[155] [美] 赫伯特·西蒙．管理行为——管理组织决策过程的研究[M]．北京：北京经济学院出版社，1988.

[156] 何畅．论我国出口食品供应链安全风险预控机制[J]．学术交流，2011（11）：75-78.

[157] 何慧书，徐兆权．芬兰的畜产品质量追溯体系及对中国的启示[J]．世界农业，2010（10）：56-58.

[158] 何静．食品供应链管理[M]．北京：中国轻工业出版社，2016.

[159] 赫威．我国食品供应链流通体系存在的问题与应对策略[J]．商业时代，2012（14）：39-40.

[160] 华锋．我国食品安全法律体系建设现状及对策[J]．河南师范大学学报（哲学社会科学版），2015，42（4）：44-48.

[161] 黄佩燕．行为经济学的发展及其应用价值研究[D]．上海：复旦大学，2003.

[162] 黄义俊，郑时宜，刘德芳．以计划行为理论探讨女性创业之意向——飞雁学员之实证研究[A]．创新、整合与应用研讨会[C]．高雄：树德科技大学出版社，2006.

[163] 姜付秀，张敏，陆正飞，等．管理者过度自信、企业扩张与财务困境[J]．经济研究，2009（1）：131-143.

[164] 江激宇，柯木飞，张士云，等．农户蔬菜质量安全控制意愿的影响因素分析——基于河北省藁城市151份农户的调查[J]．农业技术经济，2012（5）：35-42.

[165] 江勇，刘秀丽，沈厚才．基于委托代理模型分析奶制品供应链上的道德风险问题[J]．物流技术，2009（9）：105-107.

[166] Kumor L，Schneider P，Will D，et al.．加强食品供应链安全的

一些观点［J］. 中国家禽，2009，31（8）：37－38.

［167］雷晞琳，莫鸣，戴健飞. 食品供应链中食品安全风险的来源与防范［J］. 企业活力，2012（11）：28－32.

［168］李柏洲，徐广玉，苏屹. 中小企业合作创新行为形成机理研究——基于计划行为理论的解释架构［J］. 科学研究，2014，32（5）：777－786.

［169］李春林，彭琛. 行为与其三个重要影响因素关系的探索［J］. 长春工程学院学报（社会科学版），2003，4（1）：12－14.

［170］李红. 中国食品供应链风险及关键控制点分析［J］. 江苏农业科学，2012，40（5）：262－264.

［171］李乃文，马跃，牛莉霞. 基于计划行为理论的矿工故意违章行为意向研究［J］. 中国安全科学学报，2011（10）：3－9.

［172］李怀，赵万里. 新制度经济学视角下的食品安全规制研究［A］. 产业评论（第二辑）［C］. 大连：东北大学出版社，2008：94.

［173］李炜. 发达国家食品可追溯系统建设及其对我国的启示［J］. 中国防伪报道，2012（9）：26－29.

［174］李雪峰. 基于行为经济学视角的会计舞弊行为分析［J］. 财会研究，2009（20）：27－28.

［175］廉恩臣. 欧盟食品安全法律体系评析［J］. 政法论丛，2010（2）：94－100.

［176］廖琪宗. 企业组织结构对内部控制的影响［J］. 现代企业，2015（6）：8－9.

［177］林朝朋，谢如鹤，许晓春，等. 消费者对猪肉供应链安全风险的关注程度和信息获取渠道分析——基于韶关市消费者的调查分析［J］. 广东农业科学，2008（3）：100－102.

［178］林静. 顺鑫农业的安全文化经［J］. 劳动保护，2007（4）：24－25.

［179］林学贵. 日本的食品可追溯制度及启示［J］. 世界农业，2012（2）：38－42.

［180］刘畅，张浩，安玉发. 中国食品质量安全薄弱环节、本质原因及关键控制点研究——基于1460个食品质量安全事件的实证分析［J］. 农业经济问题，2011（1）：24－31.

[181] 刘继云，孙绍荣．行为科学理论研究综述 [J]．金融教学与研究，2005 (5)：36 – 37.

[182] 刘玫，吴浪．从系统动力学视角谈食品供应链风险管理 [J]．商业时代，2011 (18)：30 – 31.

[183] 刘永胜．食品供应链风险相关概念辨析 [J]．经济问题，2014 (8)：12 – 15.

[184] 刘永胜．食品供应链安全风险防控机制研究——基于行为视角的分析 [J]．北京社会科学，2015 (7)：47 – 52.

[185] 刘永胜，陈娟．食品供应链安全风险的形成机理——基于行为经济学视角 [J]．中国流通经济，2014 (3)：60 – 65.

[186] 卢安文，任玉珑．商业银行操作风险形成机理研究——基于行为经济学视角 [J]．重庆大学学报（社会科学版），2009，15 (6)：46 – 51.

[187] 卢凌霄，徐昕．日本的食品安全监管体系对中国的借鉴 [J]．世界农业，2012 (10)：4 – 7.

[188] 卢曼．信任：一个社会复杂性的简化机制 [M]．上海：上海世纪出版集团，2005.

[189] 逯文娟．我国食品安全标准及其管理体系概况 [J]．食品安全导刊，2013 (7)：20 – 23.

[190] 罗爱学．基于安全视角的食品供应链风险防范研究 [J]．经济视角，2011 (8)：128 – 129.

[191] 罗必良，李雁玲，罗明忠，等．粤澳食品安全合作机制研究——基于农产品安全视角 [M]．北京：中国农业出版社，2012.

[192] 罗兰，安玉发，古川，等．我国食品安全风险来源与监管策略研究 [J]．食品科学技术学报，2013，31 (2)：77 – 82.

[193] 罗云波，陈思，吴广枫．国外食品安全监管和启示 [J]．行政管理改革，2011 (7)：19 – 23.

[194] 吕亚荣．食品安全管制中的政府责任及策略 [J]．改革，2006 (6)：103 – 108.

[195] 吕园园．基于供应链的超市食品安全风险成因分析研究 [J]．经营管理者，2009 (14)：117 – 118.

[196] 吕文栋．管理层风险偏好、风险认知对科技保险购买意愿影响的实证研究 [J]．中国软科学，2014 (7)：128 – 138.

[197] 马永娇. 服务奥运，是企业信誉和实力的体现——访北京顺鑫农业股份有限公司鹏程食品分公司副总经理李文祥 [J]. 食品安全导刊，2008 (6)：31.

[198] 马永娇，蔡苍，卜庆婧. 借助先进技术保障食品质量与安全 [J]. 食品安全导刊，2009 (7)：20-31.

[199] 毛志雄. 中国部分项目运动员对兴奋剂的态度和意向：TRA 与 TPB 两个理论模型的检验 [D]. 北京：北京体育大学，2001.

[200] 缪瑞. 我国流通环节食品安全监管问题与对策研究 [J]. 中国商贸，2013 (9)：17-18.

[201] 慕静. 供应链视角下食品安全责任缺失风险的传导机制及规避策略 [J]. 粮食科技与经济，2011 (5)：5-17.

[202] 慕静. 食品安全监管模式创新与食品供应链安全风险控制的研究 [J]. 食品工业科技，2012，33 (10)：49-51.

[203] 慕静. 食品供应链中企业社会责任缺失风险的传导及控制 [N]. 中国食品安全报，2011-09-10 (A03).

[204] 倪建文. 食品供应链质量管理框架及中小企业质量文化建设 [J]. 湖南师范大学社会科学学报，2010 (5)：83-86.

[205] 聂强大. 基于战略视角的中国食品行业供应链风险控制 [J]. 市场周刊（理论研究），2008 (11)：12-13.

[206] 潘永杰. 鹏程立足加工带动生猪产业发展 [J]. 动物科学与动物医学，2005，22 (7)：25.

[207] 浦徐进，蒋力，吴林海. 强互惠行为视角下的合作社农产品质量供给治理 [J]. 中国农业大学学报（社会科学版），2012 (1)：132-140.

[208] 乔娟，王慧敏. 基于质量安全的猪肉流通主体行为与监管体系研究 [M]. 北京：中国农业大学出版社，2013.

[209] 秦荣生，张庆龙. 企业内部控制与风险管理 [M]. 北京：经济科学出版社，2012.

[210] 冉瑞平，李建强，任大廷，等. 从源头防治污染和保护生态环境对策研究——基于微观主体行为分析的视角 [M]. 北京：中国环境科学出版社，2010.

[211] 任燕，安玉发，孙梦洁，等. 食品安全内涵及关联主体行为研究综述 [J]. 经济问题探索，2011 (7)：96-102.

[212] 上海市金融纪工委，上海银行纪委. 异常行为排查视角下的上海金融系统案件风险防控实践与思考 [EB/OL]. (2015-09-25) [2015-12-20]. http://sjr.sh.gov.cn/Party/Detail? cateCode=144086&cateInfo=144.

[213] 上海市食品药品安全研究中心. 食品药品安全与监管政策研究报告（2008年卷）[M]. 北京：社会科学文献出版社，2008.

[214] 史海根. 嘉兴市部分农村食品企业食品添加剂使用情况调查分析 [J]. 中国预防医学杂志，2006（6）：548-550.

[215] 顺鑫控股. 顺鑫游——鹏程食品分公司 [EB/OL]. [2015-07-22]. http://shunxinholdings.com/gysx/index.aspx? nodeid=108.

[216] 施强. 完善责任追究机制构筑廉政防控体系 [N]. 江苏法制报，2013-10-29（A03）.

[217] [美] 斯金纳（Skinner B F）. 科学与人类行为 [M]. 北京：华夏出版社，1989.

[218] 宋超英，张筱莹，张乾. 消费者的品牌选择行为研究——基于行为经济学视角下的分析 [J]. 价格理论与实践，2008（12）：76-77.

[219] 孙世民，彭玉珊. 论优质猪肉供应链中养殖与屠宰加工环节的质量安全行为协调 [J]. 农业经济问题，2012（3）：77-83.

[220] 汤伯兴. 应重视食品安全文化建设 [N]. 中国医药报，2006-11-20（B05）.

[221] 童兰，胡求光. 农产品质量安全可追溯体系主体的利益博弈分析 [J]. 浙江农业科学，2012（11）：1566-1570.

[222] 晚春东，宋威，晚国泽. 供应链环境下食品质量安全风险研究述评 [J]. 绍兴文理学院学报，2014，34（10）：25-30.

[223] 王殿华，翟璐怡. 全球化背景下食品供应链管理研究——美国全球供应链的运作及对中国的启示 [J]. 苏州大学学报，2013（2）：109-114.

[224] 王东. 国外风险管理理论研究综述 [J]. 金融发展研究，2012（2）：23-27.

[225] 王铭. 食品供应链风险分析与防范 [J]. 中国物流与采购，2009（2）：72-73.

[226] 王海萍. 食品供应链的安全监管 [J]. 社会科学家，2010（9）：110-112.

[227] 王菡，韩瑞珠，赵林度．基于 ES 模型的供应链系统风险度量［J］．统计与决策，2008（8）：10－12.

[228] 王华书，林光华，韩纪琴．加强食品质量安全供应链管理的构想与对策［J］．食品现代化研究，2010（3）：267－271.

[229] 王慧敏，乔娟，宁攸凉．消费者对安全食品购买意愿的影响因素分析——基于北京市城镇消费者“绿色食品”认证猪肉消费行为的实证分析［J］．中国畜牧杂志，2012（6）：48－52.

[230] 王建华，马玉婷，晁熳璐．农户农药残留认知及其行为意愿影响因素研究——基于全国五省 986 个农户的调查数据［J］．软科学，2014（9）：134－138.

[231] 王龙云．全球食品供应链监管难在何处［N］．经济参考报，2014－8－1（006）.

[232] 王路遥．论食品安全监管制度的完善［J］．法制博览，2015（6）（下）：202－203.

[233] 汪普庆．基于供应链的蔬菜质量安全治理研究［M］．武汉：武汉大学出版社，2012.

[234] 王喜珍．国外食品安全监管体制变革趋势及借鉴［J］．社科纵横，2013，28（4）：45－48.

[235] 王志刚，王斯文．消费者对食品安全风险来源的关注度分析——基于全国城乡居民的问卷调查［J］．中国食物与营养，2012，18（5）：37－40.

[236] 魏益民，刘为军，潘家荣．中国食品安全控制研究［M］．北京：科学出版社，2010.

[237] 文晓魏，等．食品安全监管、企业行为与消费者决策［M］．北京：中国农业出版社，2013.

[238] 文晓巍，刘妙玲．食品安全的诱因、窘境与监管：2002—2011年［J］．改革，2012（9）：37－42.

[239] 文晓巍，赵刚．预警缺失处罚不力是食品安全监管的“软肋”［N］．南方日报，2012－07－15（007）.

[240] 吴军，李健，汪寿阳．供应链风险管理中的几个重要问题［J］．管理科学学报，2006，9（6）：1－12.

[241] 吴浪．食品供应链风险管理研究［D］．长春：吉林大

学，2010.

［242］吴林海，钱和，等．中国食品安全发展报告（2012）［M］．北京：北京大学出版社，2012.

［243］吴林海，王建华，朱淀，等．中国食品安全发展报告 2013［M］．北京：北京大学出版社，2013.

［244］吴林海，尹世九，王建华，等．中国食品安全发展报告 2014［M］．北京：北京大学出版社，2014.

［245］吴群．食品供应链中生产企业质量风险因素及防范措施［J］．物流技术，2012（7）：328－330.

［246］吴素春，张琴丽，胡坤．食品供应链中核心企业食品安全风险防范分析［J］．科技创业月刊，2009（10）：79－80.

［247］郗恩崇，陈鹏．食品供应链的风险诱因分析［J］．交通企业管理，2011（7）：74－75.

［248］肖为群．食品可追溯信息有效传递：障碍及克服［J］．物流技术，2015，34（3）（上半月）：10－12.

［249］肖为群，魏国辰．发展农产品供应链合作关系［J］．宏观经济管理，2010（5）：53－54.

［250］谢超儿．联商年度盘点：2014 年最受关注食品安全事件［EB/OL］．（2015－01－15）［2015－02－27］．http：//www. linkshop. com. cn/web/archives/2015/315104. shtml.

［251］徐成德．发达国家农产品质量追溯的实践与借鉴［J］．农产品加工·学刊，2009（9）：65－68.

［252］许福才，蒙少东．浅析食品供应链风险管理［J］．黑龙江农业科学，2010（1）：82－85.

［253］许年行，吴世农．我国上市公司股权分置改革中的锚定效应研究［J］．经济研究，2007（1）：114－125.

［254］徐玲玲．价格成可追溯食品推广的“拦路虎”［N］．新京报，2015－06－30（B10）.

［255］杨波．浅论我国食品行业供应链风险识别与控制［J］．中国市场，2008（41）：120－121.

［256］杨明增，张继勋．审计判断中的锚定效应研究［J］．审计研究，2007（4）：43－47.

[257] 杨瑞龙，冯健．企业间网络的效率边界：经济组织逻辑的重新审视 [J]．中国工业经济，2003 (11)：5-13.

[258] 杨山峰，李瑞雪．基于食品供应链的食品安全保障机制研究 [J]．食品工业科技，2009 (8)：291-293.

[259] 杨小敏．我国食品安全风险评估模式之改革 [J]．浙江学刊，2012 (2)：141-149.

[260] 叶俊焘，胡亦俊．蔬菜批发市场供应商质量安全可追溯体系供给行为研究 [J]．农业技术经济，2010 (8)：19-27.

[261] 叶军，杨川，丁雪梅．日本食品安全风险管理体制及启示 [J]．农村经济，2009 (10)：123-125.

[262] 尹世久，陈默，徐迎军．消费者安全认证食品多源信任融合模型研究——以有机食品为例 [J]．江南大学学报（人文社会科学版），2012，11 (2)：114-120.

[263] 应飞虎．食品安全有奖举报制度研究 [J]．社会科学，2013 (3)：81-87.

[264] 余明桂，李文贵，潘红波．管理者过度自信与企业风险承担 [J]．金融研究，2013 (1)：149-163.

[265] 喻闻．农产品供应链案例研究 [M]．北京：中国农业科学技术出版社，2008.

[266] 于杨曜．比较与借鉴：美国食品安全监管模式特点以及新发展 [J]．华东理工大学学报（社会科学版），2012 (1)：73-81.

[267] 张诚，张广胜．农产品供应链风险影响因素的 ISM 分析 [J]．江西社会科学，2012 (3)：53-57.

[268] 张汉江，肖伟，葛伟娜，等．有害物质在食品供应链中传播机制的混合策略静态博弈模型 [J]．系统工程，2008，26 (1)：62-67.

[269] 张会恒．政府规制理论国内研究述评 [J]．经济管理，2005 (9)：31-34.

[270] 张红霞．核心企业主导的食品供应链质量安全风险控制研究 [D]．北京：中国农业大学，2014.

[271] 张红霞，安玉发，张文胜．我国食品安全风险识别、评估与管理——基于食品安全事件的实证分析 [J]．经济问题探索，2013 (6)：135-141.

［272］张金丽，李真，邹瑾．供应链视角下食品质量安全控制的关键点分析［J］．物流工程与管理，2013（10）：101－103.

［273］张丽娜．我国政府规制理论研究综述［J］．中国行政管理，2006（12）：87－90.

［274］张秋琴，陈正行，吴林海．生产企业食品添加剂使用行为的调查分析［J］．食品与机械，2012，28（2）：229－232.

［275］张婷．农户绿色蔬菜生产行为影响因素分析——以四川省512户绿色蔬菜生产农户为例［J］．统计与信息论坛，2012（12）：88－95.

［276］张卫斌，顾振宇．基于食品供应链管理的食品安全问题发生机理分析［J］．食品工业科技，2007（1）：215－220.

［277］赵方婷．食品安全事件折射供应链透明度不高［N］．现代物流报，2014－08－29（B02）.

［278］赵建欣，张忠根．基于计划行为理论的农户安全农产品供给机理探析［J］．财贸研究，2007（6）：40－45.

［279］赵建欣，张忠根．农户安全蔬菜供给决策机制实证分析［J］．农业技术经济，2009（5）：31－38.

［280］赵林度．食品安全与风险管理［M］．北京：科学出版社，2009.

［281］赵鹏．我国风险规制法律制度的现状、问题与完善——基于全国人大常委会执法检查情况的分析［J］．政法学研究，2010（4）：119－126.

［282］赵荣．中国食用农产品质量安全追溯体系激励机制研究［M］．北京：中国农业出版社，2012.

［283］赵荣，陈绍志，乔娟．美国、欧盟、日本食品质量安全追溯监管体系及对中国的启示［J］．世界农业，2012（3）：1－4.

［284］赵荣，乔娟．发达国家食品质量安全追溯体系监管机制及经验借鉴［A］．中国行政管理学会2010年会暨“政府管理创新”研讨会论文集［C］．2010.

［285］赵学刚，谭迎新．城市交通安全风险文化系统三维结构体系构建［J］．中国安全科学学报，2011，21（12）：122－127.

［286］郑红军．农产品质量安全控制综观研究［M］．北京：人民出版社，2011.

[287] 郑智航. 食品安全风险评估法律规制的唯科学主义倾向及其克服——基于风险社会理论的思考 [J]. 法学论坛，2015 (1)：91－98.

[288] 中国产业信息网. 2013 年国外食品安全监管体系的四点启示 [EB/OL]. (2013－08－12) [2015－08－16]. http：//www. chyxx. com/industry/201308/216116. html.

[289] 中华人民共和国食品安全法 [Z]. 2015－04－24.

[290] 中华人民共和国农产品质量安全法 [Z]. 2006－04－29.

[291] 中华人民共和国国家卫生和计划生育委员会. 食品安全标准及食品添加剂有关问题答问 [EB/OL]. (2013－06－05) [2015－09－01]. http：//www. moh. gov. cn/zwgkzt/zswdx/201306/50ce9bf3c1734e56a3e16239c443f5e8. shtml.

[292] 钟沛宁. 如何预防食品安全风险 [J]. 中国质量技术监督，2012 (3)：56－57.

[293] 周峰，徐翔. 欧盟食品安全可追溯制度对我国的启示 [J]. 经济纵横，2007 (10)：71－73.

[294] 周清杰. 论我国当前食品安全监管体制的制度困局 [J]. 北京工商大学学报（社会科学版），2008 (6)：28－32.

[295] 周永刚，王志刚. 基于国际比较视角的我国食品安全监管体系研究 [J]. 宏观质量管理，2014，2 (2)：74－81.

[296] 周志强，王克喜，赵振军，等. 基于三维行为视角的煤矿企业安全影响因素分析 [J]. 中国煤炭，2008 (7)：100－102.

[297] 朱天舒. 食品供应链控制区质量安全管控理论与方法研究 [D]. 天津：天津大学，2010.

[298] 专稿. 顺鑫鹏程：发展绿色产业，打造安全、放心肉食品牌 [J]. 肉品卫生，2005 (8)：4－5.

[299] 曾雄旺，杜红梅. 绿色食品原料生产者与加工商行为选择分析 [J]. 产业与科技论坛，2011 (5)：30－32.

[300] 左两军，王雄志. 不同管制条件下食品供应链成员企业的质量管理行为分析 [J]. 华南农业大学学报（社会科学版），2008 (2)：70－77.

附录一

调查问卷

食品供应链风险管理现状调查问卷

一、受访者信息

1.01 您的性别：①男；②女

1.02 您的年龄：①20～30岁；②31～40岁；③41～50岁；④51岁以上

1.03 您的学历：①专科及以下；②本科；③研究生

1.04 您在本企业的工作年限：①5年以内；②6～10年；③11～20年；④20年以上

1.05 您在本企业担任职务：①高层管理者；②中层管理者

1.06 您在本企业哪个部门：①采购部门；②生产部门；③销售部门；④物流部门；⑤其他部门（请说明）________

二、企业背景资料

2.01 贵企业是哪一年成立的：

2.02 贵企业性质：①国有企业；②集体企业；③民营企业；④外资企业；⑤合资企业；⑥其他企业

2.03 贵企业经营属性：①农副食品加工企业；②食品制造企业；③酒、饮料和精制茶制造企业；④其他（请说明）________

2.04 贵企业法人代表文化程度：①专科及以下；②本科；③研究生

2.05 贵企业资产总额（2012年末数据）：________万元

2.06 贵企业员工人数：①1000人以上；②301～1000人；③20～300

人；④20 人以下

2.07 贵企业年销售额（2012 年数据）（单位：人民币元）

①4 亿以上；②2000 万~4 亿；③300 万~2000 万；④300 万以下

2.08 贵企业主要销售产品（可多选）：

①	可可制品、巧克力制品以及糖果	⑤	油脂类	⑨	蛋及蛋制品
②	肉类（含活禽、活猪羊等）	⑥	乳（奶）制品	⑩	酒类
③	鱼类	⑦	谷类	⑪	饼干等焙烤食品
④	水果蔬菜类	⑧	饮料	⑫	其他

2.09 贵企业是否有跨国的采购或销售业务：①是；②否；③不清楚

2.10 贵企业具备或采用的质量认证体系有（可多选）：

①	ISO 22000 食品安全管理体系	⑦	SQF 食品安全与质量标准
②	ISO 9000 质量管理体系	⑧	全球良好农业操作规范
③	HACCP 危害分析和关键控制点	⑨	FSSC 22000 全球食品安全管理体系
④	GMP 良好生产规范	⑩	针对客户具体要求的审核方案
⑤	BRC 全球标准	⑪	ISO 14000 环境管理体系
⑥	IFS 国际食品标准	⑫	其他（请说明）

三、食品供应链风险管理基本情况

3.01 请问贵企业是否有专门的风险管理部门：①有；②无

3.02 如果贵企业有专门的风险管理部门，请问该部门归谁领导：

①董事会；②CEO（董事长、总经理、厂长）；③其他高层领导（如总会计师、财务总监、信息总监等）

3.03 食品供应链风险管理主要是指对食品供应链中的食品质量安全风险进行识别、评估和控制的过程。请问贵企业过去一年是否针对下列人员开展过食品供应链风险管理培训？

普通员工	①经常进行	②偶尔进行	③从未进行
管理人员	①经常进行	②偶尔进行	③从未进行

3.04 请问贵企业在食品供应链风险管理过程中是否对食品供应链风险进行识别和评估？

①进行系统的风险识别和评估；

②有，但不系统；

③没有进行过风险识别和评估；

④不清楚

3.05 请问贵企业是否制定有食品供应链风险应急管理措施？

①有；②没有；③不清楚

3.06 请问下列因素对贵企业食品供应链风险管理的重要性如何？（请在相应数字上打“√”）

因素		重要性表现 （5）非常重要（4）比较重要（3）一般 （2）不太重要（1）很不重要				
（1）	高层管理者的风险态度和意识	5	4	3	2	1
（2）	员工的文化素质和技能	5	4	3	2	1
（3）	企业文化中强调风险管理	5	4	3	2	1
（4）	企业的风险管理流程	5	4	3	2	1
（5）	企业的风险管理方法	5	4	3	2	1
（6）	合作伙伴共同的价值观	5	4	3	2	1
（7）	对合作伙伴的了解程度	5	4	3	2	1
（8）	合作伙伴战略目标的一致性	5	4	3	2	1

3.07 您认为贵企业对供应链合作伙伴进行风险管理的表现如何？（请在相应数字上打“√”）

合作伙伴		贵企业的表现 （5）非常好（4）比较好（3）一般 （2）比较差（1）非常差				
（1）	供应商	5	4	3	2	1
（2）	分销商	5	4	3	2	1
（3）	第三方物流服务商	5	4	3	2	1

3.08 您认为做好食品供应链风险管理工作的关键在于：

①高层管理者；②中层管理者；③基层管理者和员工

3.09 您认为贵企业食品供应链风险管理状况处于的阶段是：

①初始阶段；（对风险的关注主要在企业内部，并且是被动应对各种风险，尚未建立基本的风险管理或类似风险管理的职能部门，也没有制定风险管理方面的制度）

②发展完善阶段（设立了风险管理方面的职能部门，建立了相关制度，由被动应对风险开始转变为主动识别风险，对风险的关注点也从企业内部扩展到与企业密切相关的外部环境和其他供应链利益相关方，如供应商）

③成熟阶段（不仅设立了供应链风险管理方面的职能部门，而且制度健全，并且有一套成熟供应链风险管理流程，包括：事前的风险识别、事中的风险衡量与评估，以及事后的风险应对和基于风险管理效果的部门与员工考核与评价）

3.10 您认为贵企业食品供应链风险管理的整体水平是：

①很高；②较高；③一般；④较差；⑤很差

四、食品供应链风险管理的效果

下面是有关食品供应链风险管理的效果的描述，请根据您所在企业的情况及您个人的感受，在相应的选项中打“√”。

对供应链风险管理效果的描述	贵企业食品供应链风险管理的效果				
	（5）非常明显（4）比较明显（3）一般（2）不太明显（1）基本没有				
增强了企业发现供应链风险事故的能力	5	4	3	2	1
减少了供应链风险事故	5	4	3	2	1
增强了企业从供应链风险事故中得以恢复的能力	5	4	3	2	1
增强了公司的客户服务能力	5	4	3	2	1
提高了企业的产品质量	5	4	3	2	1
显著提升对客户的服务水平	5	4	3	2	1

本问卷至此结束，谢谢您的填答。最后，请您再次检查有无漏答之处，再一次感谢您的热心帮助与合作！

食品供应链风险行为与影响因素调查问卷

一、企业背景资料（Enterprise Data）

1.01 请问您听说过 ISO 9000 吗？

①听说过 ②没听说过（请直接回答 1.05）

1.02 请问 ISO 9000 与贵企业业务有关吗？

①有关 ②无关（请直接回答 1.05）

1.03 请问贵企业申请过 ISO 9000 吗？

①申请过 ②没有申请过（请直接回答 1.05）

1.04 请问贵企业申请 ISO 9000 通过了吗？

①通过 ②未通过 ③还没有结果

1.05 请问您听说过 ISO 14000 吗？

①听说过 ②没听说过（请直接回答 1.09）

1.06 请问 ISO 14000 与贵企业业务有关吗？

①有关 ②无关（请直接回答 1.09）

1.07 请问贵企业申请过 ISO 14000 吗？

①申请过 ②没有申请过（请直接回答 1.09）

1.08 请问贵企业申请 ISO 14000 通过了吗？

①通过 ②未通过 ③还没有结果

1.09 请问您听说过 HSAS 18000 吗？

①听说过 ②没听说过（请直接回答 1.13）

1.10 请问 HSAS 18000 与贵企业业务有关吗？

①有关 ②无关（请直接回答 1.13）

1.11 请问贵企业申请过 HSAS 18000 吗？

①申请过 ②没有申请过（请直接回答 1.13）

1.12 请问贵企业申请 HSAS 18000 通过了吗？

①通过 ②未通过 ③还没有结果

1.13 请问您听说过 HACCP 吗？

①听说过 ②没听说过（请直接回答 1.11）

1.14 请问 HACCP 与贵企业业务有关吗？

①有关 ②无关（请直接回答 1.11）

1.15 请问贵企业申请过 HACCP 吗？

①申请过 ②没有申请过（请直接回答 1.11）

1.16 请问贵企业申请 HACCP 通过了吗？

①通过 ②未通过 ③还没有结果

1.17 请问您听说过 GMP 吗？

①听说过　②没听说过（请直接回答 1. 21）

1. 18 请问 GMP 与贵企业业务有关吗？

①有关　②无关（请直接回答 1. 21）

1. 19 请问贵企业申请过 GMP 吗？

①申请过　②没有申请过（请直接回答 1. 21）

1. 20 请问贵企业申请 GMP 通过了吗？

①通过　②未通过　③还没有结果

1. 21 请问您听说过 SGS 吗？

①听说过　②没听说过（请直接回答 1. 25）

1. 22 请问 SGS 与贵企业业务有关吗？

①有关　②无关（请直接回答 1. 25）

1. 23 请问贵企业申请过 SGS 吗？

①申请过　②没有申请过（请直接回答 1. 25）

1. 24 请问贵企业申请 SGS 通过了吗？

①通过　②未通过　③还没有结果

1. 25 请问您听说过 FAPAS 吗？

①听说过　②没听说过（请直接回答 2. 01）

1. 26 请问 FAPAS 与贵企业业务有关吗？

①有关　②无关（请直接回答 2. 01）

1. 27 请问贵企业申请过 FAPAS 吗？

①申请过　②没有申请过（请直接回答 2. 01）

1. 28 请问贵企业申请 FAPAS 通过了吗？

①通过　②未通过　③还没有结果

二、食品供应链风险行为

本问卷调查所关注的食品供应链风险是指食品质量与安全风险，食品供应链风险行为是指可能导致食品质量与安全风险的管理行为、经营行为和操作行为。以下行为描述请您根据企业的实际情况和个人经验与感受进行选择，从“1：风险非常大”至“5：风险很小”。

编号	风险行为	风险非常大	风险较大	风险一般	风险较小	风险很小
		1	2	3	4	5
2.01	长期依赖单一供应商					
2.02	根据管理者的个人关系选择供应商					
2.03	企业很少或从不对供应商进行质量安全方面的审计（包括自行审计和聘请第三方审计）					
2.04	企业很少或从不对合同承包制造商进行质量安全方面的审计（包括自行审计和聘请第三方审计）					
2.05	企业很少或从不对经销商进行质量安全方面的审计（包括自行审计和聘请第三方审计）					
2.06	不注重与物流商建立稳定合作关系					
2.07	对原材料的抽样检测比例偏低					
2.08	对来自关系好的供应商的原材料不检测或走过场					
2.09	不向供应商索要相关证件					
2.10	企业很少或从不与供应链上下游企业联合开展食品质量安全方面的员工培训、知识竞赛等活动					
2.11	购买不合格（违规）的原材料					
2.12	采取废料回收再利用					
2.13	没有详细的采购记录台账					
2.14	检测设备和生产设备维护不足、更新慢					
2.15	储存环境控制不当引发原材料污染					
2.16	生产过程净化处理不当					
2.17	包装不合格					
2.18	操作人员生产过程中生产设备操作不当					
2.19	缺少产品生产过程质量实时控制					
2.20	生产加工环境没有执行卫生标准					
2.21	操作人员自身没有执行卫生标准					
2.22	企业很少或几乎不对员工进行食品质量与安全风险方面的培训					
2.23	企业很少或几乎不开展食品质量与安全方面的评优、评奖活动					
2.24	企业很少或几乎没有因为员工违反质量与安全方面的操作规定和制度而实施处罚甚至开除					
2.25	企业很少或几乎不参与行业或政府部门主导的食品质量与安全方面的标准制定					

三、食品供应链风险因素

食品供应链风险因素是指导致上述食品供应链风险行为，进而引发食品质量与安全问题的各种原因。以下风险因素请您根据企业的实际情况和个人经验与感受进行选择，从“1：完全不同意”至“5：完全同意”。

编号	风险因素	完全不同意	不太同意	一般	比较同意	完全同意
		1	2	3	4	5
3.01	公司高管个人风险意识淡薄					
3.02	公司高管个人虽然重视，但风险管理能力有限					
3.03	公司没有专门的风险管理职能部门					
3.04	公司风险管理或类似的职能部门形同虚设					
3.05	公司高管认为风险管理活动增加成本负担					
3.06	公司高管没有把风险管理上升到战略高度					
3.07	公司招聘员工时不注重学历和素质					
3.08	迫于成本压力，公司削减员工风险管理培训开支					
3.09	员工个人文化素质低					
3.10	员工个人道德品质差					
3.11	员工个人责任意识不强					
3.12	员工认为质量安全是企业高层的事，与自己无关					
3.13	供应链上下游企业之间缺少合作意识					
3.14	供应链上下游企业不愿意共享信息，担心日后承担责任					
3.15	供应链上下游企业的安全文化差别很大					
3.16	行业协会或政府监管部门很少突击检查					
3.17	政府部门的检查很容易过关					
3.18	政府相关部门的处罚力度不够					
3.19	可追溯程度低，出现质量安全问题难以追查到具体企业或个人					

四、食品供应链风险行为后果

食品供应链风险行为后果（即食品供应链风险）是指食品质量与安全问题给企业及相关个人带来的负面影响。请您根据企业的实际情况和个人经验与感受进行选择，从“1：完全不同意”至“5：完全同意”。

编号	食品供应链风险行为后果	完全不同意	不太同意	一般	比较同意	完全同意
		1	2	3	4	5
4.01	使企业市场份额、收入、利润和股价受到影响					
4.02	使企业的声望受到影响					
4.03	使企业产品失去消费者的信赖和忠诚					
4.04	使企业的供应链上下游关系恶化					
4.05	使企业成为主管部门监管的重点					
4.06	使企业消耗大量人力、财力来应对媒体或公众压力					
4.07	使企业日后难以获得政府支持					
4.08	对整个行业的发展造成影响					
4.09	使企业员工失去对企业的荣誉感、归宿感和忠诚					
4.10	使企业员工承受到社会压力，产生负面情绪					
4.11	使相关管理者薪酬受到影响					
4.12	使相关管理者职务晋升受到影响					
4.13	使相关管理者在业内的名声受到影响					
4.14	使相关普通员工个人薪酬受到影响					
4.15	使相关普通员工职业发展受到影响					
4.16	使相关普通员工个人因自身错误而产生自责、愧疚等心理影响					

本问卷至此结束，谢谢您的填答。最后，请您再次检查有无漏答之处，再一次感谢您的热心帮助与合作！

食品供应链普通员工风险行为与影响因素调查问卷

一、受访者信息（Personal Information）

1.01 您的性别：①男；②女

1.02 您的年龄：①20～30 岁；②31～40 岁；③41～50 岁；④51 岁以上

1.03 您的婚姻状况：①已婚；②未婚

1.04 您的学历：①专科及以下；②本科；③研究生

1.05 您的岗位：①普通员工；②辅助管理人员；③一般管理人员

1.06 您在目前企业的工作年限：①5 年以内；②6～10 年；③11～20 年④20 年以上

1.07 您工作的部门：①采购部门；②生产部门；③销售部门；④物流部门⑤其他部门（请说明）________

1.08 您所在单位是：

1.09 您的宗教信仰状况：①有；②无

二、测试题项（Measurement Scales）

您在多大程度上在意以下人员对您从事食品行业工作的期望？

相关人员	非常不在意	不在意	有点不在意	无所谓	有点在意	在意	非常在意
	1	2	3	4	5	6	7
父母、子女等直系亲属							
要好的朋友							
单位领导							
单位的同事和其他对您重要的人，比如曾经的老师或关键时候帮助过您的人							

以下问题请根据您的真实感受和认可程度打分（由非常不同意到非常同意 1～10 分）。

编号	题项内容	打分									
		1	2	3	4	5	6	7	8	9	10
2.01	我的亲人强烈反对我在从事食品行业相关工作中漫不经心、不负责任，甚至不合规操作										
2.02	我的好友强烈反对我在从事食品行业相关工作中漫不经心、不负责任，甚至不合规操作										
2.03	我的直接领导会鄙视我，如果我在从事食品行业相关工作中漫不经心、不负责任，甚至不合规操作										
2.04	我的同事以及其他对我而言重要的人会鄙视我，如果我在从事食品行业相关工作中漫不经心、不负责任，甚至不合规操作										
2.05	在工作中，我发现我的上级也会实施一些可能影响食品质量安全的生产和管理行为										
2.06	在工作中，我发现我身边的同事也会实施一些可能影响食品质量安全的生产和管理行为										
2.07	我相信就算我偷懒，或者因为心情不好等情绪上的原因，工作上漫不经心、不负责任，甚至不合规操作，也不会被领导发现										
2.08	我认为，即使做得不好被领导发现了，也顶多被批评几句，不会对我造成实质性的影响（如不会影响到我的工资、奖金、福利和晋升）										
2.09	我认为，即使表现不好被现在的单位开除了，我也不难在其他食品企业或非食品企业找到新工作										
2.10	在工作中，我有资源（时间、时机、工具）不按规定的操作程序和要求进行操作										
2.11	对我而言，偷懒、不按规定操作不是一件困难的事情										
2.12	我以前工作中曾经不按规定程序和要求操作										
2.13	工作中会不自主地发生一些习惯性的不合规操作行为										
2.14	过去的不合规操作行为对现在的工作习惯和行为有影响										
2.15	工作中漫不经心、不按规定程序和要求操作会损害食品质量，危及食品质量安全										
2.16	我认为，真正做到严格按照规定程序和要求进行生产操作，没有必要，也很麻烦，很累，对我个人没有什么好处										
2.17	我如果不按照规定程序和要求进行生产操作，可能会受到处罚										
2.18	如果我不按照规定程序和要求进行生产操作，会使我良心不安										

续表

编号	题项内容	打分									
		1	2	3	4	5	6	7	8	9	10
2. 19	我认为不按照规定程序和要求进行生产操作是明智的，因为周围人都一样										
2. 20	在今后的工作中，我有可能不按操作规则进行工作										
2. 21	在今后的工作中，我有可能减少操作程序										
2. 22	在今后的工作中，我有可能违反操作制度										

本问卷至此结束，谢谢您的填答。最后，请您再次检查有无漏答之处，再一次感谢您的热心帮助与合作！

附录二

中华人民共和国食品安全法

第一章　总　则

第一条　为了保证食品安全，保障公众身体健康和生命安全，制定本法。

第二条　在中华人民共和国境内从事下列活动，应当遵守本法：

（一）食品生产和加工（以下称食品生产），食品销售和餐饮服务（以下称食品经营）；

（二）食品添加剂的生产经营；

（三）用于食品的包装材料、容器、洗涤剂、消毒剂和用于食品生产经营的工具、设备（以下称食品相关产品）的生产经营；

（四）食品生产经营者使用食品添加剂、食品相关产品；

（五）食品的贮存和运输；

（六）对食品、食品添加剂、食品相关产品的安全管理。

供食用的源于农业的初级产品（以下称食用农产品）的质量安全管理，遵守《中华人民共和国农产品质量安全法》的规定。但是，食用农产品的市场销售、有关质量安全标准的制定、有关安全信息的公布和本法对农业投入品做出规定的，应当遵守本法的规定。

第三条　食品安全工作实行预防为主、风险管理、全程控制、社会共治，建立科学、严格的监督管理制度。

第四条　食品生产经营者对其生产经营食品的安全负责。

食品生产经营者应当依照法律、法规和食品安全标准从事生产经营活动，保证食品安全，诚信自律，对社会和公众负责，接受社会监督，承担社会责任。

第五条　国务院设立食品安全委员会，其职责由国务院规定。

国务院食品药品监督管理部门依照本法和国务院规定的职责，对食品生产经营活动实施监督管理。

国务院卫生行政部门依照本法和国务院规定的职责，组织开展食品安全风险监测和风险评估，会同国务院食品药品监督管理部门制定并公布食品安全国家标准。

国务院其他有关部门依照本法和国务院规定的职责，承担有关食品安全工作。

第六条 县级以上地方人民政府对本行政区域的食品安全监督管理工作负责，统一领导、组织、协调本行政区域的食品安全监督管理工作以及食品安全突发事件应对工作，建立健全食品安全全程监督管理工作机制和信息共享机制。

县级以上地方人民政府依照本法和国务院的规定，确定本级食品药品监督管理、卫生行政部门和其他有关部门的职责。有关部门在各自职责范围内负责本行政区域的食品安全监督管理工作。

县级人民政府食品药品监督管理部门可以在乡镇或者特定区域设立派出机构。

第七条 县级以上地方人民政府实行食品安全监督管理责任制。上级人民政府负责对下一级人民政府的食品安全监督管理工作进行评议、考核。县级以上地方人民政府负责对本级食品药品监督管理部门和其他有关部门的食品安全监督管理工作进行评议、考核。

第八条 县级以上人民政府应当将食品安全工作纳入本级国民经济和社会发展规划，将食品安全工作经费列入本级政府财政预算，加强食品安全监督管理能力建设，为食品安全工作提供保障。

县级以上人民政府食品药品监督管理部门和其他有关部门应当加强沟通、密切配合，按照各自职责分工，依法行使职权，承担责任。

第九条 食品行业协会应当加强行业自律，按照章程建立健全行业规范和奖惩机制，提供食品安全信息、技术等服务，引导和督促食品生产经营者依法生产经营，推动行业诚信建设，宣传、普及食品安全知识。

消费者协会和其他消费者组织对违反本法规定，损害消费者合法权益的行为，依法进行社会监督。

第十条 各级人民政府应当加强食品安全的宣传教育，普及食品安全知识，鼓励社会组织、基层群众性自治组织、食品生产经营者开展食品安

全法律、法规以及食品安全标准和知识的普及工作，倡导健康的饮食方式，增强消费者食品安全意识和自我保护能力。

新闻媒体应当开展食品安全法律、法规以及食品安全标准和知识的公益宣传，并对食品安全违法行为进行舆论监督。有关食品安全的宣传报道应当真实、公正。

第十一条　国家鼓励和支持开展与食品安全有关的基础研究、应用研究，鼓励和支持食品生产经营者为提高食品安全水平采用先进技术和先进管理规范。

国家对农药的使用实行严格的管理制度，加快淘汰剧毒、高毒、高残留农药，推动替代产品的研发和应用，鼓励使用高效低毒低残留农药。

第十二条　任何组织或者个人有权举报食品安全违法行为，依法向有关部门了解食品安全信息，对食品安全监督管理工作提出意见和建议。

第十三条　对在食品安全工作中做出突出贡献的单位和个人，按照国家有关规定给予表彰、奖励。

第二章　食品安全风险监测和评估

第十四条　国家建立食品安全风险监测制度，对食源性疾病、食品污染以及食品中的有害因素进行监测。

国务院卫生行政部门会同国务院食品药品监督管理、质量监督等部门，制定、实施国家食品安全风险监测计划。

国务院食品药品监督管理部门和其他有关部门获知有关食品安全风险信息后，应当立即核实并向国务院卫生行政部门通报。对有关部门通报的食品安全风险信息以及医疗机构报告的食源性疾病等有关疾病信息，国务院卫生行政部门应当会同国务院有关部门分析研究，认为必要的，及时调整国家食品安全风险监测计划。

省、自治区、直辖市人民政府卫生行政部门会同同级食品药品监督管理、质量监督等部门，根据国家食品安全风险监测计划，结合本行政区域的具体情况，制定、调整本行政区域的食品安全风险监测方案，报国务院卫生行政部门备案并实施。

第十五条　承担食品安全风险监测工作的技术机构应当根据食品安全风险监测计划和监测方案开展监测工作，保证监测数据真实、准确，并按照食品安全风险监测计划和监测方案的要求报送监测数据和分析结果。

食品安全风险监测工作人员有权进入相关食用农产品种植养殖、食品生产经营场所采集样品、收集相关数据。采集样品应当按照市场价格支付费用。

第十六条 食品安全风险监测结果表明可能存在食品安全隐患的，县级以上人民政府卫生行政部门应当及时将相关信息通报同级食品药品监督管理等部门，并报告本级人民政府和上级人民政府卫生行政部门。食品药品监督管理等部门应当组织开展进一步调查。

第十七条 国家建立食品安全风险评估制度，运用科学方法，根据食品安全风险监测信息、科学数据以及有关信息，对食品、食品添加剂、食品相关产品中生物性、化学性和物理性危害因素进行风险评估。

国务院卫生行政部门负责组织食品安全风险评估工作，成立由医学、农业、食品、营养、生物、环境等方面的专家组成的食品安全风险评估专家委员会进行食品安全风险评估。食品安全风险评估结果由国务院卫生行政部门公布。

对农药、肥料、兽药、饲料和饲料添加剂等的安全性评估，应当有食品安全风险评估专家委员会的专家参加。

食品安全风险评估不得向生产经营者收取费用，采集样品应当按照市场价格支付费用。

第十八条 有下列情形之一的，应当进行食品安全风险评估：

（一）通过食品安全风险监测或者接到举报发现食品、食品添加剂、食品相关产品可能存在安全隐患的；

（二）为制定或者修订食品安全国家标准提供科学依据需要进行风险评估的；

（三）为确定监督管理的重点领域、重点品种需要进行风险评估的；

（四）发现新的可能危害食品安全因素的；

（五）需要判断某一因素是否构成食品安全隐患的；

（六）国务院卫生行政部门认为需要进行风险评估的其他情形。

第十九条 国务院食品药品监督管理、质量监督、农业行政等部门在监督管理工作中发现需要进行食品安全风险评估的，应当向国务院卫生行政部门提出食品安全风险评估的建议，并提供风险来源、相关检验数据和结论等信息、资料。属于本法第十八条规定情形的，国务院卫生行政部门应当及时进行食品安全风险评估，并向国务院有关部门通报评估结果。

第二十条　省级以上人民政府卫生行政、农业行政部门应当及时相互通报食品、食用农产品安全风险监测信息。

国务院卫生行政、农业行政部门应当及时相互通报食品、食用农产品安全风险评估结果等信息。

第二十一条　食品安全风险评估结果是制定、修订食品安全标准和实施食品安全监督管理的科学依据。

经食品安全风险评估，得出食品、食品添加剂、食品相关产品不安全结论的，国务院食品药品监督管理、质量监督等部门应当依据各自职责立即向社会公告，告知消费者停止食用或者使用，并采取相应措施，确保该食品、食品添加剂、食品相关产品停止生产经营；需要制定、修订相关食品安全国家标准的，国务院卫生行政部门应当会同国务院食品药品监督管理部门立即制定、修订。

第二十二条　国务院食品药品监督管理部门应当会同国务院有关部门，根据食品安全风险评估结果、食品安全监督管理信息，对食品安全状况进行综合分析。对经综合分析表明可能具有较高程度安全风险的食品，国务院食品药品监督管理部门应当及时提出食品安全风险警示，并向社会公布。

第二十三条　县级以上人民政府食品药品监督管理部门和其他有关部门、食品安全风险评估专家委员会及其技术机构，应当按照科学、客观、及时、公开的原则，组织食品生产经营者、食品检验机构、认证机构、食品行业协会、消费者协会以及新闻媒体等，就食品安全风险评估信息和食品安全监督管理信息进行交流沟通。

第三章　食品安全标准

第二十四条　制定食品安全标准，应当以保障公众身体健康为宗旨，做到科学合理、安全可靠。

第二十五条　食品安全标准是强制执行的标准。除食品安全标准外，不得制定其他食品强制性标准。

第二十六条　食品安全标准应当包括下列内容：

（一）食品、食品添加剂、食品相关产品中的致病性微生物，农药残留、兽药残留、生物毒素、重金属等污染物质以及其他危害人体健康物质的限量规定；

（二）食品添加剂的品种、使用范围、用量；

（三）专供婴幼儿和其他特定人群的主辅食品的营养成分要求；

（四）对与卫生、营养等食品安全要求有关的标签、标志、说明书的要求；

（五）食品生产经营过程的卫生要求；

（六）与食品安全有关的质量要求；

（七）与食品安全有关的食品检验方法与规程；

（八）其他需要制定为食品安全标准的内容。

第二十七条 食品安全国家标准由国务院卫生行政部门会同国务院食品药品监督管理部门制定、公布，国务院标准化行政部门提供国家标准编号。

食品中农药残留、兽药残留的限量规定及其检验方法与规程由国务院卫生行政部门、国务院农业行政部门会同国务院食品药品监督管理部门制定。

屠宰畜、禽的检验规程由国务院农业行政部门会同国务院卫生行政部门制定。

第二十八条 制定食品安全国家标准，应当依据食品安全风险评估结果并充分考虑食用农产品安全风险评估结果，参照相关的国际标准和国际食品安全风险评估结果，并将食品安全国家标准草案向社会公布，广泛听取食品生产经营者、消费者、有关部门等方面的意见。

食品安全国家标准应当经国务院卫生行政部门组织的食品安全国家标准审评委员会审查通过。食品安全国家标准审评委员会由医学、农业、食品、营养、生物、环境等方面的专家以及国务院有关部门、食品行业协会、消费者协会的代表组成，对食品安全国家标准草案的科学性和实用性等进行审查。

第二十九条 对地方特色食品，没有食品安全国家标准的，省、自治区、直辖市人民政府卫生行政部门可以制定并公布食品安全地方标准，报国务院卫生行政部门备案。食品安全国家标准制定后，该地方标准即行废止。

第三十条 国家鼓励食品生产企业制定严于食品安全国家标准或者地方标准的企业标准，在本企业适用，并报省、自治区、直辖市人民政府卫生行政部门备案。

第三十一条 省级以上人民政府卫生行政部门应当在其网站上公布制定和备案的食品安全国家标准、地方标准和企业标准，供公众免费查阅、下载。

对食品安全标准执行过程中的问题，县级以上人民政府卫生行政部门应当会同有关部门及时给予指导、解答。

第三十二条 省级以上人民政府卫生行政部门应当会同同级食品药品监督管理、质量监督、农业行政等部门，分别对食品安全国家标准和地方标准的执行情况进行跟踪评价，并根据评价结果及时修订食品安全标准。

省级以上人民政府食品药品监督管理、质量监督、农业行政等部门应当对食品安全标准执行中存在的问题进行收集、汇总，并及时向同级卫生行政部门通报。

食品生产经营者、食品行业协会发现食品安全标准在执行中存在问题的，应当立即向卫生行政部门报告。

第四章 食品生产经营

第一节 一般规定

第三十三条 食品生产经营应当符合食品安全标准，并符合下列要求：

（一）具有与生产经营的食品品种、数量相适应的食品原料处理和食品加工、包装、贮存等场所，保持该场所环境整洁，并与有毒、有害场所以及其他污染源保持规定的距离；

（二）具有与生产经营的食品品种、数量相适应的生产经营设备或者设施，有相应的消毒、更衣、盥洗、采光、照明、通风、防腐、防尘、防蝇、防鼠、防虫、洗涤以及处理废水、存放垃圾和废弃物的设备或者设施；

（三）有专职或者兼职的食品安全专业技术人员、食品安全管理人员和保证食品安全的规章制度；

（四）具有合理的设备布局和工艺流程，防止待加工食品与直接入口食品、原料与成品交叉污染，避免食品接触有毒物、不洁物；

（五）餐具、饮具和盛放直接入口食品的容器，使用前应当洗净、消毒，炊具、用具用后应当洗净，保持清洁；

（六）贮存、运输和装卸食品的容器、工具和设备应当安全、无害，保持清洁，防止食品污染，并符合保证食品安全所需的温度、湿度等特殊要求，不得将食品与有毒、有害物品一同贮存、运输；

（七）直接入口的食品应当使用无毒、清洁的包装材料、餐具、饮具和容器；

（八）食品生产经营人员应当保持个人卫生，生产经营食品时，应当将手洗净，穿戴清洁的工作衣、帽等；销售无包装的直接入口食品时，应当使用无毒、清洁的容器、售货工具和设备；

（九）用水应当符合国家规定的生活饮用水卫生标准；

（十）使用的洗涤剂、消毒剂应当对人体安全、无害；

（十一）法律、法规规定的其他要求。

非食品生产经营者从事食品贮存、运输和装卸的，应当符合前款第六项的规定。

第三十四条 禁止生产经营下列食品、食品添加剂、食品相关产品：

（一）用非食品原料生产的食品或者添加食品添加剂以外的化学物质和其他可能危害人体健康物质的食品，或者用回收食品作为原料生产的食品；

（二）致病性微生物，农药残留、兽药残留、生物毒素、重金属等污染物质以及其他危害人体健康的物质含量超过食品安全标准限量的食品、食品添加剂、食品相关产品；

（三）用超过保质期的食品原料、食品添加剂生产的食品、食品添加剂；

（四）超范围、超限量使用食品添加剂的食品；

（五）营养成分不符合食品安全标准的专供婴幼儿和其他特定人群的主辅食品；

（六）腐败变质、油脂酸败、霉变生虫、污秽不洁、混有异物、掺假掺杂或者感官性状异常的食品、食品添加剂；

（七）病死、毒死或者死因不明的禽、畜、兽、水产动物肉类及其制品；

（八）未按规定进行检疫或者检疫不合格的肉类，或者未经检验或者检验不合格的肉类制品；

（九）被包装材料、容器、运输工具等污染的食品、食品添加剂；

（十）标注虚假生产日期、保质期或者超过保质期的食品、食品添加剂；

（十一）无标签的预包装食品、食品添加剂；

（十二）国家为防病等特殊需要明令禁止生产经营的食品；

（十三）其他不符合法律、法规或者食品安全标准的食品、食品添加剂、食品相关产品。

第三十五条 国家对食品生产经营实行许可制度。从事食品生产、食品销售、餐饮服务，应当依法取得许可。但是，销售食用农产品，不需要取得许可。

县级以上地方人民政府食品药品监督管理部门应当依照《中华人民共和国行政许可法》的规定，审核申请人提交的本法第三十三条第一款第一项至第四项规定要求的相关资料，必要时对申请人的生产经营场所进行现场核查；对符合规定条件的，准予许可；对不符合规定条件的，不予许可并书面说明理由。

第三十六条 食品生产加工小作坊和食品摊贩等从事食品生产经营活动，应当符合本法规定的与其生产经营规模、条件相适应的食品安全要求，保证所生产经营的食品卫生、无毒、无害，食品药品监督管理部门应当对其加强监督管理。

县级以上地方人民政府应当对食品生产加工小作坊、食品摊贩等进行综合治理，加强服务和统一规划，改善其生产经营环境，鼓励和支持其改进生产经营条件，进入集中交易市场、店铺等固定场所经营，或者在指定的临时经营区域、时段经营。

食品生产加工小作坊和食品摊贩等的具体管理办法由省、自治区、直辖市制定。

第三十七条 利用新的食品原料生产食品，或者生产食品添加剂新品种、食品相关产品新品种，应当向国务院卫生行政部门提交相关产品的安全性评估材料。国务院卫生行政部门应当自收到申请之日起六十日内组织审查；对符合食品安全要求的，准予许可并公布；对不符合食品安全要求的，不予许可并书面说明理由。

第三十八条 生产经营的食品中不得添加药品，但是可以添加按照传统既是食品又是中药材的物质。按照传统既是食品又是中药材的物质目录由国务院卫生行政部门会同国务院食品药品监督管理部门制定、公布。

第三十九条 国家对食品添加剂生产实行许可制度。从事食品添加剂生产，应当具有与所生产食品添加剂品种相适应的场所、生产设备或者设施、专业技术人员和管理制度，并依照本法第三十五条第二款规定的程序，取得食品添加剂生产许可。

生产食品添加剂应当符合法律、法规和食品安全国家标准。

第四十条 食品添加剂应当在技术上确有必要且经过风险评估证明安全可靠，方可列入允许使用的范围；有关食品安全国家标准应当根据技术必要性和食品安全风险评估结果及时修订。

食品生产经营者应当按照食品安全国家标准使用食品添加剂。

第四十一条 生产食品相关产品应当符合法律、法规和食品安全国家标准。对直接接触食品的包装材料等具有较高风险的食品相关产品，按照国家有关工业产品生产许可证管理的规定实施生产许可。质量监督部门应当加强对食品相关产品生产活动的监督管理。

第四十二条 国家建立食品安全全程追溯制度。

食品生产经营者应当依照本法的规定，建立食品安全追溯体系，保证食品可追溯。国家鼓励食品生产经营者采用信息化手段采集、留存生产经营信息，建立食品安全追溯体系。

国务院食品药品监督管理部门会同国务院农业行政等有关部门建立食品安全全程追溯协作机制。

第四十三条 地方各级人民政府应当采取措施鼓励食品规模化生产和连锁经营、配送。

国家鼓励食品生产经营企业参加食品安全责任保险。

第二节 生产经营过程控制

第四十四条 食品生产经营企业应当建立健全食品安全管理制度，对职工进行食品安全知识培训，加强食品检验工作，依法从事生产经营活动。

食品生产经营企业的主要负责人应当落实企业食品安全管理制度，对本企业的食品安全工作全面负责。

食品生产经营企业应当配备食品安全管理人员，加强对其培训和考核。经考核不具备食品安全管理能力的，不得上岗。食品药品监督管理部门应当对企业食品安全管理人员随机进行监督抽查考核并公布考核情况。

监督抽查考核不得收取费用。

第四十五条 食品生产经营者应当建立并执行从业人员健康管理制度。患有国务院卫生行政部门规定的有碍食品安全疾病的人员，不得从事接触直接入口食品的工作。

从事接触直接入口食品工作的食品生产经营人员应当每年进行健康检查，取得健康证明后方可上岗工作。

第四十六条 食品生产企业应当就下列事项制定并实施控制要求，保证所生产的食品符合食品安全标准：

（一）原料采购、原料验收、投料等原料控制；

（二）生产工序、设备、贮存、包装等生产关键环节控制；

（三）原料检验、半成品检验、成品出厂检验等检验控制；

（四）运输和交付控制。

第四十七条 食品生产经营者应当建立食品安全自查制度，定期对食品安全状况进行检查评价。生产经营条件发生变化，不再符合食品安全要求的，食品生产经营者应当立即采取整改措施；有发生食品安全事故潜在风险的，应当立即停止食品生产经营活动，并向所在地县级人民政府食品药品监督管理部门报告。

第四十八条 国家鼓励食品生产经营企业符合良好生产规范要求，实施危害分析与关键控制点体系，提高食品安全管理水平。

对通过良好生产规范、危害分析与关键控制点体系认证的食品生产经营企业，认证机构应当依法实施跟踪调查；对不再符合认证要求的企业，应当依法撤销认证，及时向县级以上人民政府食品药品监督管理部门通报，并向社会公布。认证机构实施跟踪调查不得收取费用。

第四十九条 食用农产品生产者应当按照食品安全标准和国家有关规定使用农药、肥料、兽药、饲料和饲料添加剂等农业投入品，严格执行农业投入品使用安全间隔期或者休药期的规定，不得使用国家明令禁止的农业投入品。禁止将剧毒、高毒农药用于蔬菜、瓜果、茶叶和中草药材等国家规定的农作物。

食用农产品的生产企业和农民专业合作经济组织应当建立农业投入品使用记录制度。

县级以上人民政府农业行政部门应当加强对农业投入品使用的监督管理和指导，建立健全农业投入品安全使用制度。

第五十条　食品生产者采购食品原料、食品添加剂、食品相关产品，应当查验供货者的许可证和产品合格证明；对无法提供合格证明的食品原料，应当按照食品安全标准进行检验；不得采购或者使用不符合食品安全标准的食品原料、食品添加剂、食品相关产品。

食品生产企业应当建立食品原料、食品添加剂、食品相关产品进货查验记录制度，如实记录食品原料、食品添加剂、食品相关产品的名称、规格、数量、生产日期或者生产批号、保质期、进货日期以及供货者名称、地址、联系方式等内容，并保存相关凭证。记录和凭证保存期限不得少于产品保质期满后六个月；没有明确保质期的，保存期限不得少于二年。

第五十一条　食品生产企业应当建立食品出厂检验记录制度，查验出厂食品的检验合格证和安全状况，如实记录食品的名称、规格、数量、生产日期或者生产批号、保质期、检验合格证号、销售日期以及购货者名称、地址、联系方式等内容，并保存相关凭证。记录和凭证保存期限应当符合本法第五十条第二款的规定。

第五十二条　食品、食品添加剂、食品相关产品的生产者，应当按照食品安全标准对所生产的食品、食品添加剂、食品相关产品进行检验，检验合格后方可出厂或者销售。

第五十三条　食品经营者采购食品，应当查验供货者的许可证和食品出厂检验合格证或者其他合格证明（以下称合格证明文件）。

食品经营企业应当建立食品进货查验记录制度，如实记录食品的名称、规格、数量、生产日期或者生产批号、保质期、进货日期以及供货者名称、地址、联系方式等内容，并保存相关凭证。记录和凭证保存期限应当符合本法第五十条第二款的规定。

实行统一配送经营方式的食品经营企业，可以由企业总部统一查验供货者的许可证和食品合格证明文件，进行食品进货查验记录。

从事食品批发业务的经营企业应当建立食品销售记录制度，如实记录批发食品的名称、规格、数量、生产日期或者生产批号、保质期、销售日期以及购货者名称、地址、联系方式等内容，并保存相关凭证。记录和凭证保存期限应当符合本法第五十条第二款的规定。

第五十四条　食品经营者应当按照保证食品安全的要求贮存食品，定期检查库存食品，及时清理变质或者超过保质期的食品。

食品经营者贮存散装食品，应当在贮存位置标明食品的名称、生产日

期或者生产批号、保质期、生产者名称及联系方式等内容。

第五十五条 餐饮服务提供者应当制定并实施原料控制要求，不得采购不符合食品安全标准的食品原料。倡导餐饮服务提供者公开加工过程，公示食品原料及其来源等信息。

餐饮服务提供者在加工过程中应当检查待加工的食品及原料，发现有本法第三十四条第六项规定情形的，不得加工或者使用。

第五十六条 餐饮服务提供者应当定期维护食品加工、贮存、陈列等设施、设备；定期清洗、校验保温设施及冷藏、冷冻设施。

餐饮服务提供者应当按照要求对餐具、饮具进行清洗消毒，不得使用未经清洗消毒的餐具、饮具；餐饮服务提供者委托清洗消毒餐具、饮具的，应当委托符合本法规定条件的餐具、饮具集中消毒服务单位。

第五十七条 学校、托幼机构、养老机构、建筑工地等集中用餐单位的食堂应当严格遵守法律、法规和食品安全标准；从供餐单位订餐的，应当从取得食品生产经营许可的企业订购，并按照要求对订购的食品进行查验。供餐单位应当严格遵守法律、法规和食品安全标准，当餐加工，确保食品安全。

学校、托幼机构、养老机构、建筑工地等集中用餐单位的主管部门应当加强对集中用餐单位的食品安全教育和日常管理，降低食品安全风险，及时消除食品安全隐患。

第五十八条 餐具、饮具集中消毒服务单位应当具备相应的作业场所、清洗消毒设备或者设施，用水和使用的洗涤剂、消毒剂应当符合相关食品安全国家标准和其他国家标准、卫生规范。

餐具、饮具集中消毒服务单位应当对消毒餐具、饮具进行逐批检验，检验合格后方可出厂，并应当随附消毒合格证明。消毒后的餐具、饮具应当在独立包装上标注单位名称、地址、联系方式、消毒日期以及使用期限等内容。

第五十九条 食品添加剂生产者应当建立食品添加剂出厂检验记录制度，查验出厂产品的检验合格证和安全状况，如实记录食品添加剂的名称、规格、数量、生产日期或者生产批号、保质期、检验合格证号、销售日期以及购货者名称、地址、联系方式等相关内容，并保存相关凭证。记录和凭证保存期限应当符合本法第五十条第二款的规定。

第六十条 食品添加剂经营者采购食品添加剂，应当依法查验供货者的许可证和产品合格证明文件，如实记录食品添加剂的名称、规格、数量、生产日期或者生产批号、保质期、进货日期以及供货者名称、地址、联系方式等内容，并保存相关凭证。记录和凭证保存期限应当符合本法第五十条第二款的规定。

第六十一条 集中交易市场的开办者、柜台出租者和展销会举办者，应当依法审查入场食品经营者的许可证，明确其食品安全管理责任，定期对其经营环境和条件进行检查，发现其有违反本法规定行为的，应当及时制止并立即报告所在地县级人民政府食品药品监督管理部门。

第六十二条 网络食品交易第三方平台提供者应当对入网食品经营者进行实名登记，明确其食品安全管理责任；依法应当取得许可证的，还应当审查其许可证。

网络食品交易第三方平台提供者发现入网食品经营者有违反本法规定行为的，应当及时制止并立即报告所在地县级人民政府食品药品监督管理部门；发现严重违法行为的，应当立即停止提供网络交易平台服务。

第六十三条 国家建立食品召回制度。食品生产者发现其生产的食品不符合食品安全标准或者有证据证明可能危害人体健康的，应当立即停止生产，召回已经上市销售的食品，通知相关生产经营者和消费者，并记录召回和通知情况。

食品经营者发现其经营的食品有前款规定情形的，应当立即停止经营，通知相关生产经营者和消费者，并记录停止经营和通知情况。食品生产者认为应当召回的，应当立即召回。由于食品经营者的原因造成其经营的食品有前款规定情形的，食品经营者应当召回。

食品生产经营者应当对召回的食品采取无害化处理、销毁等措施，防止其再次流入市场。但是，对因标签、标志或者说明书不符合食品安全标准而被召回的食品，食品生产者在采取补救措施且能保证食品安全的情况下可以继续销售；销售时应当向消费者明示补救措施。

食品生产经营者应当将食品召回和处理情况向所在地县级人民政府食品药品监督管理部门报告；需要对召回的食品进行无害化处理、销毁的，应当提前报告时间、地点。食品药品监督管理部门认为必要的，可以实施现场监督。

食品生产经营者未依照本条规定召回或者停止经营的，县级以上人民政府食品药品监督管理部门可以责令其召回或者停止经营。

第六十四条　食用农产品批发市场应当配备检验设备和检验人员或者委托符合本法规定的食品检验机构，对进入该批发市场销售的食用农产品进行抽样检验；发现不符合食品安全标准的，应当要求销售者立即停止销售，并向食品药品监督管理部门报告。

第六十五条　食用农产品销售者应当建立食用农产品进货查验记录制度，如实记录食用农产品的名称、数量、进货日期以及供货者名称、地址、联系方式等内容，并保存相关凭证。记录和凭证保存期限不得少于六个月。

第六十六条　进入市场销售的食用农产品在包装、保鲜、贮存、运输中使用保鲜剂、防腐剂等食品添加剂和包装材料等食品相关产品，应当符合食品安全国家标准。

第三节　标签、说明书和广告

第六十七条　预包装食品的包装上应当有标签。标签应当标明下列事项：

（一）名称、规格、净含量、生产日期；

（二）成分或者配料表；

（三）生产者的名称、地址、联系方式；

（四）保质期；

（五）产品标准代号；

（六）贮存条件；

（七）所使用的食品添加剂在国家标准中的通用名称；

（八）生产许可证编号；

（九）法律、法规或者食品安全标准规定应当标明的其他事项。

专供婴幼儿和其他特定人群的主辅食品，其标签还应当标明主要营养成分及其含量。

食品安全国家标准对标签标注事项另有规定的，从其规定。

第六十八条　食品经营者销售散装食品，应当在散装食品的容器、外包装上标明食品的名称、生产日期或者生产批号、保质期以及生产经营者名称、地址、联系方式等内容。

第六十九条　生产经营转基因食品应当按照规定显著标示。

第七十条　食品添加剂应当有标签、说明书和包装。标签、说明书应当载明本法第六十七条第一款第一项至第六项、第八项、第九项规定的事项，以及食品添加剂的使用范围、用量、使用方法，并在标签上载明“食品添加剂”字样。

第七十一条 食品和食品添加剂的标签、说明书，不得含有虚假内容，不得涉及疾病预防、治疗功能。生产经营者对其提供的标签、说明书的内容负责。

食品和食品添加剂的标签、说明书应当清楚、明显，生产日期、保质期等事项应当显著标注，容易辨识。

食品和食品添加剂与其标签、说明书的内容不符的，不得上市销售。

第七十二条 食品经营者应当按照食品标签标示的警示标志、警示说明或者注意事项的要求销售食品。

第七十三条 食品广告的内容应当真实合法，不得含有虚假内容，不得涉及疾病预防、治疗功能。食品生产经营者对食品广告内容的真实性、合法性负责。

县级以上人民政府食品药品监督管理部门和其他有关部门以及食品检验机构、食品行业协会不得以广告或者其他形式向消费者推荐食品。消费者组织不得以收取费用或者其他牟取利益的方式向消费者推荐食品。

第四节 特殊食品

第七十四条 国家对保健食品、特殊医学用途配方食品和婴幼儿配方食品等特殊食品实行严格监督管理。

第七十五条 保健食品声称保健功能，应当具有科学依据，不得对人体产生急性、亚急性或者慢性危害。

保健食品原料目录和允许保健食品声称的保健功能目录，由国务院食品药品监督管理部门会同国务院卫生行政部门、国家中医药管理部门制定、调整并公布。

保健食品原料目录应当包括原料名称、用量及其对应的功效；列入保健食品原料目录的原料只能用于保健食品生产，不得用于其他食品生产。

第七十六条 使用保健食品原料目录以外原料的保健食品和首次进口的保健食品应当经国务院食品药品监督管理部门注册。但是，首次进口的保健食品中属于补充维生素、矿物质等营养物质的，应当报国务院食品药品监督管理部门备案。其他保健食品应当报省、自治区、直辖市人民政府

食品药品监督管理部门备案。

进口的保健食品应当是出口国（地区）主管部门准许上市销售的产品。

第七十七条 依法应当注册的保健食品，注册时应当提交保健食品的研发报告、产品配方、生产工艺、安全性和保健功能评价、标签、说明书等材料及样品，并提供相关证明文件。国务院食品药品监督管理部门经组织技术审评，对符合安全和功能声称要求的，准予注册；对不符合要求的，不予注册并书面说明理由。对使用保健食品原料目录以外原料的保健食品做出准予注册决定的，应当及时将该原料纳入保健食品原料目录。

依法应当备案的保健食品，备案时应当提交产品配方、生产工艺、标签、说明书以及表明产品安全性和保健功能的材料。

第七十八条 保健食品的标签、说明书不得涉及疾病预防、治疗功能，内容应当真实，与注册或者备案的内容相一致，载明适宜人群、不适宜人群、功效成分或者标志性成分及其含量等，并声明“本品不能代替药物”。保健食品的功能和成分应当与标签、说明书相一致。

第七十九条 保健食品广告除应当符合本法第七十三条第一款的规定外，还应当声明“本品不能代替药物”；其内容应当经生产企业所在地省、自治区、直辖市人民政府食品药品监督管理部门审查批准，取得保健食品广告批准文件。省、自治区、直辖市人民政府食品药品监督管理部门应当公布并及时更新已经批准的保健食品广告目录以及批准的广告内容。

第八十条 特殊医学用途配方食品应当经国务院食品药品监督管理部门注册。注册时，应当提交产品配方、生产工艺、标签、说明书以及表明产品安全性、营养充足性和特殊医学用途临床效果的材料。

特殊医学用途配方食品广告适用《中华人民共和国广告法》和其他法律、行政法规关于药品广告管理的规定。

第八十一条 婴幼儿配方食品生产企业应当实施从原料进厂到成品出厂的全过程质量控制，对出厂的婴幼儿配方食品实施逐批检验，保证食品安全。

生产婴幼儿配方食品使用的生鲜乳、辅料等食品原料、食品添加剂等，应当符合法律、行政法规的规定和食品安全国家标准，保证婴幼儿生长发育所需的营养成分。

婴幼儿配方食品生产企业应当将食品原料、食品添加剂、产品配方及标签等事项向省、自治区、直辖市人民政府食品药品监督管理部门备案。

婴幼儿配方乳粉的产品配方应当经国务院食品药品监督管理部门注册。注册时，应当提交配方研发报告和其他表明配方科学性、安全性的材料。

不得以分装方式生产婴幼儿配方乳粉，同一企业不得用同一配方生产不同品牌的婴幼儿配方乳粉。

第八十二条 保健食品、特殊医学用途配方食品、婴幼儿配方乳粉的注册人或者备案人应当对其提交材料的真实性负责。

省级以上人民政府食品药品监督管理部门应当及时公布注册或者备案的保健食品、特殊医学用途配方食品、婴幼儿配方乳粉目录，并对注册或者备案中获知的企业商业秘密予以保密。

保健食品、特殊医学用途配方食品、婴幼儿配方乳粉生产企业应当按照注册或者备案的产品配方、生产工艺等技术要求组织生产。

第八十三条 生产保健食品，特殊医学用途配方食品、婴幼儿配方食品和其他专供特定人群的主辅食品的企业，应当按照良好生产规范的要求建立与所生产食品相适应的生产质量管理体系，定期对该体系的运行情况进行自查，保证其有效运行，并向所在地县级人民政府食品药品监督管理部门提交自查报告。

第五章 食品检验

第八十四条 食品检验机构按照国家有关认证认可的规定取得资质认定后，方可从事食品检验活动。但是，法律另有规定的除外。

食品检验机构的资质认定条件和检验规范，由国务院食品药品监督管理部门规定。

符合本法规定的食品检验机构出具的检验报告具有同等效力。

县级以上人民政府应当整合食品检验资源，实现资源共享。

第八十五条 食品检验由食品检验机构指定的检验人独立进行。

检验人应当依照有关法律、法规的规定，并按照食品安全标准和检验规范对食品进行检验，尊重科学，恪守职业道德，保证出具的检验数据和结论客观、公正，不得出具虚假检验报告。

第八十六条 食品检验实行食品检验机构与检验人负责制。食品检验报告应当加盖食品检验机构公章，并有检验人的签名或者盖章。食品检验

机构和检验人对出具的食品检验报告负责。

第八十七条 县级以上人民政府食品药品监督管理部门应当对食品进行定期或者不定期的抽样检验，并依据有关规定公布检验结果，不得免检。进行抽样检验，应当购买抽取的样品，委托符合本法规定的食品检验机构进行检验，并支付相关费用；不得向食品生产经营者收取检验费和其他费用。

第八十八条 对依照本法规定实施的检验结论有异议的，食品生产经营者可以自收到检验结论之日起七个工作日内向实施抽样检验的食品药品监督管理部门或者其上一级食品药品监督管理部门提出复检申请，由受理复检申请的食品药品监督管理部门在公布的复检机构名录中随机确定复检机构进行复检。复检机构出具的复检结论为最终检验结论。复检机构与初检机构不得为同一机构。复检机构名录由国务院认证认可监督管理、食品药品监督管理、卫生行政、农业行政等部门共同公布。

采用国家规定的快速检测方法对食用农产品进行抽查检测，被抽查人对检测结果有异议的，可以自收到检测结果时起四小时内申请复检。复检不得采用快速检测方法。

第八十九条 食品生产企业可以自行对所生产的食品进行检验，也可以委托符合本法规定的食品检验机构进行检验。

食品行业协会和消费者协会等组织、消费者需要委托食品检验机构对食品进行检验的，应当委托符合本法规定的食品检验机构进行。

第九十条 食品添加剂的检验，适用本法有关食品检验的规定。

第六章 食品进出口

第九十一条 国家出入境检验检疫部门对进出口食品安全实施监督管理。

第九十二条 进口的食品、食品添加剂、食品相关产品应当符合我国食品安全国家标准。

进口的食品、食品添加剂应当经出入境检验检疫机构依照进出口商品检验相关法律、行政法规的规定检验合格。

进口的食品、食品添加剂应当按照国家出入境检验检疫部门的要求随附合格证明材料。

第九十三条 进口尚无食品安全国家标准的食品，由境外出口商、境外生产企业或者其委托的进口商向国务院卫生行政部门提交所执行的相关国家（地区）标准或者国际标准。国务院卫生行政部门对相关标准进行审查，认为符合食品安全要求的，决定暂予适用，并及时制定相应的食品安全国家标准。进口利用新的食品原料生产的食品或者进口食品添加剂新品种、食品相关产品新品种，依照本法第三十七条的规定办理。

出入境检验检疫机构按照国务院卫生行政部门的要求，对前款规定的食品、食品添加剂、食品相关产品进行检验。检验结果应当公开。

第九十四条 境外出口商、境外生产企业应当保证向我国出口的食品、食品添加剂、食品相关产品符合本法以及我国其他有关法律、行政法规的规定和食品安全国家标准的要求，并对标签、说明书的内容负责。

进口商应当建立境外出口商、境外生产企业审核制度，重点审核前款规定的内容；审核不合格的，不得进口。

发现进口食品不符合我国食品安全国家标准或者有证据证明可能危害人体健康的，进口商应当立即停止进口，并依照本法第六十三条的规定召回。

第九十五条 境外发生的食品安全事件可能对我国境内造成影响，或者在进口食品、食品添加剂、食品相关产品中发现严重食品安全问题的，国家出入境检验检疫部门应当及时采取风险预警或者控制措施，并向国务院食品药品监督管理、卫生行政、农业行政部门通报。接到通报的部门应当及时采取相应措施。

县级以上人民政府食品药品监督管理部门对国内市场上销售的进口食品、食品添加剂实施监督管理。发现存在严重食品安全问题的，国务院食品药品监督管理部门应当及时向国家出入境检验检疫部门通报。国家出入境检验检疫部门应当及时采取相应措施。

第九十六条 向我国境内出口食品的境外出口商或者代理商、进口食品的进口商应当向国家出入境检验检疫部门备案。向我国境内出口食品的境外食品生产企业应当经国家出入境检验检疫部门注册。已经注册的境外食品生产企业提供虚假材料，或者因其自身的原因致使进口食品发生重大食品安全事故的，国家出入境检验检疫部门应当撤销注册并公告。

国家出入境检验检疫部门应当定期公布已经备案的境外出口商、代理商、进口商和已经注册的境外食品生产企业名单。

第九十七条 进口的预包装食品、食品添加剂应当有中文标签；依法

应当有说明书的，还应当有中文说明书。标签、说明书应当符合本法以及我国其他有关法律、行政法规的规定和食品安全国家标准的要求，并载明食品的原产地以及境内代理商的名称、地址、联系方式。预包装食品没有中文标签、中文说明书或者标签、说明书不符合本条规定的，不得进口。

第九十八条　进口商应当建立食品、食品添加剂进口和销售记录制度，如实记录食品、食品添加剂的名称、规格、数量、生产日期、生产或者进口批号、保质期、境外出口商和购货者名称、地址及联系方式、交货日期等内容，并保存相关凭证。记录和凭证保存期限应当符合本法第五十条第二款的规定。

第九十九条　出口食品生产企业应当保证其出口食品符合进口国（地区）的标准或者合同要求。

出口食品生产企业和出口食品原料种植、养殖场应当向国家出入境检验检疫部门备案。

第一百条　国家出入境检验检疫部门应当收集、汇总下列进出口食品安全信息，并及时通报相关部门、机构和企业：

（一）出入境检验检疫机构对进出口食品实施检验检疫发现的食品安全信息；

（二）食品行业协会和消费者协会等组织、消费者反映的进口食品安全信息；

（三）国际组织、境外政府机构发布的风险预警信息及其他食品安全信息，以及境外食品行业协会等组织、消费者反映的食品安全信息；

（四）其他食品安全信息。

国家出入境检验检疫部门应当对进出口食品的进口商、出口商和出口食品生产企业实施信用管理，建立信用记录，并依法向社会公布。对有不良记录的进口商、出口商和出口食品生产企业，应当加强对其进出口食品的检验检疫。

第一百零一条　国家出入境检验检疫部门可以对向我国境内出口食品的国家（地区）的食品安全管理体系和食品安全状况进行评估和审查，并根据评估和审查结果，确定相应检验检疫要求。

第七章　食品安全事故处置

第一百零二条　国务院组织制定国家食品安全事故应急预案。

县级以上地方人民政府应当根据有关法律、法规的规定和上级人民政府的食品安全事故应急预案以及本行政区域的实际情况，制定本行政区域的食品安全事故应急预案，并报上一级人民政府备案。

食品安全事故应急预案应当对食品安全事故分级、事故处置组织指挥体系与职责、预防预警机制、处置程序、应急保障措施等做出规定。

食品生产经营企业应当制定食品安全事故处置方案，定期检查本企业各项食品安全防范措施的落实情况，及时消除事故隐患。

第一百零三条 发生食品安全事故的单位应当立即采取措施，防止事故扩大。事故单位和接收病人进行治疗的单位应当及时向事故发生地县级人民政府食品药品监督管理、卫生行政部门报告。

县级以上人民政府质量监督、农业行政等部门在日常监督管理中发现食品安全事故或者接到事故举报，应当立即向同级食品药品监督管理部门通报。

发生食品安全事故，接到报告的县级人民政府食品药品监督管理部门应当按照应急预案的规定向本级人民政府和上级人民政府食品药品监督管理部门报告。县级人民政府和上级人民政府食品药品监督管理部门应当按照应急预案的规定上报。

任何单位和个人不得对食品安全事故隐瞒、谎报、缓报，不得隐匿、伪造、毁灭有关证据。

第一百零四条 医疗机构发现其接收的病人属于食源性疾病病人或者疑似病人的，应当按照规定及时将相关信息向所在地县级人民政府卫生行政部门报告。县级人民政府卫生行政部门认为与食品安全有关的，应当及时通报同级食品药品监督管理部门。

县级以上人民政府卫生行政部门在调查处理传染病或者其他突发公共卫生事件中发现与食品安全相关的信息，应当及时通报同级食品药品监督管理部门。

第一百零五条 县级以上人民政府食品药品监督管理部门接到食品安全事故的报告后，应当立即会同同级卫生行政、质量监督、农业行政等部门进行调查处理，并采取下列措施，防止或者减轻社会危害：

（一）开展应急救援工作，组织救治因食品安全事故导致人身伤害的人员；

（二）封存可能导致食品安全事故的食品及其原料，并立即进行检验；

对确认属于被污染的食品及其原料，责令食品生产经营者依照本法第六十三条的规定召回或者停止经营；

（三）封存被污染的食品相关产品，并责令进行清洗消毒；

（四）做好信息发布工作，依法对食品安全事故及其处理情况进行发布，并对可能产生的危害加以解释、说明。

发生食品安全事故需要启动应急预案的，县级以上人民政府应当立即成立事故处置指挥机构，启动应急预案，依照前款和应急预案的规定进行处置。

发生食品安全事故，县级以上疾病预防控制机构应当对事故现场进行卫生处理，并对与事故有关的因素开展流行病学调查，有关部门应当予以协助。县级以上疾病预防控制机构应当向同级食品药品监督管理、卫生行政部门提交流行病学调查报告。

第一百零六条 发生食品安全事故，设区的市级以上人民政府食品药品监督管理部门应当立即会同有关部门进行事故责任调查，督促有关部门履行职责，向本级人民政府和上一级人民政府食品药品监督管理部门提出事故责任调查处理报告。

涉及两个以上省、自治区、直辖市的重大食品安全事故由国务院食品药品监督管理部门依照前款规定组织事故责任调查。

第一百零七条 调查食品安全事故，应当坚持实事求是、尊重科学的原则，及时、准确查清事故性质和原因，认定事故责任，提出整改措施。

调查食品安全事故，除了查明事故单位的责任，还应当查明有关监督管理部门、食品检验机构、认证机构及其工作人员的责任。

第一百零八条 食品安全事故调查部门有权向有关单位和个人了解与事故有关的情况，并要求提供相关资料和样品。有关单位和个人应当予以配合，按照要求提供相关资料和样品，不得拒绝。

任何单位和个人不得阻挠、干涉食品安全事故的调查处理。

第八章 监督管理

第一百零九条 县级以上人民政府食品药品监督管理、质量监督部门根据食品安全风险监测、风险评估结果和食品安全状况等，确定监督管理的重点、方式和频次，实施风险分级管理。

县级以上地方人民政府组织本级食品药品监督管理、质量监督、农业行政等部门制定本行政区域的食品安全年度监督管理计划，向社会公布并组织实施。

食品安全年度监督管理计划应当将下列事项作为监督管理的重点：

（一）专供婴幼儿和其他特定人群的主辅食品；

（二）保健食品生产过程中的添加行为和按照注册或者备案的技术要求组织生产的情况，保健食品标签、说明书以及宣传材料中有关功能宣传的情况；

（三）发生食品安全事故风险较高的食品生产经营者；

（四）食品安全风险监测结果表明可能存在食品安全隐患的事项。

第一百一十条 县级以上人民政府食品药品监督管理、质量监督部门履行各自食品安全监督管理职责，有权采取下列措施，对生产经营者遵守本法的情况进行监督检查：

（一）进入生产经营场所实施现场检查；

（二）对生产经营的食品、食品添加剂、食品相关产品进行抽样检验；

（三）查阅、复制有关合同、票据、账簿以及其他有关资料；

（四）查封、扣押有证据证明不符合食品安全标准或者有证据证明存在安全隐患以及用于违法生产经营的食品、食品添加剂、食品相关产品；

（五）查封违法从事生产经营活动的场所。

第一百一十一条 对食品安全风险评估结果证明食品存在安全隐患，需要制定、修订食品安全标准的，在制定、修订食品安全标准前，国务院卫生行政部门应当及时会同国务院有关部门规定食品中有害物质的临时限量值和临时检验方法，作为生产经营和监督管理的依据。

第一百一十二条 县级以上人民政府食品药品监督管理部门在食品安全监督管理工作中可以采用国家规定的快速检测方法对食品进行抽查检测。

对抽查检测结果表明可能不符合食品安全标准的食品，应当依照本法第八十七条的规定进行检验。抽查检测结果确定有关食品不符合食品安全标准的，可以作为行政处罚的依据。

第一百一十三条 县级以上人民政府食品药品监督管理部门应当建立食品生产经营者食品安全信用档案，记录许可颁发、日常监督检查结果、违法行为查处等情况，依法向社会公布并实时更新；对有不良信用记录的食品生产经营者增加监督检查频次，对违法行为情节严重的食品生产经营

者，可以通报投资主管部门、证券监督管理机构和有关的金融机构。

第一百一十四条 食品生产经营过程中存在食品安全隐患，未及时采取措施消除的，县级以上人民政府食品药品监督管理部门可以对食品生产经营者的法定代表人或者主要负责人进行责任约谈。食品生产经营者应当立即采取措施，进行整改，消除隐患。责任约谈情况和整改情况应当纳入食品生产经营者食品安全信用档案。

第一百一十五条 县级以上人民政府食品药品监督管理、质量监督等部门应当公布本部门的电子邮件地址或者电话，接受咨询、投诉、举报。接到咨询、投诉、举报，对属于本部门职责的，应当受理并在法定期限内及时答复、核实、处理；对不属于本部门职责的，应当移交有权处理的部门并书面通知咨询、投诉、举报人。有权处理的部门应当在法定期限内及时处理，不得推诿。对查证属实的举报，给予举报人奖励。

有关部门应当对举报人的信息予以保密，保护举报人的合法权益。举报人举报所在企业的，该企业不得以解除、变更劳动合同或者其他方式对举报人进行打击报复。

第一百一十六条 县级以上人民政府食品药品监督管理、质量监督等部门应当加强对执法人员食品安全法律、法规、标准和专业知识与执法能力等的培训，并组织考核。不具备相应知识和能力的，不得从事食品安全执法工作。

食品生产经营者、食品行业协会、消费者协会等发现食品安全执法人员在执法过程中有违反法律、法规规定的行为以及不规范执法行为的，可以向本级或者上级人民政府食品药品监督管理、质量监督等部门或者监察机关投诉、举报。接到投诉、举报的部门或者机关应当进行核实，并将经核实的情况向食品安全执法人员所在部门通报；涉嫌违法违纪的，按照本法和有关规定处理。

第一百一十七条 县级以上人民政府食品药品监督管理等部门未及时发现食品安全系统性风险，未及时消除监督管理区域内的食品安全隐患的，本级人民政府可以对其主要负责人进行责任约谈。

地方人民政府未履行食品安全职责，未及时消除区域性重大食品安全隐患的，上级人民政府可以对其主要负责人进行责任约谈。

被约谈的食品药品监督管理等部门、地方人民政府应当立即采取措施，对食品安全监督管理工作进行整改。

责任约谈情况和整改情况应当纳入地方人民政府和有关部门食品安全监督管理工作评议、考核记录。

第一百一十八条 国家建立统一的食品安全信息平台，实行食品安全信息统一公布制度。国家食品安全总体情况、食品安全风险警示信息、重大食品安全事故及其调查处理信息和国务院确定需要统一公布的其他信息由国务院食品药品监督管理部门统一公布。食品安全风险警示信息和重大食品安全事故及其调查处理信息的影响限于特定区域的，也可以由有关省、自治区、直辖市人民政府食品药品监督管理部门公布。未经授权不得发布上述信息。

县级以上人民政府食品药品监督管理、质量监督、农业行政部门依据各自职责公布食品安全日常监督管理信息。

公布食品安全信息，应当做到准确、及时，并进行必要的解释说明，避免误导消费者和社会舆论。

第一百一十九条 县级以上地方人民政府食品药品监督管理、卫生行政、质量监督、农业行政部门获知本法规定需要统一公布的信息，应当向上级主管部门报告，由上级主管部门立即报告国务院食品药品监督管理部门；必要时，可以直接向国务院食品药品监督管理部门报告。

县级以上人民政府食品药品监督管理、卫生行政、质量监督、农业行政部门应当相互通报获知的食品安全信息。

第一百二十条 任何单位和个人不得编造、散布虚假食品安全信息。

县级以上人民政府食品药品监督管理部门发现可能误导消费者和社会舆论的食品安全信息，应当立即组织有关部门、专业机构、相关食品生产经营者等进行核实、分析，并及时公布结果。

第一百二十一条 县级以上人民政府食品药品监督管理、质量监督等部门发现涉嫌食品安全犯罪的，应当按照有关规定及时将案件移送公安机关。对移送的案件，公安机关应当及时审查；认为有犯罪事实需要追究刑事责任的，应当立案侦查。

公安机关在食品安全犯罪案件侦查过程中认为没有犯罪事实，或者犯罪事实显著轻微，不需要追究刑事责任，但依法应当追究行政责任的，应当及时将案件移送食品药品监督管理、质量监督等部门和监察机关，有关部门应当依法处理。

公安机关商请食品药品监督管理、质量监督、环境保护等部门提供检验结论、认定意见以及对涉案物品进行无害化处理等协助的，有关部门应当及时提供，予以协助。

第九章　法律责任

第一百二十二条　违反本法规定，未取得食品生产经营许可从事食品生产经营活动，或者未取得食品添加剂生产许可从事食品添加剂生产活动的，由县级以上人民政府食品药品监督管理部门没收违法所得和违法生产经营的食品、食品添加剂以及用于违法生产经营的工具、设备、原料等物品；违法生产经营的食品、食品添加剂货值金额不足一万元的，并处五万元以上十万元以下罚款；货值金额一万元以上的，并处货值金额十倍以上二十倍以下罚款。

明知从事前款规定的违法行为，仍为其提供生产经营场所或者其他条件的，由县级以上人民政府食品药品监督管理部门责令停止违法行为，没收违法所得，并处五万元以上十万元以下罚款；使消费者的合法权益受到损害的，应当与食品、食品添加剂生产经营者承担连带责任。

第一百二十三条　违反本法规定，有下列情形之一，尚不构成犯罪的，由县级以上人民政府食品药品监督管理部门没收违法所得和违法生产经营的食品，并可以没收用于违法生产经营的工具、设备、原料等物品；违法生产经营的食品货值金额不足一万元的，并处十万元以上十五万元以下罚款；货值金额一万元以上的，并处货值金额十五倍以上三十倍以下罚款；情节严重的，吊销许可证，并可以由公安机关对其直接负责的主管人员和其他直接责任人员处五日以上十五日以下拘留：

（一）用非食品原料生产食品、在食品中添加食品添加剂以外的化学物质和其他可能危害人体健康的物质，或者用回收食品作为原料生产食品，或者经营上述食品；

（二）生产经营营养成分不符合食品安全标准的专供婴幼儿和其他特定人群的主辅食品；

（三）经营病死、毒死或者死因不明的禽、畜、兽、水产动物肉类，或者生产经营其制品；

（四）经营未按规定进行检疫或者检疫不合格的肉类，或者生产经营未经检验或者检验不合格的肉类制品；

（五）生产经营国家为防病等特殊需要明令禁止生产经营的食品；

（六）生产经营添加药品的食品。

明知从事前款规定的违法行为，仍为其提供生产经营场所或者其他条件的，由县级以上人民政府食品药品监督管理部门责令停止违法行为，没收违法所得，并处十万元以上二十万元以下罚款；使消费者的合法权益受到损害的，应当与食品生产经营者承担连带责任。

违法使用剧毒、高毒农药的，除依照有关法律、法规规定给予处罚外，可以由公安机关依照第一款规定给予拘留。

第一百二十四条 违反本法规定，有下列情形之一，尚不构成犯罪的，由县级以上人民政府食品药品监督管理部门没收违法所得和违法生产经营的食品、食品添加剂，并可以没收用于违法生产经营的工具、设备、原料等物品；违法生产经营的食品、食品添加剂货值金额不足一万元的，并处五万元以上十万元以下罚款；货值金额一万元以上的，并处货值金额十倍以上二十倍以下罚款；情节严重的，吊销许可证：

（一）生产经营致病性微生物，农药残留、兽药残留、生物毒素、重金属等污染物质以及其他危害人体健康的物质含量超过食品安全标准限量的食品、食品添加剂；

（二）用超过保质期的食品原料、食品添加剂生产食品、食品添加剂，或者经营上述食品、食品添加剂；

（三）生产经营超范围、超限量使用食品添加剂的食品；

（四）生产经营腐败变质、油脂酸败、霉变生虫、污秽不洁、混有异物、掺假掺杂或者感官性状异常的食品、食品添加剂；

（五）生产经营标注虚假生产日期、保质期或者超过保质期的食品、食品添加剂；

（六）生产经营未按规定注册的保健食品、特殊医学用途配方食品、婴幼儿配方乳粉，或者未按注册的产品配方、生产工艺等技术要求组织生产；

（七）以分装方式生产婴幼儿配方乳粉，或者同一企业以同一配方生产不同品牌的婴幼儿配方乳粉；

（八）利用新的食品原料生产食品，或者生产食品添加剂新品种，未通过安全性评估；

（九）食品生产经营者在食品药品监督管理部门责令其召回或者停止经营后，仍拒不召回或者停止经营。

除前款和本法第一百二十三条、第一百二十五条规定的情形外，生产经营不符合法律、法规或者食品安全标准的食品、食品添加剂的，依照前款规定给予处罚。

生产食品相关产品新品种，未通过安全性评估，或者生产不符合食品安全标准的食品相关产品的，由县级以上人民政府质量监督部门依照第一款规定给予处罚。

第一百二十五条 违反本法规定，有下列情形之一的，由县级以上人民政府食品药品监督管理部门没收违法所得和违法生产经营的食品、食品添加剂，并可以没收用于违法生产经营的工具、设备、原料等物品；违法生产经营的食品、食品添加剂货值金额不足一万元的，并处五千元以上五万元以下罚款；货值金额一万元以上的，并处货值金额五倍以上十倍以下罚款；情节严重的，责令停产停业，直至吊销许可证：

（一）生产经营被包装材料、容器、运输工具等污染的食品、食品添加剂；

（二）生产经营无标签的预包装食品、食品添加剂或者标签、说明书不符合本法规定的食品、食品添加剂；

（三）生产经营转基因食品未按规定进行标示；

（四）食品生产经营者采购或者使用不符合食品安全标准的食品原料、食品添加剂、食品相关产品。

生产经营的食品、食品添加剂的标签、说明书存在瑕疵但不影响食品安全且不会对消费者造成误导的，由县级以上人民政府食品药品监督管理部门责令改正；拒不改正的，处二千元以下罚款。

第一百二十六条 违反本法规定，有下列情形之一的，由县级以上人民政府食品药品监督管理部门责令改正，给予警告；拒不改正的，处五千元以上五万元以下罚款；情节严重的，责令停产停业，直至吊销许可证：

（一）食品、食品添加剂生产者未按规定对采购的食品原料和生产的食品、食品添加剂进行检验；

（二）食品生产经营企业未按规定建立食品安全管理制度，或者未按规定配备或者培训、考核食品安全管理人员；

（三）食品、食品添加剂生产经营者进货时未查验许可证和相关证明文件，或者未按规定建立并遵守进货查验记录、出厂检验记录和销售记录制度；

（四）食品生产经营企业未制定食品安全事故处置方案；

（五）餐具、饮具和盛放直接入口食品的容器，使用前未经洗净、消毒或者清洗消毒不合格，或者餐饮服务设施、设备未按规定定期维护、清洗、校验；

（六）食品生产经营者安排未取得健康证明或者患有国务院卫生行政部门规定的有碍食品安全疾病的人员从事接触直接入口食品的工作；

（七）食品经营者未按规定要求销售食品；

（八）保健食品生产企业未按规定向食品药品监督管理部门备案，或者未按备案的产品配方、生产工艺等技术要求组织生产；

（九）婴幼儿配方食品生产企业未将食品原料、食品添加剂、产品配方、标签等向食品药品监督管理部门备案；

（十）特殊食品生产企业未按规定建立生产质量管理体系并有效运行，或者未定期提交自查报告；

（十一）食品生产经营者未定期对食品安全状况进行检查评价，或者生产经营条件发生变化，未按规定处理；

（十二）学校、托幼机构、养老机构、建筑工地等集中用餐单位未按规定履行食品安全管理责任；

（十三）食品生产企业、餐饮服务提供者未按规定制定、实施生产经营过程控制要求。

餐具、饮具集中消毒服务单位违反本法规定用水，使用洗涤剂、消毒剂，或者出厂的餐具、饮具未按规定检验合格并随附消毒合格证明，或者未按规定在独立包装上标注相关内容的，由县级以上人民政府卫生行政部门依照前款规定给予处罚。

食品相关产品生产者未按规定对生产的食品相关产品进行检验的，由县级以上人民政府质量监督部门依照第一款规定给予处罚。

食用农产品销售者违反本法第六十五条规定的，由县级以上人民政府食品药品监督管理部门依照第一款规定给予处罚。

第一百二十七条 对食品生产加工小作坊、食品摊贩等的违法行为的处罚，依照省、自治区、直辖市制定的具体管理办法执行。

第一百二十八条 违反本法规定，事故单位在发生食品安全事故后未进行处置、报告的，由有关主管部门按照各自职责分工责令改正，给予警告；隐匿、伪造、毁灭有关证据的，责令停产停业，没收违法所得，并处

十万元以上五十万元以下罚款；造成严重后果的，吊销许可证。

第一百二十九条 违反本法规定，有下列情形之一的，由出入境检验检疫机构依照本法第一百二十四条的规定给予处罚：

（一）提供虚假材料，进口不符合我国食品安全国家标准的食品、食品添加剂、食品相关产品；

（二）进口尚无食品安全国家标准的食品，未提交所执行的标准并经国务院卫生行政部门审查，或者进口利用新的食品原料生产的食品或者进口食品添加剂新品种、食品相关产品新品种，未通过安全性评估；

（三）未遵守本法的规定出口食品；

（四）进口商在有关主管部门责令其依照本法规定召回进口的食品后，仍拒不召回。

违反本法规定，进口商未建立并遵守食品、食品添加剂进口和销售记录制度、境外出口商或者生产企业审核制度的，由出入境检验检疫机构依照本法第一百二十六条的规定给予处罚。

第一百三十条 违反本法规定，集中交易市场的开办者、柜台出租者、展销会的举办者允许未依法取得许可的食品经营者进入市场销售食品，或者未履行检查、报告等义务的，由县级以上人民政府食品药品监督管理部门责令改正，没收违法所得，并处五万元以上二十万元以下罚款；造成严重后果的，责令停业，直至由原发证部门吊销许可证；使消费者的合法权益受到损害的，应当与食品经营者承担连带责任。

食用农产品批发市场违反本法第六十四条规定的，依照前款规定承担责任。

第一百三十一条 违反本法规定，网络食品交易第三方平台提供者未对入网食品经营者进行实名登记、审查许可证，或者未履行报告、停止提供网络交易平台服务等义务的，由县级以上人民政府食品药品监督管理部门责令改正，没收违法所得，并处五万元以上二十万元以下罚款；造成严重后果的，责令停业，直至由原发证部门吊销许可证；使消费者的合法权益受到损害的，应当与食品经营者承担连带责任。

消费者通过网络食品交易第三方平台购买食品，其合法权益受到损害的，可以向入网食品经营者或者食品生产者要求赔偿。网络食品交易第三方平台提供者不能提供入网食品经营者的真实名称、地址和有效联系方式的，由网络食品交易第三方平台提供者赔偿。网络食品交易第三方平台提供者赔偿后，有权向入网食品经营者或者食品生产者追偿。网络食品交易第三方平台提供者做出更有利于消费者承诺的，应当履行其承诺。

第一百三十二条 违反本法规定，未按要求进行食品贮存、运输和装卸的，由县级以上人民政府食品药品监督管理等部门按照各自职责分工责令改正，给予警告；拒不改正的，责令停产停业，并处一万元以上五万元以下罚款；情节严重的，吊销许可证。

第一百三十三条 违反本法规定，拒绝、阻挠、干涉有关部门、机构及其工作人员依法开展食品安全监督检查、事故调查处理、风险监测和风险评估的，由有关主管部门按照各自职责分工责令停产停业，并处二千元以上五万元以下罚款；情节严重的，吊销许可证；构成违反治安管理行为的，由公安机关依法给予治安管理处罚。

违反本法规定，对举报人以解除、变更劳动合同或者其他方式打击报复的，应当依照有关法律的规定承担责任。

第一百三十四条 食品生产经营者在一年内累计三次因违反本法规定受到责令停产停业、吊销许可证以外处罚的，由食品药品监督管理部门责令停产停业，直至吊销许可证。

第一百三十五条 被吊销许可证的食品生产经营者及其法定代表人、直接负责的主管人员和其他直接责任人员自处罚决定做出之日起五年内不得申请食品生产经营许可，或者从事食品生产经营管理工作、担任食品生产经营企业食品安全管理人员。

因食品安全犯罪被判处有期徒刑以上刑罚的，终身不得从事食品生产经营管理工作，也不得担任食品生产经营企业食品安全管理人员。

食品生产经营者聘用人员违反前两款规定的，由县级以上人民政府食品药品监督管理部门吊销许可证。

第一百三十六条 食品经营者履行了本法规定的进货查验等义务，有充分证据证明其不知道所采购的食品不符合食品安全标准，并能如实说明其进货来源的，可以免予处罚，但应当依法没收其不符合食品安全标准的食品；造成人身、财产或者其他损害的，依法承担赔偿责任。

第一百三十七条 违反本法规定，承担食品安全风险监测、风险评估工作的技术机构、技术人员提供虚假监测、评估信息的，依法对技术机构直接负责的主管人员和技术人员给予撤职、开除处分；有执业资格的，由授予其资格的主管部门吊销执业证书。

第一百三十八条 违反本法规定，食品检验机构、食品检验人员出具虚假检验报告的，由授予其资质的主管部门或者机构撤销该食品检验机构的检验资质，没收所收取的检验费用，并处检验费用五倍以上十倍以下罚款，检验费用不足一万元的，并处五万元以上十万元以下罚款；依法对食品检验机构直接负责的主管人员和食品检验人员给予撤职或者开除处分；导致发生重大食品安全事故的，对直接负责的主管人员和食品检验人员给予开除处分。

违反本法规定，受到开除处分的食品检验机构人员，自处分决定做出之日起十年内不得从事食品检验工作；因食品安全违法行为受到刑事处罚或者因出具虚假检验报告导致发生重大食品安全事故受到开除处分的食品检验机构人员，终身不得从事食品检验工作。食品检验机构聘用不得从事食品检验工作的人员的，由授予其资质的主管部门或者机构撤销该食品检验机构的检验资质。

食品检验机构出具虚假检验报告，使消费者的合法权益受到损害的，应当与食品生产经营者承担连带责任。

第一百三十九条 违反本法规定，认证机构出具虚假认证结论，由认证认可监督管理部门没收所收取的认证费用，并处认证费用五倍以上十倍以下罚款，认证费用不足一万元的，并处五万元以上十万元以下罚款；情节严重的，责令停业，直至撤销认证机构批准文件，并向社会公布；对直接负责的主管人员和负有直接责任的认证人员，撤销其执业资格。

认证机构出具虚假认证结论，使消费者的合法权益受到损害的，应当与食品生产经营者承担连带责任。

第一百四十条 违反本法规定，在广告中对食品作虚假宣传，欺骗消费者，或者发布未取得批准文件、广告内容与批准文件不一致的保健食品广告的，依照《中华人民共和国广告法》的规定给予处罚。

广告经营者、发布者设计、制作、发布虚假食品广告，使消费者的合法权益受到损害的，应当与食品生产经营者承担连带责任。

社会团体或者其他组织、个人在虚假广告或者其他虚假宣传中向消费者推荐食品，使消费者的合法权益受到损害的，应当与食品生产经营者承担连带责任。

违反本法规定，食品药品监督管理等部门、食品检验机构、食品行业协会以广告或者其他形式向消费者推荐食品，消费者组织以收取费用或者其他牟取利益的方式向消费者推荐食品的，由有关主管部门没收违法所得，依法对直接负责的主管人员和其他直接责任人员给予记大过、降级或者撤职处分；情节严重的，给予开除处分。

对食品做虚假宣传且情节严重的，由省级以上人民政府食品药品监督管理部门决定暂停销售该食品，并向社会公布；仍然销售该食品的，由县级以上人民政府食品药品监督管理部门没收违法所得和违法销售的食品，并处二万元以上五万元以下罚款。

第一百四十一条 违反本法规定，编造、散布虚假食品安全信息，构成违反治安管理行为的，由公安机关依法给予治安管理处罚。

媒体编造、散布虚假食品安全信息的，由有关主管部门依法给予处罚，并对直接负责的主管人员和其他直接责任人员给予处分；使公民、法人或者其他组织的合法权益受到损害的，依法承担消除影响、恢复名誉、赔偿损失、赔礼道歉等民事责任。

第一百四十二条 违反本法规定，县级以上地方人民政府有下列行为之一的，对直接负责的主管人员和其他直接责任人员给予记大过处分；情节较重的，给予降级或者撤职处分；情节严重的，给予开除处分；造成严重后果的，其主要负责人还应当引咎辞职：

（一）对发生在本行政区域内的食品安全事故，未及时组织协调有关部门开展有效处置，造成不良影响或者损失；

（二）对本行政区域内涉及多环节的区域性食品安全问题，未及时组织整治，造成不良影响或者损失；

（三）隐瞒、谎报、缓报食品安全事故；

（四）本行政区域内发生特别重大食品安全事故，或者连续发生重大食品安全事故。

第一百四十三条 违反本法规定，县级以上地方人民政府有下列行为之一的，对直接负责的主管人员和其他直接责任人员给予警告、记过或者记大过处分；造成严重后果的，给予降级或者撤职处分：

（一）未确定有关部门的食品安全监督管理职责，未建立健全食品安全全程监督管理工作机制和信息共享机制，未落实食品安全监督管理责任制；

（二）未制定本行政区域的食品安全事故应急预案，或者发生食品安全事故后未按规定立即成立事故处置指挥机构、启动应急预案。

第一百四十四条 违反本法规定，县级以上人民政府食品药品监督管理、卫生行政、质量监督、农业行政等部门有下列行为之一的，对直接负责的主管人员和其他直接责任人员给予记大过处分；情节较重的，给予降级或者撤职处分；情节严重的，给予开除处分；造成严重后果的，其主要负责人还应当引咎辞职：

（一）隐瞒、谎报、缓报食品安全事故；

（二）未按规定查处食品安全事故，或者接到食品安全事故报告未及时处理，造成事故扩大或者蔓延；

（三）经食品安全风险评估得出食品、食品添加剂、食品相关产品不安全结论后，未及时采取相应措施，造成食品安全事故或者不良社会影响；

（四）对不符合条件的申请人准予许可，或者超越法定职权准予许可；

（五）不履行食品安全监督管理职责，导致发生食品安全事故。

第一百四十五条 违反本法规定，县级以上人民政府食品药品监督管理、卫生行政、质量监督、农业行政等部门有下列行为之一，造成不良后果的，对直接负责的主管人员和其他直接责任人员给予警告、记过或者记大过处分；情节较重的，给予降级或者撤职处分；情节严重的，给予开除处分：

（一）在获知有关食品安全信息后，未按规定向上级主管部门和本级人民政府报告，或者未按规定相互通报；

（二）未按规定公布食品安全信息；

（三）不履行法定职责，对查处食品安全违法行为不配合，或者滥用职权、玩忽职守、徇私舞弊。

第一百四十六条 食品药品监督管理、质量监督等部门在履行食品安全监督管理职责过程中，违法实施检查、强制等执法措施，给生产经营者造成损失的，应当依法予以赔偿，对直接负责的主管人员和其他直接责任人员依法给予处分。

第一百四十七条 违反本法规定，造成人身、财产或者其他损害的，依法承担赔偿责任。生产经营者财产不足以同时承担民事赔偿责任和缴纳罚款、罚金时，先承担民事赔偿责任。

第一百四十八条 消费者因不符合食品安全标准的食品受到损害的，可以向经营者要求赔偿损失，也可以向生产者要求赔偿损失。接到消费者赔偿要求的生产经营者，应当实行首负责任制，先行赔付，不得推诿；属于生产者责任的，经营者赔偿后有权向生产者追偿；属于经营者责任的，生产者赔偿后有权向经营者追偿。

生产不符合食品安全标准的食品或者经营明知是不符合食品安全标准的食品，消费者除要求赔偿损失外，还可以向生产者或者经营者要求支付价款十倍或者损失三倍的赔偿金；增加赔偿的金额不足一千元的，为一千元。但是，食品的标签、说明书存在不影响食品安全且不会对消费者造成误导的瑕疵的除外。

第一百四十九条 违反本法规定，构成犯罪的，依法追究刑事责任。

第十章 附 则

第一百五十条 本法下列用语的含义：

食品，指各种供人食用或者饮用的成品和原料以及按照传统既是食品又是中药材的物品，但是不包括以治疗为目的的物品。

食品安全，指食品无毒、无害，符合应当有的营养要求，对人体健康不造成任何急性、亚急性或者慢性危害。

预包装食品，指预先定量包装或者制作在包装材料、容器中的食品。

食品添加剂，指为改善食品品质和色、香、味以及为防腐、保鲜和加工工艺的需要而加入食品中的人工合成或者天然物质，包括营养强化剂。

用于食品的包装材料和容器，指包装、盛放食品或者食品添加剂用的纸、竹、木、金属、搪瓷、陶瓷、塑料、橡胶、天然纤维、化学纤维、玻璃等制品和直接接触食品或者食品添加剂的涂料。

用于食品生产经营的工具、设备，指在食品或者食品添加剂生产、销售、使用过程中直接接触食品或者食品添加剂的机械、管道、传送带、容器、用具、餐具等。

用于食品的洗涤剂、消毒剂，指直接用于洗涤或者消毒食品、餐具、饮具以及直接接触食品的工具、设备或者食品包装材料和容器的物质。

食品保质期，指食品在标明的贮存条件下保持品质的期限。

食源性疾病，指食品中致病因素进入人体引起的感染性、中毒性等疾病，包括食物中毒。

食品安全事故，指食源性疾病、食品污染等源于食品，对人体健康有危害或者可能有危害的事故。

第一百五十一条 转基因食品和食盐的食品安全管理，本法未做规定的，适用其他法律、行政法规的规定。

第一百五十二条 铁路、民航运营中食品安全的管理办法由国务院食品药品监督管理部门会同国务院有关部门依照本法制定。

保健食品的具体管理办法由国务院食品药品监督管理部门依照本法制定。

食品相关产品生产活动的具体管理办法由国务院质量监督部门依照本法制定。

国境口岸食品的监督管理由出入境检验检疫机构依照本法以及有关法律、行政法规的规定实施。

军队专用食品和自供食品的食品安全管理办法由中央军事委员会依照本法制定。

第一百五十三条 国务院根据实际需要，可以对食品安全监督管理体制做出调整。

第一百五十四条 本法自 2015 年 10 月 1 日起施行。

附录三

“十三五”国家食品安全规划

保障食品安全是建设健康中国、增进人民福祉的重要内容，是以人民为中心发展思想的具体体现。为实施好食品安全战略，加强食品安全治理，根据《中华人民共和国国民经济和社会发展第十三个五年规划纲要》，制定本规划。

一、现状和形势

“十二五”期间，各地区、各部门进一步加大工作力度，食品安全形势总体稳定向好，人民群众饮食安全得到切实保障。

（一）食品产业快速发展。

到“十二五”末，全国获得许可证的食品生产企业 13.5 万家、流通企业 819 万家、餐饮服务企业 348 万家；规模以上食品工业企业主营业务收入 11.35 万亿元，年均递增 12.5%。进出口食品贸易额增长 23.9%。

（二）监管力度持续加大。

无公害农产品种植面积增加 2000 万亩。查处食品安全违法案件 95.8 万起，侦破食品安全犯罪案件 8 万余起。2015 年国家食品安全监督抽检 17.2 万批次，合格率为 96.8%。进出口食品安全水平持续稳定。实行“明厨亮灶”的餐饮服务企业 41.8 万家，实行量化分级管理的餐饮服务企业 275 万家。在 100 个城市开展餐厨废弃物资源化利用和无害化处理试点。

（三）支撑保障能力稳步加强。

实施食品安全检（监）测能力建设项目，安排中央基建投资 184.5 亿元。食品安全科技创新体系逐步完善。食品监测覆盖范围不断扩大，食源性疾病监测网络哨点医院达 3883 家，食品污染物和有害因素监测点达

2656 个。成立了国家食品安全风险评估中心，建立了 100 家农产品质量安全风险评估实验室。

（四）监管体制不断完善。

国务院成立食品安全委员会，组建食品药品监管总局，各级政府普遍建立了食品安全综合协调机制并明确办事机构，统一权威监管体制建设取得显著进展。

（五）法律法规标准体系进一步健全。

修订食品安全法、兽药管理条例等 10 部法律法规，制修订 20 余部食品安全部门规章，6 个省（区、市）出台了食品生产加工小作坊和食品摊贩管理地方性法规。最高人民法院、最高人民检察院出台关于办理危害食品安全刑事案件适用法律若干问题的解释，最高人民法院出台审理食品药品纠纷案件适用法律若干问题的规定。国家卫生计生委清理食品标准 5000 项，整合 400 项，发布新的食品安全国家标准 926 项、合计指标 1.4 万余项。农业部新发布农药残留限量指标 2800 项，清理 413 项农药残留检验方法。

（六）社会共治格局初步形成。

连续 5 年举办“全国食品安全宣传周”活动，累计覆盖 7 亿多人次。食品生产经营者诚信守法意识、公众食品安全意识和社会参与度进一步提高。开通“12331”全国食品药品投诉举报电话，推行有奖举报制度。开展食品安全信用体系建设试点，获得诚信管理体系评价证书的食品企业 600 余家，婴幼儿配方乳粉企业全部建立诚信管理体系。

在肯定成绩的同时，必须清醒认识到，我国仍处于食品安全风险隐患凸显和食品安全事件集中爆发期，食品安全形势依然严峻。一是源头污染问题突出。一些地方工业“三废”违规排放导致农业生产环境污染，农业投入品使用不当、非法添加和制假售假等问题依然存在，农药兽药残留和添加剂滥用仍是食品安全的最大风险。二是食品产业基础薄弱。食品生产经营企业多、小、散，全国 1180 万家获得许可证的食品生产经营企业中，绝大部分为 10 人以下小企业。企业诚信观念和质量安全意识普遍不强，主体责任尚未完全落实。互联网食品销售迅猛增长带来了新的风险和挑战。三是食品安全标准与发达国家和国际食品法典标准尚有差距。食品安全标准基础研究滞后，科学性和实用性有待提高，部分农药兽药残留等相关标准缺失、检验方法不配套。四是监管能力尚难适应需要。监管体制机制仍需完善，法规制度仍需进一步健全，监管队伍特别是专业技术人员短缺，打击食品安全犯罪的专业力量严重不足，监管手段、技术支撑等仍需加强，风险监测和评估技术水平亟待提升。

“十三五”时期是全面建成小康社会的决胜阶段，也是全面建立严密高效、社会共治的食品安全治理体系的关键时期。尊重食品安全客观规律，坚持源头治理、标本兼治，确保人民群众“舌尖上的安全”，是全面建成小康社会的客观需要，是公共安全体系建设的重要内容，必须下大力气抓紧抓好。

二、总体要求

（一）指导思想。

全面贯彻党的十八大和十八届三中、四中、五中、六中全会精神，以马克思列宁主义、毛泽东思想、邓小平理论、“三个代表”重要思想、科学发展观为指导，深入贯彻习近平总书记系列重要讲话精神，认真落实党中央、国务院决策部署，紧紧围绕统筹推进“五位一体”总体布局和协调推进“四个全面”战略布局，牢固树立和贯彻落实创新、协调、绿色、开放、共享的发展理念，坚持最严谨的标准、最严格的监管、最严厉的处罚、最严肃的问责，全面实施食品安全战略，着力推进监管体制机制改革创新和依法治理，着力解决人民群众反映强烈的突出问题，推动食品安全现代化治理体系建设，促进食品产业发展，推进健康中国建设。

（二）基本原则。

1. 预防为主。坚持关口前移，全面排查、及时发现处置苗头性、倾向性问题，严把食品安全的源头关、生产关、流通关、入口关，坚决守住不发生系统性区域性食品安全风险的底线。

2. 风险管理。树立风险防范意识，强化风险评估、监测、预警和风险交流，建立健全以风险分析为基础的科学监管制度，严防严管严控风险隐患，确保监管跑在风险前面。

3. 全程控制。严格实施从农田到餐桌全链条监管，建立健全覆盖全程的监管制度、覆盖所有食品类型的安全标准、覆盖各类生产经营行为的良好操作规范，全面推进食品安全监管法治化、标准化、专业化、信息化建设。

4. 社会共治。全面落实企业食品安全主体责任，严格落实地方政府属地管理责任和有关部门监管责任。充分发挥市场机制作用，鼓励和调动社会力量广泛参与，加快形成企业自律、政府监管、社会协同、公众参与的食品安全社会共治格局。

（三）发展目标。

到2020年，食品安全治理能力、食品安全水平、食品产业发展水平和人民群众满意度明显提升。主要实现以下目标：

1. 食品安全抽检覆盖全部食品类别、品种。国家统一安排计划、各地区各有关部门分别组织实施的食品检验量达到每年4份/千人。其中，各省（区、市）组织的主要针对农药兽药残留的食品检验量不低于每年2份/千人。

2. 农业源头污染得到有效治理。主要农作物病虫害绿色防控覆盖率达到30%以上，农药利用率达到40%以上，主要农产品质量安全监测总体合格率达到97%以上。

3. 食品安全现场检查全面加强。职业化检查员队伍基本建成，实现执法程序和执法文书标准化、规范化。对食品生产经营者每年至少检查1次。实施网格化管理，县、乡级全部完成食品安全网格划定。

4. 食品安全标准更加完善。制修订不少于300项食品安全国家标准，制修订、评估转化农药残留限量指标6600余项、兽药残留限量指标270余项。产品标准覆盖包括农产品和特殊人群膳食食品在内的所有日常消费食品，限量标准覆盖所有批准使用的农药兽药和相关农产品，检测方法逐步覆盖所有限量标准。

5. 食品安全监管和技术支撑能力得到明显提升。实现各级监管队伍装备配备标准化。各级食品安全检验检测能力达到国家建设标准，进出口食品检验检测能力保持国际水平。

三、主要任务

（一）全面落实企业主体责任。

食品生产经营者应当严格落实法定责任和义务。遵守相关法律法规和标准，采取多种措施，确保生产过程整洁卫生并符合有关标准规范，确保生产经营各环节数据信息采集留存真实、可靠、可溯源。建立健全食品安全管理制度，配备食品安全管理人员。主动监测已上市产品质量安全状况，及时报告风险隐患，依法召回、处置不符合标准或存在安全隐患的食品。

开展食品安全师制度试点。鼓励食品生产经营企业建设规模化原辅材料和食品加工、配送基地，加强供应链管理，发展连锁经营、集中采购、标准化生产、统一配送等现代经营方式。加强冷链物流基础设施建设，提升冷链物流管理标准和管理水平。鼓励企业按照良好生产经营规范组织生产，实施危害分析和关键控制点体系、良好生产规范、食品安全管理体系、食品防护计划等自愿性质量管理规范，通过相关认证的可以在其产品包装上予以标识。鼓励和支持食品生产经营小作坊、小摊贩、小餐饮改善生产经营条件。加强食品品牌建设。

（二）加快食品安全标准与国际接轨。

建立最严谨的食品安全标准体系。加快制修订产业发展和监管急需的食品基础标准、产品标准、配套检验方法标准、生产经营卫生规范等。加快制修订重金属、农药残留、兽药残留等食品安全标准。密切跟踪国际标准发展更新情况，整合现有资源建立覆盖国际食品法典及有关发达国家食品安全标准、技术法规的数据库，开展国际食品安全标准比较研究。加强标准跟踪评价和宣传贯彻培训。鼓励食品生产企业制定严于食品安全国家标准、地方标准的企业标准，鼓励行业协会制定严于食品安全国家标准的团体标准。依托现有资源，建立食品安全标准网上公开和查询平台，公布所有食品安全国家标准及其他相关标准。整合建设监测抽检数据库和食品毒理学数据库，提升标准基础研究水平。将形成技术标准作为组织实施相关科研项目的重要目标之一，并列入食品科研重要考核指标，相关成果可以作为专业技术资格评审依据。

专栏1　食品安全国家标准提高行动计划

（一）制修订食品安全国家标准。

制修订不少于300项食品安全国家标准，加快生产经营卫生规范、检验方法等标准制定。制修订农药残留限量指标3987项，评估转化农药残留限量指标2702项，清理、修订农药残留检验方法413项，研究制定农药残留国家标准技术规范7项，建立农业残留基础数据库1个。制定食品中兽药最大残留限量标准，完成31种兽药272项限量指标以及63项兽药残留检测方法标准制定。

（二）加强食品安全国家标准专业技术机构能力建设。

依托国家和重点省份食品安全技术机构，设立若干标准研制核心实验室

（三）完善法律法规制度。

加快构建以食品安全法为核心的食品安全法律法规体系。修订农产品质量安全法、食品安全法实施条例、农药管理条例、乳品质量安全监督管理条例。推进土壤污染防治法、粮食法、肥料管理条例等立法进程。推动各地加快食品生产加工小作坊和食品摊贩管理等地方性法规规章制修订。制修订食品标识管理、食品安全事件调查处理、食品安全信息公布、食品安全全程追溯、学校食堂食品安全监督管理等配套规章制度。完善国境口岸食品安全规章制度。

（四）严格源头治理。

深入开展农药兽药残留、重金属污染综合治理。开展化肥农药使用量零增长行动，全面推广测土配方施肥、农药精准高效施用。加快高效、低毒、低残留农药新品种研发和推广，实施高毒、高残留农药替代行动。实施兽用抗菌药治理行动，逐步淘汰无残留限量标准和残留检测方法标准的兽药及其制剂。严格落实农药兽药登记和安全使用制度，推行高毒农药定点经营和实名购买制度。推进重金属污染源头治理，摸清土壤污染分布情况，开展污染耕地分级分类治理。

提高农业标准化水平。实施农业标准化推广工程，推广良好农业规范。继续推进农业标准化示范区、园艺作物标准园、标准化规模养殖场（小区）、水产健康养殖场建设。支持良好农业规范认证品牌农产品发展，提高安全优质品牌农产品比重。建立健全畜禽屠宰管理制度，加快推进病死畜禽无害化处理与养殖业保险联动机制建设，加强病死畜禽、屠宰废弃物无害化处理和资源化利用。加强粮食质量安全监测与监管，推动建立重金属等超标粮食处置长效机制。推动农产品生产者积极参与国家农产品质量安全追溯管理信息平台运行。开展肉类、蔬菜等产品追溯体系建设的地区要加快建立高效运行长效机制。

专栏2 食用农产品源头治理工程

（一）农药残留治理工程。

主要农作物病虫害绿色防控覆盖率达到30%以上，专业化统防统治覆盖率达到40%以上，农药利用率达到40%以上。

（二）兽药残留治理工程。

新研发和推广低毒、低残留新兽药产品100种，淘汰高风险兽药产品100种。动物产品兽药残留合格率保持在97%以上。

续表

专栏2　食用农产品源头治理工程
（三）测土配方施肥推广工程。 测土配方施肥技术覆盖率达到90%以上，畜禽粪便养分还田率达到60%以上，水肥一体化技术推广面积达到1.5亿亩，机械施肥面积占主要农作物种植面积的40%以上，主要农作物化肥利用率达到40%以上。 （四）农业标准化推广工程。 标准化生产示范园（场）全部通过“三品一标”（无公害农产品、绿色食品、有机农产品和农产品地理标志）认证登记，有机农产品种植基地面积达到300万公顷，绿色食品种植基地面积达到1200万公顷。 （五）农产品质量安全保障工程。 完善国家农产品质量安全追溯管理信息平台，健全农产品质量安全监管体系，提高基层监管能力。

（五）严格过程监管。

严把食品生产经营许可关。对食品（含食品添加剂）生产、直接接触食品的包装材料等具有较高风险的相关产品、食品经营（不含销售食用农产品）依法严格实施许可管理。深化“放管服”改革，优化许可流程，提高审批效率。整合现有资源，建立全国统一的食品生产经营许可信息公示系统。落实地方政府尤其是县级政府责任，实施餐饮业质量安全提升工程。获得许可证的餐饮服务单位全面推行“明厨亮灶”。推进餐厨废弃物资源化利用和无害化处理试点城市建设。

严格生产经营环节现场检查。食品生产经营企业应当认真履行法定义务，严格遵守许可条件和相关行为规范。科学划分食品生产经营风险等级，加强对高风险食品生产经营企业的监督检查。科学制定国家、省、市、县级食品检查计划，确定检查项目和频次。国务院食品安全监管有关部门负责建立和完善食品生产经营监督检查制度和技术规范，依据职责监督抽查大型食品生产经营企业；省级食品安全监管部门负责制定本省（区、市）年度监督管理计划，抽查本行政区域内大型食品生产经营企业，督导核查市、县级监督管理工作；市、县级食品安全监管部门负责日常监督检查，在全覆盖基础上按照“双随机、一公开”原则开展日常检查。现场检查应按照年度监督检查计划进行，覆盖所有生产经营者，重点检查农村、学校、幼儿园等重点区域，小作坊、小摊贩、小餐饮等重点对象，冷链贮运等重点环节，以及中高风险食品生产经营者。大力推进学校食堂、幼儿园食堂实时监控工作。

严格特殊食品监管。推进保健食品注册与备案制改革，完善保健食品保健功能目录，科学调整功能表述。制定保健食品原料目录、可用和禁用于保健食品物品名单。严厉打击保健食品虚假宣传、商业欺诈、诱骗消费者购买等违法行为。严格特殊医学用途配方食品、婴幼儿配方乳粉产品配方注册管理。

严格网格化监管。科学划定县、乡级行政区域内食品安全网格，合理配备监管协管力量，做到“定格、定岗、定员、定责”。建立健全责任包干、信息管理、上下联动、社会协作、协调处理、宣传引导、考核评价等制度，有效消除各类风险隐患。到“十三五”末，县、乡级100%完成食品安全网格划定。

严格互联网食品经营、网络订餐等新业态监管。加强互联网食品经营网上监测能力建设。落实网络平台食品经营资质审核责任，完善网上交易在线投诉和售后维权机制。

严格食品相关产品监管。通过安全评估确定风险等级，对高风险的食品相关产品实施生产许可，逐步形成以监督检查为手段，以风险监测和抽样检验为验证的事中事后监管体系。

严格进出口食品安全监管。实施进口食品安全放心工程，强化口岸检验检疫。实施进出口食品安全风险预警和进出口企业信誉记录制度，建立风险预警平台，大力加强境外体系检查。完善进出口食品质量安全检验检测，制定进口食品安全监督抽检计划和风险监测计划。严格实施进口食品境外生产企业注册。加强跨境电子商务进口食品检验检疫监管。

推动特色食品加工示范基地建设。在原料资源丰富地区，选择一批地方特色突出的食品产业园区，以知名品牌和龙头企业为引领，开展集食品研发创新、检测认证、包装印刷、冷链物流、人才培训、工业旅游、集中供热、污水集中处理等于一体的现代食品工业基地建设示范，提高基础设施和公共服务水平，开展集中监管，发挥示范引领作用，带动食品产业转型升级和食品质量安全管理水平整体提升。

（六）强化抽样检验。

食品安全抽样检验覆盖所有食品类别、品种，突出对食品中农药兽药残留的抽检。科学制定国家、省、市、县级抽检计划。国务院食品安全监管有关部门主要承担规模以上或产品占市场份额较大食品生产企业的产品抽检任务，省级食品安全监管部门主要承担本行政区域内所有获得许可证的食品生产企业的产品抽检任务，市、县级食品安全监管部门主要承担本行政区域内具有一定规模的市场销售的蔬菜、水果、畜禽肉、鲜蛋、水产品农药兽药残留抽检任务以及小企业、小作坊和餐饮单位抽检任务。市、县级食品安全监管部门要全面掌握本地农药兽药使用品种、数量，特别是各类食用农产品种植、养殖过程中农药兽药使用情况，制定的年度抽检计划和按月实施的抽检样本数量要能够覆盖全部当地生产销售的蔬菜、水果、畜禽肉、鲜蛋和水产品，每个品种抽样不少于20个，抽样检验结果及时向社会公开。将食品安全抽检情况列为食品安全工作考核的重点内容。

专栏3　食品安全监管行动计划

（一）食品安全监督抽检工程。

到2020年，国家统一安排计划、各地区各有关部门分别组织实施的食品检验量达到每年4份/千人。其中，各省（区、市）组织的主要针对农药兽药残留的食品检验量不低于每年2份/千人。探索开展国家食品安全评价性抽检工作。

（二）特殊食品审评能力建设。

加强特殊食品审评工作，加强专职审评员队伍建设，依法按时完成保健食品、特殊医学用途配方食品和婴幼儿配方乳粉产品配方技术审评任务。

（三）进出口食品安全监管提升计划。

对50个主要对我国出口食品的国家（地区）开展食品安全体系评估和回顾性检查。严格实施进口食品监督抽检，监督抽检产品种类实现全覆盖。建设20个进口食品进境检验检疫指定口岸。新建100个国家级出口食品安全示范区。

（四）餐饮业质量安全提升工程。

推进餐饮业实施餐饮服务食品安全操作规范，加强餐饮食品安全员考核，完善餐饮服务食品安全标准。落实地方政府尤其是县级政府责任，实现餐饮食品安全监管全覆盖

（七）严厉处罚违法违规行为。

整治食品安全突出隐患及行业共性问题。重点治理超范围超限量使用食品添加剂、使用工业明胶生产食品、使用工业酒精生产酒类食品、使用工业硫黄熏蒸食物、违法使用瘦肉精、食品制作过程违法添加罂粟壳等物质、水产品违法添加孔雀石绿等禁用物质、生产经营企业虚假标注生产日期和保质期、用回收食品作为原料生产食品、保健食品标签宣传欺诈等危害食品安全的“潜规则”和相关违法行为。完善食品中可能违法添加的非食用物质名单、国家禁用和限用农药名录、食用动物禁用的兽药及其他化合物清单，研究破解“潜规则”的检验方法。

整合食品安全监管、稽查、检查队伍，建立以检查为统领，集风险防

范、案件调查、行政处罚、案件移送于一体的工作体系。各级公安机关进一步加强打击食品安全犯罪的专业力量建设，强化办案保障。加强行政执法与刑事司法的衔接，建立证据互认、证据转换、法律适用、涉案食品检验认定与处置等协作配合机制。推动出台食品安全违法行为处罚到人的法律措施。完善政法委牵头、政法部门和监管部门共同参与的协调机制。

（八）提升技术支撑能力。

提升风险监测和风险评估等能力。全面加强食源性疾病、食品污染物、食品中有毒物质监测，强化监测数据质量控制，建立监测数据共享机制。完善食品安全风险评估体系，通过综合分析监测数据及时评估并发现风险。建立食品安全和农产品质量安全风险评估协调机制，将“米袋子”“菜篮子”主要产品纳入监测评估范围。食品污染物和有害因素监测网络覆盖所有县级行政区域并延伸到乡镇和农村，食源性疾病监测报告系统覆盖各级各类医疗机构。

健全风险交流制度。按照科学、客观、及时、公开的原则，定期组织食品生产经营者、食品检验机构、认证机构、食品行业协会、消费者协会以及新闻媒体等，就食品安全风险评估信息和食品安全监督管理信息进行交流沟通。规范食品安全信息发布机制和制度。建立国家、省、市、县四级食品安全社会公众风险认知调查体系和国家、省、市三级风险交流专家支持体系。鼓励大型食品生产经营企业参与风险交流。

专栏4 风险监测预警、评估能力提升项目

（一）食品安全风险监测能力。

依托现有资源建设风险监测区域重点实验室和省级参比实验室。进一步完善国家食源性疾病监测系统，建立覆盖全部医疗机构并延伸到农村的食源性疾病监测报告网络。依托现有资源构建地方各级食源性疾病监测溯源平台。建立覆盖全国的食品安全风险预警系统和重点食品品种风险预警模型。建立健全覆盖主要贸易国家（地区）的进出口食品安全信息监测网络和进出口食品安全数据库。

（二）食品安全风险评估能力。

建立国家农产品质量安全风险评估实验室。加快国家食品安全风险评估中心分中心建设，建设风险评估区域重点实验室。实施食物消费量调查、总膳食和毒理学研究计划。建立完善国家食品安全风险评估基础数据库。构建进出口食品安全风险评估分级模型

加快建设食品安全检验检测体系。构建国家、省、市、县四级食品安全检验检测体系。国家级检验机构具备较强的技术性研究、技术创新、仲裁检验、复检能力和国际合作能力；省级检验机构能够完成相应的法定检

验、监督检验、执法检验、应急检验等任务，具备一定的科研能力，能够开展有机污染物和生物毒素等危害物识别及安全性评价、食源性致病微生物鉴定、食品真实性甄别等基础性、关键性检验检测技术，能够开展快速和补充检验检测方法研究；市级检验机构具备对食品安全各项目参数较全面的常规性检验检测能力；食品产业大县和人口大县要具备对常见微生物、重金属、农药兽药残留等指标的实验室检验能力及定性快速检测能力。加强检验检测信息化建设。鼓励大专院校、企业检验机构承担政府检验任务。组织开展食品快速检测方法评价，规范快速检测方法应用。

提高食品安全智慧监管能力。重点围绕行政审批、监管检查、稽查执法、应急管理、检验监测、风险评估、信用管理、公共服务等业务领域，实施“互联网+”食品安全监管项目，推进食品安全监管大数据资源共享和应用，提高监管效能。

加强基层监管能力建设。各级食品安全监管机构业务用房、执法车辆、执法装备配备实现标准化，满足监督执法需要。

加强应急处置能力建设。完善国家、省、市、县四级应急预案体系，健全突发事件跟踪、督查、处理、报告、回访和重大事故责任追究机制。强化食品安全舆情监测研判。开展应急演练。

专栏5　监管能力建设项目

（一）检验检测能力建设项目。

实施食品安全检验检测能力达标工程。根据国家建设标准建设食品安全检验检测机构。依托现有资源建设一批食品安全监管重点实验室，在相应特色领域具备国内一流检验水平和技术攻关能力。全面推进县级食品安全检验检测资源整合。鼓励通过建设省、市级检验机构区域分中心的方式开展跨层级整合。做好与药品、医疗器械检验检测项目的统筹衔接。

实施食用农产品和进出口食品检验机构改造项目。升级改造农产品质量安全风险评估实验室、粮食质量安全检验监测机构。建设进出口食品质量检（监）测基准实验室。升级改造部分省级进出口食品质量安全检（监）测重点实验室。

（二）“互联网+”食品安全监管项目。

继续推进实施国家食品安全监管信息化工程建设项目。依托现有机构，整合现有资源，重点建设全国食品生产经营许可信息公示系统，以及食品生产经营监管、检验监测、信用管理、应急管理、风险评估和移动执法系统；完善婴幼儿配方乳粉、生鲜农产品和酒类食品追溯信息管理平台；建设进出口食品安全监管信息化工程和粮食质量安全监管信息化平台；构建食品安全监管数据中心和监管信息资源数据库。

（三）基层监管能力标准化建设项目。

合理保障食品安全监管机构执法基本装备、执法取证装备、快检装备配备和基础设施建设需要，到“十三五”末，实现各级监管队伍装备配备标准化。

续表

专栏5 监管能力建设项目
（四）提升突发事件应对能力。 加强应急能力培训，提升调查分析能力、风险防控能力、信息公开能力和舆论引导能力。建立以中国食品药品检定研究院为龙头，以7~10个区域性应急检验检测重点实验室为支撑的应急检验检测体系。加强食品安全突发事件流行病学调查和卫生学处置能力建设，整合建立重大食品安全突发事件病因学实验室应急检测技术平台。

强化科技创新支撑。利用国家科技计划（专项、基金等）、企业投入、社会资本等统筹支持食品安全创新工作。重点支持研发冷链装备关键技术、过程控制技术、检验检测技术等。

专栏6 食品安全重点科技工作
（一）建立科学、高效的过程控制技术体系。 开展农药兽药、持久性有机污染物、重金属、微生物、生物毒素等食品原料中危害物迁移转化机制与安全控制机理等技术研究。提出相应控制规范，研发控制新工艺和新设备。研发质量安全控制新技术30~50项。 （二）建立全覆盖、组合式、非靶向检验检测技术体系。 研发食品中化学性、生物性、放射性危害物高效识别与确证关键技术及产品，研发生化传感器、多模式阵列光谱、小型质谱、离子迁移谱等具有自主知识产权的智能化快速检测试剂、小型化智能离线及在线快速检测装备30~50台（套），制定检验规程120~150项，研制食品安全基体标准物质60~80种。开展食品安全第三方检验检测体系建设科技示范。 （三）建立科学合理的食品安全监测和评价评估技术体系。 开展体外替代毒性测试、混合污染物毒性评价及风险评估等食品安全危害识别与毒性机制等研究。研发新一代毒性测试方法技术20~30项。 （四）研发急需优先发展的冷链装备关键技术。 研究和开发高效、环保、精准冷链装备，研究氨制冷系统安全技术，研究基于信息技术的绿色冷链物流系统优化技术。 （五）整合现有资源加强食品安全监督执法智慧工作平台研发。 研究食品安全风险分级评价与智能化现场监管、网络食品安全监控等技术。研发致病微生物全基因溯源、食品安全突发事件应急演练模拟仿真模型等应急处置新技术30~40项，研发风险预警模型和可视化决策支持的云服务平台，形成监督管理新技术20~30项。 （六）强化食品安全国家标准制修订。 研究农药和兽药的关键限量标准不少于20种，新发毒素、污染物标准不少于5种。 （七）综合示范应用。 通过研究成果转化、应用和集成研究，提出食品安全解决方案。开展区域和产业链综合示范，发挥科技成果在服务产业发展和支撑食品安全监管方面的重要作用。

（九）加快建立职业化检查员队伍。

依托现有资源建立职业化检查员制度，明确检查员的资格标准、检查职责、培训管理、绩效考核等要求。加强检查员专业培训和教材建设，依托现有资源设立检查员实训基地。采取多种合理有效措施，鼓励人才向监管一线流动。

专栏 7　专业素质提升项目

（一）建立职业化检查员队伍。

加强培训考核，使职业化检查员符合相应的工作要求。

（二）加强人才培养。

推进网络教育培训平台建设。依托现有省级教育培训机构建立专业教学基地。加强跨学科高端人才培养。

监管人员专业化培训时间人均不低于 40 学时/年，新入职人员规范化培训时间人均不低于 90 学时。对地方各级政府分管负责人进行分级培训。对各级监管机构相关负责人进行国家级调训。本科以上学历专业技术人员达到食品安全监管队伍总人数的 70% 以上，高层次专业人才占技术队伍的 15% 以上。食品安全一线监管人员中，食品相关专业背景的人员占比每年提高 2%。

（十）加快形成社会共治格局。

完善食品安全信息公开制度。各级监管部门及时发布行政许可、抽样检验、监管执法、行政处罚等信息，做到标准公开、程序公开、结果公开。将相关信息及时纳入食品生产经营企业信用档案、全国信用信息共享平台及国家企业信用信息公示系统，开展联合激励和惩戒。

畅通投诉举报渠道，严格投诉举报受理处置反馈时限。鼓励食品生产经营企业员工举报违法行为，建立举报人保护制度，落实举报奖励政策。加强舆论引导，回应社会关切，鼓励新闻媒体开展食品安全舆论监督。食品安全新闻报道要客观公正，重大食品安全新闻报道和信息发布要严格遵守有关规定。

支持行业协会制订行规行约、自律规范和职业道德准则，建立健全行业规范和奖惩机制。提高食品行业从业人员素质，对食品生产经营企业的负责人和主要从业人员，开展食品安全法律法规、职业道德、安全管控等方面的培训。

加强消费者权益保护，增强消费者食品安全意识和自我保护能力，鼓励通过公益诉讼、依法适用民事诉讼简易程序等方式支持消费者维权。继续办好“全国食品安全宣传周”，将食品安全教育纳入国民教育体系，作为公民法制和科学常识普及、职业技能培训等的重要内容。加强科普宣传，推动食品安全进农村、进企业、进社区、进商场等，鼓励研究机构、高校、协会等参与公益宣传科普工作，提升全民食品安全科学素养。

专栏8 社会共治推进计划

（一）建设投诉举报业务系统。

建成覆盖国家、省、市、县四级的投诉举报业务系统，实现网络24小时接通，电话在受理时间内接通率不低于90%。

（二）扩大食品安全责任保险试点。

完善食品安全责任保险政策，充分发挥保险的风险控制和社会管理功能，探索建立行业组织、保险机构、企业、消费者多方参与、互动共赢的激励约束机制和风险防控机制。

（三）开展食品行业从业人员培训提高项目。

食品生产经营企业每年安排食品安全管理人员、主要从业人员接受不少于40小时的食品安全法律法规、科学知识和行业道德伦理的集中培训。有关部门要加强指导，培养师资力量，制定培训大纲和教材，利用大专院校、第三方机构等社会资源开展培训。鼓励行业协会对从业人员开展培训。

（四）开展食品安全状况综合评价。

研究建立食品安全状况综合评价体系，开展食品安全指数评价和发布试点工作。

（五）实施立体化科普宣传计划。

整合现有资源，加强科普示范基地建设，建立完善统一的食品安全科普知识库。充实宣传力量。推广“两微一端”新媒体平台。深入开展“全国食品安全宣传周”等科普宣传活动。将食品安全教育内容融入有关教育教学活动。

（十一）深入开展“双安双创”行动。

继续开展国家食品安全示范城市创建和农产品质量安全县创建（即“双安双创”）行动，实施食品安全和农产品质量安全示范引领工程，鼓励各地分层次、分步骤开展本区域食品安全和农产品质量安全示范创建行动，提升食品安全监管能力和水平。

专栏9 食品安全和农产品质量安全示范引领工程

（一）食品安全示范城市创建。

在4个直辖市、27个省（区）的省会（首府）城市、计划单列市和其他部分条件成熟的地级市（共约100个），开展国家食品安全示范城市创建行动。

（二）农产品质量安全县创建。

在具备条件的“菜篮子”产品主产县（共约1000个）开展国家农产品质量安全县创建行动。

四、保障措施

（一）加强组织领导。

地方各级政府要根据本规划确定的发展目标和主要任务，将食品安全工作纳入重要议事日程和本地区经济社会发展规划，切实落实监管有责、有岗、有人、有手段，履行日常监管、监督抽检责任。实行综合执法的地方要充实基层监管力量，将食品药品安全监管作为首要职责。

（二）合理保障经费。

按照《国务院关于推进中央与地方财政事权和支出责任划分改革的指导意见》（国发〔2016〕49号）要求，落实财政投入政策。继续安排中央基建投资对食品安全监管基础设施和装备给予支持。完善执法能力建设投入机制，讲求效益，注重资源共享。制定完善各类项目支付标准，探索通过政府购买服务等方式提高食品安全监管投入效益。资金投入向基层、集中连片特困地区、国家扶贫开发工作重点县以及对口支援地区等适当倾斜。

（三）强化综合协调。

加强各级食品安全委员会及食品安全办建设，健全食品安全委员会各成员单位工作协同配合机制以及信息通报、形势会商、风险交流、协调联动等制度，统筹协调、监督指导各成员单位落实食品安全职责，加大督查考评力度，形成监管合力。乡镇（街道）要完善食品安全监管体制，加强力量建设，确保事有人做、责有人负。

（四）深化国际合作。

加强与发达国家食品安全监管机构及重要国际组织合作，积极参与国际规则和标准制定，应对国际食品安全突发事件，提高全球食品安全治理能力和水平。加强食品安全国际化人才培养，鼓励支持我国专家在食品相关国际机构任职。做好我国作为国际食品法典添加剂委员会和农药残留委员会主席国的相关工作。

（五）严格考核评估。

各有关部门要按照职责分工，细化目标，分解任务，制订实施方案，落实各项规划任务。要健全完善考核评估和监督机制，并将本规划任务落实情况纳入对各相关部门和下一级政府的考核评价内容。国务院食品安全办牵头对本规划执行情况及时进行中期评估和终期考核，确保各项任务落实到位。